陪伴病中周恩来的日日夜夜

高振普 著

中国青年出版社

图书在版编目（CIP）数据

陪伴病中周恩来的日日夜夜 / 高振普著. -- 北京：
中国青年出版社，2016.1
ISBN 978-7-5153-4042-5

Ⅰ.①陪… Ⅱ.①高… Ⅲ.①周恩来（1898～1976）
—生平事迹 Ⅳ.①K827=7

中国版本图书馆CIP数据核字(2015)第320520号

责任编辑：彭明榜　王飞宁
书籍设计：孙初+林业

中国青年出版社 出版 发行
社址：北京东四12条21号
邮政编码：100708
网址：www.cyp.com.cn
编辑部电话：(010) 57350506
门市部电话：(010) 57350370
北京科信印刷有限公司印刷　新华书店经销

710mm×920mm　1/16　25印张　290千字
2016年1月北京第1版　2016年1月北京第1次印刷
定价：48.00元

本书如有印装质量问题，请凭购书发票与质检部联系调换
联系电话：(010) 57350377

目 录

生病 / 001

批判极左思潮 / 004

开创外交新局面 / 009

周总理尿血 / 019

初见周总理的工作、生活 / 024

"文革"时期周总理过度劳累 / 030

"文革"时期周总理饮食不规律 / 040

"文革"时期周总理睡眠严重不足 / 044

周总理拖延自己的病情 / 053

在玉泉山治疗 / 057

回延安 / 064

会见法国总统蓬皮杜 / 072

在"楼外楼"三付饭费 / 076

陪同外宾参观洛阳龙门石窟 / 078

周总理与老朋友斯诺 / 081

一次"整"周总理的政治局会议 / 085

"批林批孔"运动 / 098

"四人帮"干扰筹建北京饭店东楼 / 101

"蜗牛事件" / 104

出席联合国大会的风波 / 106

周总理与傅作义 / 110

周总理亲选三〇五医院 / 114

成立医疗组 / 117

正式住院治疗 / 119

周总理的病牵动亿万人民的心 / 123

住院后的第二次手术 / 130

与病魔抢时间工作 / 133

主持最后一次国庆招待会 / 135

四届人大"组阁"之争 / 140

一把特制的摇椅 / 145

筹备四届人大 / 148

长沙之行 / 152

主持召开十届二中全会 / 157

一面之交，结下深厚友谊 / 163

周总理与李富春 / 167

周总理与西哈努克亲王 / 171

周总理在病中依然关心他人 / 175

"四人帮"批"经验主义" / 183

会见突尼斯总理 / 191

与金日成的友谊 / 193

看望谭震林 / 200

出席贺龙骨灰安放仪式 / 205

朱德的最后一个军礼 / 214

周总理与宋庆龄 / 219

周总理与大庆油田 / 225

批《水浒》和投降派 / 234

举荐邓小平 / 236

关心西藏的发展 / 239

认真处理"伍豪"事件 / 242

周总理与新疆 / 248

周总理与大寨 / 252

最后的惦念——台湾 / 262

积极锻炼，与病魔顽强斗争 / 269

我们参与了周总理的护理工作 / 279

周总理病重期间的饮食 / 281

天天要看报纸 / 284

弥留之际 / 286

周总理逝世 / 288

为周总理准备火化的衣服 / 293

举国同哀送周总理 / 296

把周总理骨灰撒向江河大地 / 310

周总理、邓大姐共用一个骨灰盒 / 320

清理周总理的遗物 / 322

避开"四人帮"追查 / 326

周总理逝世后，对他的悼念、纪念与传承 / 330

记录下邓大姐的思念 / 340

附录：

周总理住院587天的活动日程 / 351

周总理住院的587天谈话人次和时间 / 390

后记 / 392

生病

1972年5月12日，是一个普通的日子。但对敬爱的周恩来总理来说，这一天却非同寻常。因为在这一天，他的尿检被发现异常。

这一天，在为周总理例行的尿样化验时，中南海保健处的化验技师李培英发现了四个红细胞。从医学上讲，对男性来说，尿中有两个红细胞，就要引起注意。

这是最早发现总理尿样异常。

化验师及时把情况报告总理的保健医生张佐良，张佐良报告了有关专家，引起了专家们的高度重视。保健处处长、总理前任保健医生卞志强立即召集几位医生，经研究后决定：注意观察，多化验几次。同时，将检验结果上报。

医生们将此情况最先报告邓颖超大姐，随后他们又告诉总理以后要多留几次小便。总理知道留小便的原因后，同意了医生们的意见。

总理非常配合医生，遵从医嘱，他每天把小便留在尿壶里。张树迎和我两个警卫每天轮流把总理留好的小便交给医生或护士去化验。

化验的结果是尿里的红细胞时多时少，时有时无。这些情况随时报告总理，总理淡然置之，他的正常工作如开会、会见来访外宾和生活都未受到影响。有时总理陪外宾离京外出，除保健医生张佐良、护士许奉生跟随外，又临时增加了保健处医生陈士葆，主要为了便于随时取尿化验。

随着时间的推移，尿里的红细胞数量不断增加，越来越多，有时显微镜下为满视野，这意味着红细胞不计其数。

经过几个月的观察，大夫们可能对病情已基本得出结论，但由于出现在周总理身上，为慎重起见，又派保健处董长城医生，带上尿样赴天津和上海，请那里的专家会诊。天津、上海与北京的专家们得出的结论一致：就是癌细胞。在后来的检验中，这种细胞时有时无。

在半年多的时间里，除有关医务人员知道总理尿里有癌细胞外，没有人告诉我们（在总理身边工作的秘书、警卫、厨师、司机、服务员）总理得癌症的消息。张树迎和我只被告知总理小便中发现了不规则细胞，我们并不懂得"不规则细胞"的具体含义。随着红细胞越来越多，张树迎和我在私底下交谈时，甚至还埋怨医生：怎么就诊断不出总理得的是什么病？我们哪里知道医生们已经确诊！

1972年的周恩来

批判极左思潮

　　从1972年5月12日发现总理尿样异常后半年多的时间里，医生只是对总理的尿样进行不定期的检查。即使是普通人，也会猜想到身体出了问题，更何况总理，什么都逃不过他的"火眼金睛"。总理纪律性很强，没人告诉他，他是不会主动问的。总理既没有向我们这些工作人员打听，也没有向医护人员打听。在中央没有批复保健处的医疗报告前，他仍一如既往地为国为民操劳着。

　　这时的总理以主要精力肃清林彪极左思潮在各个领域的流毒。1971年"九一三"事件后，周总理曾说，我难啊，难的不仅仅是林彪。他清醒地认识到，江青等中央文革小组一伙还在台上，在前进的道路上荆棘密布，一场场恶战将不可避免。

　　"九一三"事件后，在毛主席的支持下，周总理主持中央日常工作，他抓住这一难得的机会开展对极左思潮的批判。1972年5月21日至6月23日，在一个多月时间里总理主持召开中央批林整风汇报会，中央党政军各部门和各省、市、自治区负责人共三百余人参加。周总理先后参加多个组的讨论，消除极左思想在领导干部头脑中的影响。

　　由于"文革"长时间的干扰，我国的科技、教育等事业都荒废殆尽，与发达国家相比，更显落后。周总理心急如焚，他下大力气

1972年7月,周恩来陪同毛泽东会见美籍华人物理学家杨振宁(右一)。左二为周培源。

从教育、科研等这些重灾区入手,使这些部门早日摆脱极左思潮的困扰,力争各项业务工作步入正轨。批林整风运动逐渐向纵深方向发展。

1972年7月2日,周总理会见美籍华人物理学家杨振宁。对杨振宁提出的目前在中国应加强基础理论的研究和交流的建议,表示赞同,并说:杨先生说我们的理论太贫乏了,而且我们也不跟人家交流,恐怕这话有道理,你看到我们的毛病了。

7月4日,周总理会见美籍华人学者参观团和访问团全体成员。谈话中,总理提出应加强国内自然科学基础理论研究工作。同时,再次称赞杨振宁不久前提出的关于应加强基础理论研究和文化交流的意见，并对陪同会见的时任北京大学革委会副主任周培源说：你回去要把北大理科办好，把基础理论水平提高。这是我交给你的任务。有什么障碍要扫除，有什么钉子要拔掉。总理已料想到会困难重重。

7月22日，周培源致信总理，分析了国内基础科学落后的一些原因，其中包括在校的中、老教师"普遍的思想情况是不愿搞也怕搞基础理论研究"，原因是"怕挨'理论脱离实际'的批评"。

23日，总理写信给中国科学院和国务院科教组负责人："把周培源同志来信和我的批件及你们批注的意见都退给你们好作根据，在科教组和科学院好好议一下，并要认真实施，不要如浮云一样，过了就忘了。"

10月6日，《光明日报》发表周培源根据周总理多次指示精神所写的《对综合大学理科教育革命的一些看法》一文。文章提出：工和理、应用和理论都必须受到重视，不可偏废；综合大学理科要对基本理论的研究给予足够的重视。文章发表后，张春桥、姚文元提出：周培源有后台，不管他的后台多大多硬，就是要批！随即，指使人撰写批驳文章，对周培源的文章进行围攻。

10月14日，《人民日报》根据周总理8月初以来多次强调要批判极左思潮的指示精神，用一个整版发表三篇批极左路线和无政府主义的文章，尖锐地批判了"文化大革命"中盛行的"打倒一切""砸烂一切"等谬论。这是自"九一三"事件以来党报首次发表集中批判极左思潮的文章，其实质是对"文化大革命"的理论和实践提出了质疑。

江青等人是依靠极左思潮起家的。总理对极左思潮的批判，使江青等人感到了根基不稳的威胁。对此，江青等人极为不满。姚文元提出:"当前要警惕的是右倾思潮抬头","不能说什么都是无政府主义,不要批到群众头上,不要混淆两类矛盾"。江青说,这版文章"就是要在全国转移斗争大方向"。江青等人还一再追查文章的"背景",组织批判会和批驳文章。

11月30日,周总理审阅并同意中联部、外交部《关于召开外事会议的请示报告》,将报告送毛主席及在京中央政治局成员传阅。次日,张春桥阅后对报告中批判极左思潮的内容提出异议,批道:"当前的主要问题是否仍然是批极左思潮?批林是否就是批极左和无政府主义?"12月2日,江青也阅批:"应批林彪卖国贼的极右","同时也应着重讲一下无产阶级文化大革命的胜利"。可以看出,江青颠倒黑白,故意与周总理唱对台戏。

12月5日,人民日报社王若水写信给毛主席,反映一段时间以来在批判极左思潮问题上,周总理与张春桥、姚文元之间存在不同看法,并表示同意周总理关于要批透极左思潮的意见。6日,毛主席约见江青,要她将王若水的信转给周总理、张春桥、姚文元等,提出由他们一起找王若水谈话,解决一下这个问题。同一天,江青将王若水来信送周总理等阅。关于找王若水谈话事,江青提出:"建议我们先谈谈,统一下认识。否则,冒冒失失地找他们来,各说各的不好。"当日,周总理阅批:"同意我们政治局内部先谈一下。"

15日、16日,周总理主持中共中央政治局会议,讨论王若水的信和对批极左问题的认识。

17日,总理和张春桥、姚文元等到毛主席处开会。毛主席一锤定音:王若水那封信我看不对,极左思潮少批一点吧。关于林彪路线的实质,毛主席说:"是极右。修正主义,分裂,阴谋诡计,叛党叛国。"

　　毛主席曾说，我一生只干了两件事，一个是把蒋介石赶出大陆，另一个就是发动了文化大革命。由此可见，"文化大革命"在毛主席心目中的重要地位。毛主席不容许任何人否定他发动的"文革"，尽管"九一三"事件林彪自我引爆，已从客观上宣告了"文化大革命"的破产。毛主席只能容忍从枝节上纠正"文革"的错误，而不能容忍从根本上否定"文化大革命"。毛主席对林彪路线的实质是极右的定性扭转了周总理纠"左"的方向。

　　形势开始急转直下。

　　从此，在江青的授意下，全国各大报刊口径一致，均强调林彪所推行的是"一条反革命的修正主义路线"。

　　林彪的路线，明明是极左，却被说成是极右，周总理领导开展的轰轰烈烈的纠"左"工作戛然而止，他内心的苦闷可想而知。

开创外交新局面

1972年我国外交领域好戏连台。周总理为此付出了大量心血。

年初,中美关系开始走向正常化。中美关系的正常化,经过了长期的酝酿和准备。毛主席与周总理以战略家的眼光,邀请美国乒乓球队访华,通过小球转动大球,开启了中美外交的大门。

在尼克松访华之前,周总理协调各方,做了诸多准备工作,包括与美国国家安全助理基辛格博士多次见面,研究问题,制定方案。这些耗费了总理大量的精力。

1971年7月,周恩来会见秘密来华访问的美国总统国家安全事务助理亨利·基辛格。

1972年2月，周恩来在机场迎接美国总统尼克松。

1972年2月21日，美国总统尼克松访华，他也由此成为美国有史以来第一位出访未建交国家的总统。尼克松走下舷梯，将手伸向周恩来。当他俩的手握在一起，标志着一个时代的结束，另一个时代的开始！周总理对尼克松说："你的手伸过世界最辽阔的海洋来和我握手——二十五年没有交往了啊！"

尼克松访华时，还有一段小插曲。

在尼克松抵京的当天中午，毛主席临时决定会见尼克松，周总理得知后，马上驱车由钓鱼台5号楼赴18号楼约见基辛格，说明来意后，请基辛格决定美国的参见人员。

周恩来总理陪同尼克松总统乘车驶向中南海，车队从中南海西门驶入，途经怀仁堂门前，便直奔毛主席的暂时住地——中南海游泳池。毛主席在书房会见尼克松。落座后，毛主席与尼克松总统在友好的气氛中进行交谈。

此时，在怀仁堂值班的同志来电话称，一位没有到游泳池的美国人态度生硬地发火了，由于我方人员不懂英语，只听他在不停地叫着"尼克松，尼克松"，不解其意。原来车队进入西门后，后卫车上的人员全部被安排在怀仁堂休息，尼克松总统的贴身保镖——卡特也不例外，被请进了怀仁堂。他见不到尼克松，很着急。我方翻译人员到达后，卡特提出严正抗议，要求去会见地点。我方向其解释后，他态度平静了一些。到了游泳池，让他在会见门外看了看尼克松正在与毛泽东谈话的场面，他才放心地退了出来。紧接着，我们又看到卡特手持话机在喊话，从表情上看，他焦急万分，好像喊话喊不通。我们请出一位翻译，才知道他与美国特工总部失去了联系。他对我方翻译说，他们的总统一分钟也没失联过，来到中国，来到北京，怎么就联系不上了？原来游泳池的建筑结构异常坚

周恩来陪同毛泽东会见尼克松和基辛格

固,美国的通讯设备在屋内没有信号,把他引到室外,才与美国总部联系上,卡特这才松了一口气,表情变得友好。他指着游泳池这一建筑,向我们伸出大拇指,以示赞赏。

留在钓鱼台的美国人,发现他们的总统乘车走了,而不知去向,也乱成了一锅粥。经我方接待人员说明情况,说是去会见毛泽东主席了,他们才安定下来。国务卿罗杰斯没有跟去,是时间来不及还是人为的安排,这就不得而知了。自此,罗杰斯的情绪一直低落。到达杭州后,他提出对第二天将在上海发表的《中美联合公报》进行修改,据说这是罗杰斯在发泄对尼克松和基辛格的不满,周总理亲自为他们做工作,才使罗杰斯情绪稳定下来,最终没有影响《中美联合公报》在上海如期发表。

毛主席与尼克松会见结束后,在回程的路上,叶剑英与周总理同乘一辆车。总理对叶帅说,毛主席把开展对美关系的主要问题都谈了,这就使今后对美会谈有了依据。

在筹备尼克松访华的过程中,美国的先遣人员提出要求,尼克松由北京飞往杭州、上海的访问,要乘坐总统专机——空军一号,认为这样会保证总统的安全。周总理知情后,说按照中国"客随主

周恩来与尼克松举行会谈

1972年2月,周恩来陪同尼克松在杭州游览西湖。

便"的习惯,总统需乘坐中国的专用飞机,明确说明由他亲自陪同尼克松。经过反复交涉,美方同意了我方意见。2月26日上午9时,周总理、叶剑英元帅陪同尼克松和基辛格同乘一架中国伊尔—18专机安全抵达杭州。飞机是由中国民航总局北京民航局局长张瑞霭领队,刘崇福、曲延昭驾驶,他们三人都是当时国内顶尖的驾驶员。当飞机在杭州平稳降落后,尼克松带头鼓掌称赞飞行技术,基辛格说中国的飞机也很安全。我把美国客人对飞行技术高超的话告诉了张瑞霭等三人。曲延昭说,在朝鲜战场上,他就与美国飞行员较量过,这算什么!我这才知道,曲延昭原来是志愿军空军飞行员,抗美援朝期间在朝鲜与美国空军飞行员作过战、交过手。

为了保证尼克松访华时新闻报道的快速播发,美国先遣人员提出在北京、杭州、上海三地由美方安装地面站。周总理委派熊向晖向美方提出,租用美方一颗通讯卫星。美方估计租金在一百万美元左右,就提出价格太高,不必租用,要中方同意在北京、杭州、上海三处由美国修建地面站即可,不用中国出钱。周总理说这不是钱的问题,这是涉及我国主权的问题。

周总理提出三点意见,让熊向晖转告美国人:

第一,请美方为中国租用通讯设备,租用期为1972年2月21日至28日;

第二,租用期间,通讯设备的所有权属于中国政府。美方可以租用,但租用必须通过中国政府的批准,而且我们收费。

第三,美方租给我们的价格合理,我们收费就合理。

负责此事的美方工作人员听了以后,由衷地说:我从来没碰到过这样的谈判对手。我们完全接受中国政府提出的三点办法。我们可以保证租用的卫星价格一定合理,因为我们知道,租用和使用是

1972年9月,周恩来与田中角荣会晤。

相等的。

看到中美关系趋向正常化,邻国日本也积极行动起来。1972年9月,我国外交事业迎来了又一个胜利——中日建交。

在中日建交的过程中,周总理不遗余力地推行"民间先行,以民促官"的政策,通过接见数不胜数的日本民间访华团体,最终瓜熟蒂落、水到渠成,迎来了中日官方的正式建交。

1972年9月25日,日本首相田中角荣应邀访华。当晚,周总理为田中举行欢迎宴会,并在会上发表祝酒词:

田中首相来我国访问,揭开了中日关系史上新的一页。在我们两国的历史上,有着两千年的友好来往和文化交流,两国人民结成了深厚友谊,值得我们珍视。但是,自从1894年以来的半个世纪

1972年9月,周恩来在欢迎日本内阁总理大臣田中角荣的宴会上。

周恩来、田中角荣签署《中日联合声明》后互换文本。

中，由于日本军国主义者侵略中国，使得中国人民遭受重大灾难，日本人民也深受其害。前事不忘，后事之师，这样的经验教训，我们应该牢牢记住。

最后，总理衷心祝愿中日两国人民应该世世代代友好下去。田中首相在宴会上也致词。

26日，周总理同田中首相和大平外相举行会谈。会谈中总理针对田中在头天宴会的致词中提到日本历史上侵华战争问题时表示"我国给中国国民添了很大的麻烦，我对此再次表示深刻的反省之意"提出异议，指出：田中首相对过去的不幸的过程感到遗憾，并表示要深深地反省，这是我们能够接受的。但是，"添了很大的麻烦"这一句话，引起了中国人民强烈的反感，中国被侵略遭受巨大损害，决不可以说是"添麻烦"。27日，总理陪同毛主席会见田中首相等。当毛主席问起"麻烦"的问题怎么解决时，田中表示，我们准备按中国的习惯来改。28日，总理在与田中举行会谈时说，中日两国恢复邦交，首先要讲信义，这是最重要的。我们跟外国交往，一向是守信义的。我们总是说，我们说话是算数的。中国有句古话"言必信，行必果"，你们这次来表现了这个精神。总理当场写出"言必信，行必果"这六个字交给田中首相。田中首相也礼尚往来，回馈以用

田中角荣结束访华后，周恩来到机场送别。

中文写成的日本宪法上的一句话"信为万事之本"。的确，信义是中日两国关系的基石。29日，总理出席《中华人民共和国政府和日本国政府联合声明》签字仪式。随后，总理陪同田中首相等乘专机飞上海参观访问后送别田中一行。

一年里，中美关系正常化、中日建交，真是双喜临门。但在此过程中，总理耗费了精力，透支了身体。

周总理尿血

日子一天天地飞逝,总理的病也在不知不觉中发生着变化。1973年1月5日凌晨,周总理起夜的一次小便,已呈红色。这是总理病情恶化发展的一个信号。

那天是张树迎值班,他惊慌失措地拿着满是血尿的尿壶,给保健医生张佐良看。张大夫提着尿壶去向总理解释,已躺在床上的总理,细听着张大夫叙说出现尿血的几个可能,说马上请吴阶平等泌尿专家来会诊,并把情况报告中央。张大夫劝说总理先休息,起床后再化验尿。

鉴于总理病情加重,中南海保健处再次向中央写了报告,提出进一步检查的意见。

对这天上午发生的事情,我一无所知,这些情况都是张树迎后来告诉我的。

1月3日,我被查出转氨酶偏高,因在总理身边工作,怕传染给总理,组织上决定让我在家静养。5日上午,时仟警卫局副局长的杨德中同志突然造访我家。我颇感意外,因为他无事不登门嘛!果然,杨德中同志把总理尿血的情况告诉了我。我听后异常紧张,要求去上班。杨局长怕我的病还没好,让我先去中南海保健处复查一下,看检查结果如何再定。我二话没说,骑上自行车直奔中南海保健处门诊部抽血。回到家后，我如热锅上的蚂蚁坐立不安，焦急地等待着化验结果。我恨不得立刻飞到总理身边。

一小时后，杨金明（总理的专车司机）来我家告诉我，化验结果正常，并说午饭后就可以去上班了。我心急如焚，哪儿还能等到午饭后呢，马上与杨金明一起回到了西花厅。

总理还在睡觉。

张树迎一个人在值班室，抽着闷烟，两眼呆滞。见我进去，张树迎先是叹了口气，接着把总理尿血的前后经过向我细说一遍。我说："你休息吧，我来值班。"因为他已经三十多个小时没有休息了！

我和杨金明、服务员高云秀、霍爱梅和厨师桂焕云坐在值班室，相对无语，谁也不想说话，也不知该说些什么。每个人的表情都很凝重。张树迎是卫士长，作为我们的领导，他走过来说："现在还没说化验结果，咱们各自更要细心地做好工作，大家也要有个思想准备，要能应对化验的好坏结果。"

我进了邓大姐办公室。她正翻阅着文件，看我来了，语气平和地说："小高，你的化验结果出来了，正常，可总理尿血了。化验结果还不清楚，反正不好，你们要有个思想准备。"

经历过大风大浪的邓大姐，对总理的病情，纵然心里有万般感受，也不会表现出来，她反而劝慰我们要有思想准备。望着邓大姐，我说不出话来，只说了一句"我们一定照顾好总理"，便声音哽咽了，我承受不住总理病情突然加重这一打击。为避免邓大姐看出我泪眼婆娑，我马上退了出来。

至今，每当我回忆起这一情景时，仍泪如泉涌。

1月5日下午，受中央委托，时任中共中央办公厅主任的汪东兴

邓颖超与张树迎（左）、高振普（右）的合影

当面向周总理讲明了病情，并动员总理作进一步的检查。因为事已至此，再想对总理隐瞒病情是不可能的了。直到这时，周总理才明确自己得了膀胱癌。

那时我国医疗技术水平偏低，对癌症尚未有深入的研究，得了癌症，大家心里都清楚意味着什么。对于大多数人来说，知道自己患癌的消息，都会感觉如晴天霹雳、五雷轰顶，不敢承认、不敢面对事实，或惊慌失措，或一蹶不振。而我们从总理的表情上看不出有丝毫变化，他抱着既来之、则安之的态度，坦然接受这一现实，想到的却是怎么与病魔赛跑，为党和国家的事业尽可能地多做些工作。

1月5日当天,他约陕西省委书记霍士廉谈陕西问题。

1月6日,总理出席中共中央政治局会议。7日,将政治局商定意见报告毛主席。

1月8日,总理就一则反映新疆边境地区经济和文化发展缓慢、人民生活困难、民族关系紧张的材料批告李德生等,要求新疆党政军和建设兵团有关领导听一次汇报,将边境县存在的几个问题,特别是民族政策和民族关系问题详细谈谈,帮助区党委解决一下。

同一天,总理审阅公安部《关于贯彻执行毛主席对监管工作重要指示的报告》,同意将秦城监狱收归公安部直辖。秦城监狱,号称"中国第一监狱"。因位于北京市昌平区小汤山镇附近的兴寿镇秦城村而得名。"文革"时期关押着被林彪、"四人帮"反革命集团迫害的许多中央领导同志。总理十分挂念这些同志的安全,要求秦城监狱"在一个月内整顿好,并定出新的规章,严格遵守,容许各省来京参加监管工作会议的人参观批评和学习"。同时,总理建议卫生部再拨出两个医院的部分床位接收在押人员住院治疗。在周总理的亲切关怀下,秦城监狱经过整顿,在押人员的居住、饮食、医疗卫生条件均有所改善。

9日,总理出席在毛主席处召开的中央政治局会议。

除了内政,总理还同时主管外交,担负着接见外宾的繁重任务。

1月10日、12日,周总理与来华进行国事访问的扎伊尔共和国总统蒙博托举行三次会谈,就中扎两国关系、非洲以及国际形势等问题交换意见。13日,陪同毛主席会见蒙博托。14日,出席中扎两国政府经济技术合作协定和贸易协定签字仪式。

在总理忙碌的日子里,我们则在焦急地等待着总理的化验结果。虽然医生们早已断定了是癌症，可是我们多么希望那是误诊，多么希望有奇迹出现、多么希望它只是炎症呀！

当张树迎和我被明确告知周总理患的是膀胱癌时，我脑袋"嗡"地一声，一片空白！我们沉默了许久。张树迎说："咱们俩要更加精细地把总理照顾好，把卫士组的同志都调动起来，也少让邓大姐操心，多多配合医疗组同志的工作。"我当即表示，已经跟广播电台学了两年的英语教程 *Follow Me*，我不学了，这样可以用多一些的时间，集中做好照顾总理的工作。张树迎劝我继续学，不然太可惜了。我说，总理都病成这样了，我哪儿还有心思学啊，肯定学不下去了。自此，我中断了这门英语课程的学习。

初见周总理的工作、生活

现代医学表明，癌症不是一两天形成的，至少得有十年时间的积累。饮食和生活不规律、精神压力大、劳累过度等均为患癌的重要原因。冷静下来后，我反复琢磨总理得病的原因。思绪把我带回到了初至总理身边的情景。

1956年我由山东省公安厅调到中央办公厅警卫局，担负对毛泽东、刘少奇、朱德等中央领导同志的服务工作，虽然与周总理有过接触，但都是在他开会、接见外宾等场合。

1961年7月，我正式调到周总理身边做卫士，担负起了对总理的安全保卫和生活服务工作。调到周总理身边工作，与总理朝夕相处、零距离接触，对我来讲，就能更多地了解周总理工作、生活的一些细节。

我调来的时间正赶上国家三年困难时期的"尾巴"。为了克服困难，党中央提出了"调整、巩固、充实、提高"的八字方针。周恩来作为一个大国总理，为实现八字方针，要付出更多的时间和精力去领导和实施这个任务的完成。

来到总理身边后，我的第一个印象是总理异常忙碌。他每天开会、谈话、会见外宾等活动应接不暇。特别是为解决全国人民的吃饭问题，他几乎每天在办公室自己计算粮食的分配情况。邓大姐经

二十世纪六十年代，周恩来与工作人员在西花厅。右一为高振普。

二十世纪六十年代，高振普在西花厅。

常对总理说:"恩来呀!你埋在粮食堆里出不来了。"为保证产业工人吃饱饭,不影响生产,他约粮食部部长陈国栋亲自调拨粮食。用以计算粮食调配的算盘长时间摆放在办公桌上,它见证了总理为国为民的一片苦心。

我到总理身边工作时,总理已63岁,应该说是老人了,可他的身体很棒,健康状况比同龄人甚至比年轻人还好,心脏、血压、血糖都正常。他适应各种天气变化的环境,冬天只穿一套中山装,上身内加一件棉线衫、一件布衬衣、一件单层西装背心,下身穿一条棉线裤。北京零下十多度的冬天,总理外出或到机场接送客人,再穿一件呢子大衣。他很少戴帽子,只是在风大时才戴上帽子挡风。就这样,总理很少感冒。

记得1965年3月19日,罗马尼亚共产党第一书记格奥尔基·乔治乌·德治逝世。周总理率领中国党政代表团出席葬礼。在送葬的那天,布加勒斯特的天气很冷,天上飘着雪花,总理没穿毛衣、毛裤,没穿大衣,没戴帽子。虽然路不远,各国代表团的领导排成一排,步行送葬,伴着哀乐,走得很慢。各国代表团的工作人员排在队伍的最后。卫士长成元功几次想穿过人群,送大衣给总理,但在那庄严的场合没敢过去。

本来10分钟可以到达墓地,结果走了40多分钟。穿着厚大衣的外国人,冻得搓手取暖。周总理虽然脸上已冻起了红点,但看不出他受不住的样子。回到住地,我们都担心他会感冒,他居然说"还可以",并说吃饭时喝杯酒就可以了。总理经受住了这次严寒的考验。

类似情形不止一两次,这从侧面说明总理的身体是何等的健康!那时总理虽然很忙,但他的工作、生活基本上是有规律的。他

二十世纪六十年代，周恩来与邓颖超在西花厅。

每天工作到深夜一两点钟，然后离开办公室，带上国内、国外的文电在床上翻阅，大概再工作两个小时后便可以睡觉了，第二天上午9点左右起床，每天基本上能保证5～6个小时的睡眠。在正常情况下，总理还有一个小时的午休时间。

晚饭后，如果没有会议和接见外宾，总理通常会抽出半个小时的时间去剧场看看节目，以缓解大脑的疲劳。像他喜欢的京剧、歌剧以及评书等都不止一次地去欣赏。每个周末，总理还去北京饭店、人民大会堂、中南海紫光阁跳跳舞，在放松的同时还能较广泛地接触群众，以了解群众的工作和生活情况。真是一举两得。记得有一次在北京饭店，总理与一位国棉厂的女工跳舞，了解到她的爱人在首都钢铁厂工作，家就住在钢厂的宿舍，这位女工上下班要从北京的西南乘公交车到北京的东郊棉厂上班。虽然当年北京交通没有今天这样拥挤，但也需要一个多小时。总理约北京市的领导研究解决职工上下班的具体困难。后来各单位、工厂先后出台为接送职工开通班车的规定，这与周总理的过问有很大关系。

外事工作也是周恩来总理的重头戏。毛主席与周总理共同制定出我国的对外路线、方针和政策。总理又是毛泽东思想外交路线的具体执行者和指导者，政策的落实都要由周恩来负责。这样，会见主要外宾、重要出国访问都由周总理承担。

1959年刘少奇当选国家主席后，分担了一些出访任务，减轻了总理的一些负担。但是国际热点、难点等重要问题，还是得周总理出面协调解决。像1963年至1964年周总理对亚非欧14国的访问，共进行了100天，奠定了与这些国家关系的新局面！

1964年10月，苏联赫鲁晓夫下台。中共原想借勃列日涅夫上台为契机，寻求消除两党分歧、恢复团结的途经。党中央派周恩来、贺龙率团出席苏联十月革命胜利47周年活动。会谈中双方斗争激烈，分歧如故，关系破裂。周总理当日返回北京。邓大姐对疲惫的周总理心疼地说："这些重大的难题都派你去。"周总理说："我就是秘书长嘛！"

那个年代，周总理出国访问期间，中央都会安排一位副总理作为代总理，担负起总理的工作，陈云、邓小平多次作为代总理行使过总理职权。1963年底至1964年初在访问亚非欧14国时，周总理说："出国访问、谈国际问题，我还是比较轻松的。"周总理说他"比较轻松"，是因为只有出访这个单项任务，国务院的日常工作都由代总理行使职权，国内的重大事项经大使馆向总理通报、解决。

这样的工作、生活环境，对周总理来讲，是不错的：有张有弛，过得还算轻松。每天总理还能与邓大姐同桌吃上一顿难得的碰头饭——或者邓大姐的午饭是总理的早饭，或者邓大姐的晚饭是总理的午饭，两人边吃边聊，有说有笑，场景是那样的温馨和美好，那充满温情的一幕永远定格在了我的脑海中。

我以为这样的日子会一直持续下去。

可是好景不长。1966年的"文化大革命"打破了总理生活的平静与规律。

"文革"时期周总理过度劳累

1966年"文化大革命"开始后,周总理被推上了这场运动的风口浪尖。

"文革"来势汹涌,令周总理始料未及。初期,毛主席先后8次接见来京串联的红卫兵,这些红卫兵都是从十几岁的孩子到高中、大学的学生,他们云集在北京,强烈要求见伟大领袖毛主席,并立下誓言:如果见不到毛主席,他们就不会离开北京。这样停留在北京的红卫兵越来越多。与此同时,工人、农民以及各行业的"红卫兵"也相继来京。

经毛泽东主席同意,由他老人家在天安门城楼上检阅红卫兵大军,上百万的红卫兵浩浩荡荡地由天安门前自东而西通过。然而这种接见的形式只能满足部分人的愿望,红卫兵行进的速度极慢,那些看不见毛主席的人,就不愿往前动,结果人都堆挤在了广场上。毛主席在天安门城楼上从东至西来回走动,向红卫兵招手,广场上人山人海的红卫兵几近狂热,他们高声呼喊着"毛主席万岁!""毛主席万岁!万万岁!"呼声震耳欲聋,响彻云霄。毛主席也回应以"人民万岁!""红卫兵万岁!"

当时的人们头脑发热、周身沸腾,无不被这种场面所感动!

人们感动了,可天安门前的红卫兵却不见挪动!他们想多看看

1967年8月，周恩来在北京工人体育场接见全国各地来京串联的群众。

毛主席，在解放军标兵的劝说与引导下，他们才不情愿地缓慢向前走。原计划两个小时的接见，结果近六个小时才告结束。期间毛主席几次进入天安门城楼大殿内休息。看得出，毛主席也很疲劳了。然而，周总理在整个过程中很少进殿内休息，他在城楼上东奔西走，亲自指挥，仅一次接见下来，他的嗓子就喊哑了。虽然每天给他喝胖大海水或喷雾治疗，也无济于事。

每次接见完红卫兵，周总理要与组织接见领导小组成员以及解放军总政治部、公安部、北京市公安局、北京卫戍区等单位负责人开会总结并研究下一次接见的时间和地点。就这样，八次接见，采用了几种不同的接见方式：如针对红卫兵在广场步行缓慢的问题，采用让群众坐上卡车通过天安门接受检阅的方式，这就避免了红卫兵在天安门广场止步不前的问题。于是中央从各地调来了几千辆卡车，满载着红卫兵通过天安门，接见的时间保证了，但红卫兵小将们不满意，他们埋怨车开得太快，无法看清毛主席。接见后，他们未按照原定协议离开北京，这样来北京的人越积越多，接待工作很困难，北京的大街小巷、火车站的休息室都住满了人，就连中南海也住进了红卫兵。对各省市来京的红卫兵来说，他们免费乘车，到北京后吃、住不用花钱，还可以见到毛主席，何乐而不为呢？

每次接见的方式和时间、地点，虽然已由北京市政府、卫戍区、解放军各总部成立的领导小组作出实施方案，但最后还要报总理，由总理拍板。周总理在审定的过程中，既要顾虑到毛主席的安全、健康，又要考虑群众的安全和接见的顺利实施，所以每次接见前总理都不止一次地听汇报，提出修改意见。然而，几次接见中也有意外，群众拥挤和踩踏等突发事件时有发生，总理还得亲自赴医院看望受伤的学生。

从1966年8月18日第一次接见至11月26日最后一次接见，为时三个多月的时间，毛主席先后八次共接见1100多万各地师生和红卫兵。周总理为这次史无前例的大串连的顺利进行耗费了大量精力和心血！

由于总理长期疲惫不堪，"文革"第二年，也就是1967年2月2日，他突感异常不适，被查出得了心脏病。

我们在周总理身边工作的同志，看着身已患病的总理还在不分白天黑夜地忙，人渐渐地瘦下来了，我们既心疼又着急。面临当时国际、国内的形势，总理所担负的工作他人很难替代，也没有什么好办法能改变那个客观现实，怎么办呢？我们党支部全体同志，集思广益，在邓大姐的倡导下，想出了当时最流行的做法——给周总理写一张大字报。我们想利用大字报的"威力"改变一下周总理的工作习惯，使他能多睡点觉。

大字报怎么写，写后能起作用吗？会不会对总理有干扰，是我们反复思考的问题。工作忙时，我们请总理离开办公桌，走几步活

"文革"时期的周恩来　　　　　贴在周恩来办公室门上的大字报

动活动都很困难，写大字报行吗？我们的意见并不一致，后来抱着试试看的态度，写了这样一张大字报贴在总理办公室的门上：

周恩来同志：

我们要造你一点反，就是请求你改变现在的工作方式和生活习惯，才能适应你的身体变化情况，从而你才能够为党工作得长久一些更多一些。这是我们从党和革命的最高的长远的利益出发，所以强烈请求你接受我们的请求。

一九六七年二月三日

我们党支部的16个同志都签了名。周总理对大字报很重视，在贴出大字报的第二天即2月4日，他工工整整地在大字报的一侧写上了"诚恳接受，要看实践"八个大字。

邓大姐看到总理态度这样好，又写上五条补充意见：

二十世纪六十年代初，中央领导同志会见周总理办公室工作人员。第二排右二为高振普。

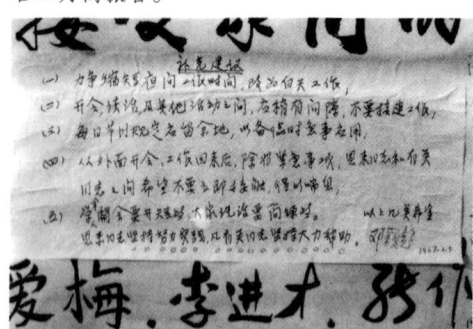

邓颖超在大字报上添加的补充建议

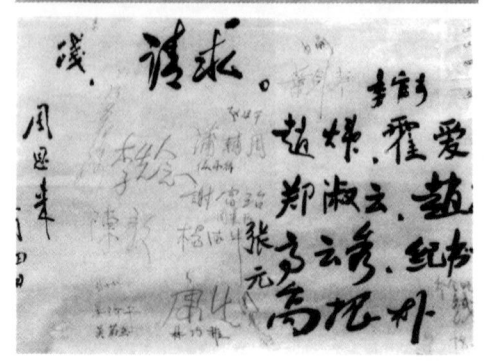

陈毅、李先念、聂荣臻、叶剑英等领导同志在大字报上签名表示支持。

(一) 力争缩短夜间工作时间，改为白天工作；

(二) 开会、谈话及其他活动之间，应稍有间隙，不要接连工作；

(三) 每日节目规定应留余地，以备临时急事应用；

(四) 从外面开会、工作回来后，除非紧急事项，恩来同志和有关同志之间希望不要立即接触，得以喘息；

(五) 学会开会要开短些，大家说话要简练些。

以上几点希望恩来同志坚持努力实践，凡有关同志坚持大力帮助。

邓颖超 1967.2.5

大字报贴在总理办公室的门上，来找总理谈工作的一些领导同志，看了大字报后纷纷表示支持，陈毅、李先念、聂荣臻、李富春等都签了名。

总理所写的"要看实践"也有要我们看他的实际情况的含义。记得有一次，在大字报贴出的几天后，总理比往常早睡了半小时。睡前总理对我们说："你们的大字报起作用了。"我们听后都会心地笑了。

从总体上看，大字报对总理的"震慑力"并不大。为了使党和国家的机器正常运转，总理仍一如既往地工作。每当我们这些工作人员劝总理休息时，他经常说有这么多工作等着我去做，我哪能休息呢？

情况确实如总理所言，工作像一座座大山压得总理喘不过气来。

"文化大革命"开始后，国务院所属的各部委的领导成员相继被打成"走资派""叛徒"，他们的工作也随之停止，造反派轮番对部长们揪斗、批判。告急、求救的报告像雪片一样飞向西花厅。周总理对这些部长们实施了各种保护措施，但都不是长久之计，只能是暂时躲过被揪斗的锋芒。总理以召集开会的办法，把部长们请进中南海，住在国务院辖区的"工"字楼，部长们也只能呆上两个星期的时间，休整一下，然后去接受造反派的"再教育"。有些部长的身体被整垮，有的甚至被整死。

身为国务院领导层的副总理们，也躲不过这狂风的扫荡，他们也先后靠边站。在最困难时期，副总理只剩下陈云、李富春、李先念、谢富治。在一次国务院会议上，周总理请副总理们分担一些会见外宾的任务。本已承担了这一工作的李先念副总理，因被扣上所谓"叛徒"的帽子，不能出去工作，而陈云、李富春因身体状况不能担负这项任务。谢富治则连连推脱，以不懂外事为由拒绝担负会见外宾的任务。

没有了左膀右臂，周总理成了"光杆司令"。国务院的工作，只能由周总理一人挑大梁。

早在1965年，周总理办公室改为值班室，总理办公室主任童小鹏调中央办公厅任副主任，副主任许明调国务院任副秘书长，总理办公室其他几位秘书也调回原单位工作。1967年，总理的秘书周家鼎、孙岳、赵茂峰等几位同志分别被派去"支左"。这样，就把原已分工较细的秘书工作都集中在三四位同志身上，原来秘书们可以较细致地为总理挑选文件，现在就很难做到那样的程度，使总理阅读文件的工作量就自然增加。1968年以后，总理身边只留下钱嘉东和张作文两位秘书；后因张作文身体不好，调来了纪东同志。实在忙不过来时，就请已调任邓颖超秘书的赵炜协助工作。查找资料、整理图书，也就由久病渐愈的赵茂峰同志承担。

看到总理像一只陀螺停不下来，邓大姐焦急万分。由于总理、大姐的作息时间不一样，两人见上一面的次数屈指可数，大姐就经常写一些小纸条提示总理注意身体，由我们转交给总理。这里仅举数例：

1969年3月12日晚，大姐劝总理"对事对人要放眼量，力戒急躁和激动，力争保持你的身体情况能坚持工作。因昨日蒲老（指著名中医蒲辅周，编者注）告我，望你应戒着急和激动，以免影响心脏波动。特草数语以寄意。务望你加以注意！"

1970年1月14日，大姐给总理写便条：

恩来：

近几天你的主要中心任务：须要善自休养，力争身体顺利复元。否则，引起波动反而拖延时日，也有损于体健。你要学用毛主席打歼灭战的思想，那么不仅身体复元得快好，而且可以顺利地恢复和持续地工作。所见不知你以为如何？极盼你能加以考虑！

1970年3月底，在总理访问朝鲜前夕，邓大姐又写了一封信：

恩来：

今天距你出访的日子只有四天了。我恳切地希望你能认真地注意考虑并采纳我以下的几点意见：

一，为了能够完成访问的任务，你务必争取在你行前和访问期间，掌握你的身体不要出现波动和变化，这是完成任务的首要的关键保证。为此，你无论如何要下决心在繁忙工作中，要有稍事喘息的安排，要做最低标准的一点精力储备。否则，可能引起极不利的影响。

二，必须大破你的习惯势力。由于你的身体变化，年龄增长，不可能仍像过去出访时那样忙劳不堪地走上旅途，到后又接着紧张地工作。故在行前要狠舍一些事物，凡能回来办的就留着回来再办，也可使繁从简。

三，你这次出访时间虽短，但都是很紧张的，脑力精神活动重多地，需要点储备精神，才能工作得好。否则，给人家看到一副疲劳相，也很不好。

没有机会和你面谈，只好用书面提出。

1971年6月13日，邓颖超又致信周恩来：

来：

新形势下有许多工作要做，你不仅要在工作上需要准备，同时，在身体方面亦要做些准备，这是迎接新任务必不可少的条件！在人身上的各种器官的功能作用是有限度的，不宜使用过度，因此不要过度疲劳，忙中总要有些松弛，才好继续再忙。务望你在体力和精神方面都需要留有余地，做些储备，以便届时能够迎接新的任务。斗争还是长期的，因此，需要你能够长期地战斗。故写此寄意，不尽欲言，请维珍摄，是所至盼！

邓大姐接二连三写给总理的短笺，语气不断加重。我们从中可以看出，总理的劳累程度与日俱增。一项项任务就像一层层砝码压在周总理身上，砝码不断增加，最终生生压垮了他。

"文革"时期周总理饮食不规律

"文化大革命"走向高潮时，全国各大院校乃至中学、小学都停课闹革命，工厂、农村、机关、社会团体也被卷了进来。一声"向资产阶级反动路线开炮"的号召，使运动到了不可收拾的地步。全国上下寻找资产阶级代理人，矛头指向了各级党政领导，从中央的刘少奇、邓小平、陶铸到各省、市、县委的领导班子成员，更有甚者，把带"长"字的当权科长、股长也拉出来斗斗。对当权派的批斗分为两派——一"打"二"保"，全国形成了势不两立的两派群体。当然，这种批斗不会有什么结果，他们就把当权者劫持到北京，要中央解决，要中央表态，并要求接见。

周总理每天的工作除了党中央和国务院的日常工作以及外事活动，"重头戏"就是接见红卫兵。他每天要花费几个小时乃至十几个小时接见这些来访的"造反派"团体，而且不分白天黑夜，不分饭前饭后。总理既要耐心地听"造反派"诉说，又要苦口婆心地做工作。有时因会见时间拖长，就打乱了总理原来的工作程序，挤掉了他的休息时间或吃饭时间。

对我们来说，安排总理吃饭已成为很大的困难，又不能改变原已安排的活动日程，只好利用两个活动的间隙，见缝插针地给总理安排吃饭。如果会见红卫兵或群众组织的代表，到了大家都该吃饭

1966年9月，周恩来与即将赴外地串联的北京中学生红卫兵座谈。

1966年11月，周恩来接见全国各地来京的半工（农）半读师生。

的时间，只好边开会边"吃饭"。因为人员较多，不可能给每个人都备饭，只好每人一包饼干。周总理也不例外，同样是一包价值二角钱的香草牌饼干，他就这样一边吃一边开会。这样的接见几乎天天进行，总理均以几块饼干充饥。会后当我们给他弄饭吃时，总理总是说已吃过了，还反问我们："饼干不是饭吗？"

在那"轰轰烈烈"的年代，总理几乎天天会见红卫兵或群众代

周恩来使用过的保温杯　　　给周恩来温菜用的提盒

表，吃饼干已司空见惯。日久天长，我们总觉得这不是个办法。对红卫兵来说，他们年轻体壮，偶尔吃些饼干，对身体影响不大，但对已近70岁高龄的周总理来说，以饼干代饭，时间久了，肯定会影响他的身体健康。

办法是人想出来的。我们把问题报告了邓大姐。邓大姐约我们共同想出了个办法：用茶杯盛上玉米面粥，总理边开会边像喝茶水一样喝下去。

以后我们就照着这个办法，到总理该吃饭的时候，为他送上一杯粥。后来，为了给总理增加营养，我们又在粥里放进了肉末、菜泥。有时总理去会见外宾，来不及吃饭，我们也用同样的办法，为总理吃不上饭时充饥。

从1966年"文化大革命"开始，到1974年总理住进医院前的八年时间里，总理用饼干、玉米粥充饥的次数不计其数。长期饮食不规律，对他身体的损伤是可想而知的。

作为总理的夫人——邓颖超大姐，看到总理的身体每况愈下，十分着急。1971年3月24日，她又用中医蒲辅周的话告诫总理：

"你的胃功能紊乱，非胃本质变化引起，而是由于饥饿、食物凉热交杂，以及天气冷暖变化引起的。""故近几日除服必要药外，尚需注意饮食、保暖适宜为要。"

总理领受了邓大姐的心意，可是客观的现实使他做不到定时吃饭。我们也只能在这种情况下，适时地给总理送上一杯可口的粥。可这毕竟不能代替正餐，天长日久，总理自身抵抗力下降，免疫系统功能受损，这就为他患癌埋下了隐患。

"文革"时期周总理睡眠严重不足

"文革"时期总理的睡眠也被彻底打乱。

西花厅，是周总理和邓大姐工作和生活的地方，位于中南海的西北角，紧邻文津街和府右街的交叉处，是清朝末代皇帝溥仪为他的生父——摄政王载沣修建的西花园。

西花厅按照典型明清风格而建，原为四进院，为便于使用，逐渐改建为现今的前后两院。前院的前厅是周总理、邓大姐接见中外要人和宾客的地方；后院是总理和大姐二人的办公、居住区以及秘书和我们卫士的值班室。

1949年春，周总理和邓大姐将西花厅选定为自己办公和居住的地方，主要原因除了这里离国务院办公区很近，还因为他们看到了满院盛开的海棠花。因为海棠花素有"群花"之称，他们就喜欢上了这个地方。从1949年住进西花厅，直至1976年去世，总理在西花厅住了二十多年。总理逝世后，邓大姐一直住到1992年去世，她住在这里43年。

然而，这个幽静的院落在"文革"时期被打破了平静。

1967年夏，在"中央文革小组"的煽动下，造反派冲击国务院，围困中南海，揪批国家主席刘少奇。

在"中央文革小组"的直接操纵下，首都一些高校、机关团

中南海西花厅

体的红卫兵、造反派数万人在中南海周围安营扎寨,高音喇叭不停地叫喊,形成了声势浩大的"揪刘火线"。当然他们不只是"揪刘",国家领导人邓小平、谭震林、陈毅、陶铸等也是他们揪斗的对象。红旗、标语、漫画布满了府右街道路两侧,后来扩展到中南海北门的文津街、南北长街,以至于新华门前。这些人不分昼夜地狂呼乱叫,要把刘少奇等揪出去。7月26日和8月2日,"文革"干将谢富治、戚本禹还亲自到"火线"看望,支持造反派的行动。戚本禹"水到渠成"的讲话,鼓励红卫兵坚持下去,把"揪刘活动"推向高潮。

　　中南海的新华门、东门、西门、北门、西北门已被红卫兵围堵,车辆出入很困难。周总理就在这样一个环境中办公。外出开

周恩来临时设在人民大会堂西大厅的办公室

周恩来办公室

会，只好走便门。

夜深了，劳累一天的周总理还要处理积压在办公桌上的文件。总理的办公室、卧室与中南海墙外的府右街、文津街相邻。墙外的高音喇叭，不停地播放着打倒这个、揪出那个的口号。靠近总理睡觉房间的围墙外，由于造反派高高支起六个高音喇叭，轮番呼叫，吵得总理很难入睡，他只好加大安眠药的用量。这样一天天地下去，造反派可以轮流休息，可以劳逸结合，周总理却不能，睡不好觉，第二天还要继续工作。怎么办？我们几个人商量，建议总理搬出去，找个安静的地方，睡好觉才能应付这天天的接见、开会。而总理却不接受，他把这里看成是自己的阵地。总理笑着对我们说：

"毛主席、朱老总他们都住在中南海，这里是中央所在地，怎么能离开呢？"

我们真不知围困中南海的场面何时结束。总理卧室的窗户只有一层玻璃。我们建议再加一层，这样会降低一点外边的嘈杂声，让总理多睡一会儿。总理不同意，说这解决不了多大问题，多吃一点安眠药就可以了。被吵醒后，他就看文件、办公。

有一天，总理睡在床上，没有听到外边的高音喇叭声，他风趣地说："他们天天喊，也太累了，今天也休息了，我会不会因为没有喇叭声而睡不好？"我们被总理的话逗笑了。说来也怪，人是容易适应环境的，总理也不例外，听久了，习惯了，似乎影响不大。哪晓得，造反派们又使出了新的花招，他们在歌声、口号声中，加上了放鞭炮。震耳欲聋的鞭炮声，更使人难以入睡，睡着的周总理常被惊醒，只好起床办公。

由于"中央文革"操纵的"揪刘火线"无论采用什么方式，使尽什么招数，都未能攻破守卫中南海的八三四一部队的防线。长此下去，红卫兵们面临着重重困难。他们吃不好、睡不好，天气炎热，污水、垃圾不能及时清理，有的人开始生病了。造反派感到如果这样坚持下去，不会有太好的结局。

终于收场了。他们要"体面"地收场。8月5日，在天安门广场召集百万人的"声讨刘少奇大会"，党中央及"中央文革"的主要领导人，都到天安门参加了大会。至此，这场闹剧暂告一段落。

"揪刘火线"持续了一个多月，周总理就在这样的环境中艰难地工作和生活。

毛主席发动"文化大革命"的本意是防止党内出现修正主义、坚持走社会主义道路，他想用不太长的时间通过天下大乱来达到天下大治。没想到，被别有用心的人所利用，导致"文革"拖的时间越来越长，局势越发难以收拾。为了维系党和国家机器的正常运转，周总理不得不解决一个又一个棘手的问题。他的睡眠时间被压缩到极限。

邓大姐看在眼里，疼在心里。1971年3月2日晚11时，邓大姐给总理写了一张便条，托我转交给总理。全文如下：

小高转周：

你从昨天下午六时起床，到今天晚上十二时睡的话，就达卅小时，如再延长，就逐时增加，不宜大意，超过饱和点，以至行前，自制干扰，那你应对人民对党负责了！！万望你不可大意才是！！这是出于全局，为了大局的忠言，虽知逆耳，迫于责任，不得不写数行给你。你应善自为之。

小超
三月二日 晚十一时

邓大姐所说的"善自为之"，对总理丝毫不起作用，他仍然和往常一样，办公室的灯光依然彻夜不灭。

"文革"时期，各种突发性事件层出不穷，总理的睡眠时间更没有保证了。

1971年9月13日林彪叛逃，总理在人民大会堂连续工作三天三夜，机智果断地处理惊心动魄的"九一三"事件，73岁的周总理只睡了三个小时，加上沙发上的几次小憩，也不足四个小时。

张树迎和我亲历了总理处理"九一三"事件的全过程，我们与周总理共同度过了那三天三夜的危难时刻。

1971年9月12日下午5时左右，周总理起床后，和往常一样，喝完一杯豆浆冲鸡蛋，带上他那厚厚的文件包，去人民大会堂福建厅，准备晚上开会。

晚8时，会议正式开始。当会议进行到10时40分左右，中央办公厅副主任、中办警卫局副局长兼中央警卫团团长、分管毛主席警卫工作的张耀祠来电话，说有紧急事情要向总理报告。原来是党中央副主席林彪有异常举动。

周总理中断了会议。他预感到事态的严重，大脑飞速地运转着，思忖应对的办法……

11时20分，叶群跟总理通电话说林彪想"动一动"。了解到林彪的诡谲行为后，周总理首先想到了毛主席的安全。他驱车到了中南海游泳池，亲自向毛主席报告发生的一切，最后建议主席转移去人民大会堂118厅。那里是毛主席召开会议、会见外宾和休息的地方。相对比较安全。

13日凌晨，林彪一伙叛逃。

为了防止出现意外情况，总理接二连三地向各大军区下达命令：派陆军进驻空军、海军机场，与原守卫部队共管，严格遵守禁空命令。

同时，周总理指示外交部，密切注意外电报道，并研究和提出各种情况下的交涉和应对方案。

总理忙完这些，天已大亮。我们关掉了人民大会堂内的部分灯光。周总理没有问时间，也没有顾及天亮，就连我们关灯、拉开窗帘这些动作他都没有抬头看一下，他眉头紧蹙，陷入深深的思考……

总理从12日晚7点半到大会堂吃过一顿正餐后，到现在十多个小

林彪的座机——256号三叉戟飞机残骸

时没吃东西，又处在这样高度紧张状态之中，身体消耗很大，我们担心他的身体。这中间虽说给总理送过葡萄糖水、花生米和玉米面粥，但这些不能顶饭吃。

上午9时，我们几个人商量请总理吃饭的事。据我们的经验，已到了可以劝他吃饭的时候。于是先请厨师做好了一碗热汤面，几个小包子，一盘小菜。一边请总理吃，一边送上去。总理接受了，吃了一碗面和一个包子。望着他吃空的面碗和吃剩的包子，我的眼睛湿润了。

看到总理把方方面面布置得比较周全了，我们劝他休息一会儿。总理答应了。就在西大厅的北小厅，他坐在沙发上，闭上眼睛。我们轻轻地关上门，退出来。十几分钟后，总理叫我们进去，说是睡不着，于是又继续翻阅着那些文件，不时接着各方面来的电话，却迟迟没有林彪飞机的消息。

14日上午11时，已忙碌了四十多个小时的周总理，体力明显不支，显得格外疲倦。在我们的一再劝说下，他才服了安眠药，上床休息。

总理确实累了，躺下后，很快便发出了轻微的鼾声。我们终于松了一口气，退出小厅。我把褥子铺在他门外的地毯上，和衣而卧，看着天花板，怎么也想不明白作为副统帅的林彪会叛逃。

下午，总理得知了林彪机毁人亡的下场。他与毛主席碰面，进行长时间商谈。

14日午夜，周总理在人民大会堂福建厅开始分批向中央机关、国务院各部委和军队系统的主要领导人通报林彪外逃事件，比较详细地讲述了事件的经过，嘱咐各单位各系统的领导要把握住本单位，紧紧地团结在毛主席周围，制定防范措施，以应付可能发生的事情。

15日下午4时，分批的通报会才结束。

该回家了。我和张树迎、纪东随总理走出会场。总理与人民大会堂的工作人员一一握手，表示感谢。

终于离开了人民大会堂。下车后，总理拖着疲惫的身子，迈着蹒跚的脚步，回到了已离开三天三夜的西花厅。

邓大姐迎在门前，对总理说："老伴呀，看你的两条腿已抬不起来了。"总理微笑一下说："这很自然了。"邓大姐已知事件的情况，这是在向各单位通报时，周总理派杨德中向大姐报告的。大姐随总理走进办公室，跟他谈了一会儿话，劝总理好好睡一觉。总理接受了大姐的建议，在我印象中，总理这样痛快地接受休息的劝说并不多见。

总理在人民大会堂处理"九一三"事件三天三夜的全过程中，

我们对他与在场的领导人的安全采取了与往常不同的措施，也就是更加严密。周总理始终没离开我们的视线，只有去毛主席那里，我们才停留在外。即使他在会议室开会，我也被指派守在会议室的帘子后，观察着会场的举动。回忆起来，我看到的只是总理忙于处理"九一三"事件可能发生的危险局面和布置应对措施，并没有看到他有什么大的情绪波动。

1980年，邓小平在接受意大利记者法拉奇采访时说过："周总理是一生勤勤恳恳、任劳任怨工作的人，他一天的工作时间总超过12小时，有时在16小时以上，一生如此。"总理长期缺少睡眠，大脑长时间高度集中处理各种国内外问题，这都急剧消耗了他的体力和脑力，降低了他抵抗疾病的能力，癌症在这种情况下乘虚而入。

周总理拖延自己的病情

尽管总理早在1973年1月5日就尿血了，说明他的病情已经很严重，但他推迟了治疗，直至3月10日才进行手术治疗，这是有原因的："义卑"把偌大的中国搞得乌烟瘴气，国家形势不允许总理去专心治病；党中央的路线、方针、政策，交由"四人帮"实施，总理也不放心。只有找到合适的人选，才能正确地实施党的方针、政策。依据毛主席的一再指示，总理积极推举邓小平复出。

周恩来与邓小平相识于20世纪20年代留法勤工俭学时期。

当时年长邓小平6岁的周恩来已是中共旅欧支部的负责人。从1923年开始，邓小平已在周恩来的直接领导下工作。此后，两人结下了深厚的友谊。

邓小平的女儿毛毛在《我的父亲邓小平》一书中写道：

我问过父亲，在留法的人中间，你与哪个人的关系最为密切？

父亲深思了一下答道：还是周总理，我一直把他看成兄长，我们在一起工作的时间也最长。

1952年7月10日，时任政务院总理的周恩来致信毛泽东并刘少奇，述说他拟将工作中心放在研究一五计划和外交方面，提议调遣时任西南局第一书记的邓小平进京，出任政务院副总理职务。

……

1963年10月,周恩来和邓小平在天安门城楼上。

1924年,中国社会主义青年团旅欧之部部分成员在巴黎合影。前排左四为周恩来,左六为李富春,左一为聂荣臻;后排右三为邓小平。

"维汉同志已商好自七月十二日起休养，政务院日常工作只能由齐燕铭处理，这是有若干困难的。如能于七月下旬与邓小平同志商好，先发表他为政务院副总理，并于八月份起来京主持一个时期，这是最理想办法。"

从1952年至1966年"文革"前夕，邓小平一直作为副总理协助周总理工作，成为周总理的得力助手。周总理曾说，邓小平是举重若轻，我是举轻若重。两个人正好互补，配合默契。

"文革"一开始，邓小平作为"中国的第二号走资派"而被打倒。1969年，随着中央战备疏散命令的下达，邓小平被下放到江西。周总理多次给江西省"革委会"有关负责人打电话，要他们关照好小平的生活。最后邓小平夫妇被安排在南昌城郊的一座二层小楼里居住。

"九一三"事件后的1972年8月3日，被下放到江西的邓小平致信毛主席，提出愿做一点工作。14日，毛主席将此信批给周总理，列举了邓小平在历史上的四条功绩：邓在中央苏区是所谓"毛派"的头子；没有历史问题；有战功；建国后没有屈服于苏联压力。并建议将此"印发中央各同志"。15日，周总理批告汪东兴"立即照办"。当晚，周总理主持中共中央政治局会议，传达毛主席批示内容。

1972年12月18日，根据毛主席的意见，周总理致信纪登奎、汪东兴，信中除了涉及谭震林的事，要纪、汪二人考虑一下邓小平要求做点工作的问题，说主席也曾提过几次。同一天，总理约纪、汪二人谈话。12月底，纪登奎、汪东兴正式提出建议：邓小平仍任副总理，分配适当工作。

1973年2月，邓小平接到通知回到北京。

从1973年2月底至3月初，总理连续多次开会，紧锣密鼓地商讨邓小平复出问题。

1973年3月9日，周总理致信毛主席，汇报中共中央政治局几次讨论关于恢复邓小平的党组织生活和国务院副总理职务的情况，建议：政治局认为需要中央作出一个决定，一直发到县、团级党委，以便各级党委向党内外群众解释。并告：现在小平同志已回北京。毛主席批示"同意"后，周总理即批告汪东兴，将中央关于邓小平复职的文件及其附件送邓小平本人阅，并对有关内容提出意见。

邓小平的复出已成定局后，3月9日的同一天，心力交瘁的周总理主持中共中央政治局会议，根据毛主席的意见，向政治局简要说明自年初以来病情发展情况。为防止病情恶化，提出检查治疗的要求，为此，正式向政治局请假两周。

紧接着，3月10日，中共中央发出《关于恢复邓小平同志的党的组织生活和国务院副总理的职务的决定》。直到这一天，总理才住进了玉泉山，首次接受正规治疗。

在玉泉山治疗

1973年3月10日,周总理做第一次膀胱镜检查。

检查的地点不在医院,而是在北京西郊的玉泉山。建国后,玉泉山盖了五栋楼,1、2、3、4号楼分别给毛主席、刘少奇、周总理和朱德居住,5号楼是个综合楼。后来又建了6号楼。总理这次手术是在5号楼做的,临时布置了一个检查室,手术设备齐全。第一次实施膀胱镜检查,在膀胱内取出三个绿豆大小的病灶。张树迎和我穿着"白大褂"被允许在手术室观察了手术的全过程。

医生们把取出的病灶装在一个小玻璃瓶里,先拿给一直在外守护的邓颖超大姐看,对大姐说,还算早期发现,待送病理化验后再定治疗方案,并请邓大姐一起说服总理在玉泉山休息两个星期。周总理、邓大姐同意了医疗组的意见。

医疗组还把病灶给守护在玉泉山6号楼的张春桥和汪东兴看了,并讲了治疗的初步意见。

病理化验结果证明了医生们原先的诊断,总理患的是膀胱癌。医生们根据多年来治疗这种病的经验,认为膀胱癌是容易复发的病,必须三个月复查一次,期间要做多次灌药治疗(化疗),还要口服用药。总理同意了这个方案。

手术后,邓颖超陪周总理在玉泉山一直住到3月24日,才返回西花厅。这期间只是在叶剑英陪同下出席了中央军委的一次会议，其他时间都没有下山，只是批阅文件，总理休息了整整两个星期。可见总理在得知病的真实情况后，他和邓大姐是很重视的，而且以认真、科学的态度对待疾病，积极地接受治疗。

三个多月后的7月13日，总理住进玉泉山接受第二次膀胱镜检查，未发现异常，同时施行了化疗。因为只是化疗，不是手术，对身体伤害轻一些。但化疗也很痛苦，因为要用一根直径0.8毫米的皮管通过尿道往膀胱里灌药，这种治疗的痛苦是常人体会不到的。直到2005年4月，我患了与总理同样的病——膀胱癌，在实施化疗的过程中，我才切身体会到总理当时忍受了多大的疼痛！更何况当时总理已是75岁高龄的老人，对他来说，不能不是一次重大创伤。化疗后，总理不像3月份那样全休，而是下山参加会议或会见外宾，晚上回玉泉山住，这样至少夜间的工作时间比以前少一些。

有一天下午没下山，总理同邓颖超大姐一起去游香山，天色已晚，游人不多，他俩仔细观看了香山的游览图。还有一次去了香山的双清别墅。

"双清别墅"是中央领导同志由河北省西柏坡进北平城前，毛主席住的地方。毛主席在这里先后指挥过渡江战役、解放南京和进北平城等重大行动。此时院内只保留着一个亭子，毛主席当年住过的房子都没了，只是空着一块地。不过，房子的地基清晰可见。总理和大姐回忆起当年进北平城前毛主席在这里办公的情景，看到主席住过的房子已拆除，总理对邓大姐说应该修复这个庭院，理由不仅是主席住过双清别墅，而且因为双清别墅是一幢古典房舍。后来总理约时任北京市委书记、革命委员会副主任万里同志，提出了修复双清别墅的建议。

双清别墅

总理一直记着这件事。

时隔两年之后,1975年7月3日下午,我们陪同总理去北海公园散步时,走到仿膳门口,万里同志从门内出来,跟总理打招呼。总理说,你也来散步?万里同志高兴地操着浓重的山东口音说,我来散步,听说您要来,我就在这里等您,很久不见总理了,你身体恢复得好吧?总理笑一笑说"还可以",就约万里同志到屋里去谈。

两人走进了仿膳的厢房。见他俩谈话,我退了出来。大约20分钟后,两人出来,边走边谈。我听万里对总理说,马上把照片送给总理看。总理进房休息时,我问总理什么照片,总理说是香山双清别墅的照片,房子已经修复了,只是没对外开放,因为室内如何布置没研究好。

大概过了几天,万里派人给总理送来了厚厚的一沓修复后的双清别墅的照片，包括庭院房子的外貌、室内的结构等从各个角度照的。总理翻看着这些照片说，修复得不错，应及早地把毛主席当年使用过的东西陈列上，让群众游园时参观。

开放后的双清别墅，内部是按照毛主席当年居住时的情景布置的，摆设简陋，使参观的人们了解当年毛主席的简朴生活，想想革命胜利来之不易。

总理在玉泉山治疗10多天后，又回到西花厅。

按计划，10月份总理应再上山做化疗，但他因工作太多太忙，抽不出时间去玉泉山治疗。医生们看到总理的实际情况，鉴于总理只是去山上化疗，还要往返城里开会、见外宾，这样不仅使总理不能更好地休息，反而更加劳累，于是决定让总理改在家里用药，只是要求化疗后，必须在床上躺两个小时，便于在膀胱内的药起到治疗效果。邓大姐让出了她的卧室，给总理化疗时使用。就这样，总理做了第三次专门治疗。他躺在床上化疗时，并没有休息，而是看了两个小时的文件。

后来，因工作太忙，总理连睡觉的时间往往都被挤掉，抽不出时间治病，就连三个月一次的化疗也坚持不了，他的病情愈来愈重，小便不仅有红细胞，而且呈红色，血尿不止。医生们为防出血，用上止血药，这就导致在膀胱内的血液凝固，造成小便困难。

每次小便，对总理来说，已成为很大的问题。因为血液凝固，虽然是较软的血块，但它堵塞尿道口，使得排尿异常困难。总理每次小便，都要不停地变换姿势，有时他在卫生间不停地走动，有时躺在床上来回翻滚，目的是使血块下移，从而排出血色的尿液。

一番折腾下来，总理的体力消耗极大。每次看着总理被折磨得大汗淋漓、痛苦万分的样子，我真恨不得能替总理去受这个罪。

1973年，周恩来疗养期间和邓颖超在香山双清别墅散步。

遵医嘱，多喝水，勤排尿，虽然缓解了一些排尿的痛苦，但这只是减少了被血块堵塞的次数，并没有从根本上解决总理病情的发展，每天的出血量仍在不断增加。

总理虽身患重病，仍念念不忘邓小平的问题。

1973年3月28日，总理与李先念会见邓小平。此时，总理与邓小平已近七年没有见面了。29日，总理约邓小平到毛主席处开会。之后，根据毛主席的意见，总理主持中共中央政治局会议，议定：邓小平正式参加国务院业务组工作，并以国务院副总理身份参加对外活动；有关重要政策问题，小平同志列席政治局会议参加讨论。这标志着正式恢复了邓小平国务院副总理的职务。

和邓小平夫妇漫步园中

邓小平自"文革"被打倒后的首次公开亮相是在1973年4月12日。这一天,周总理在人民大会堂举行盛大宴会,欢迎西哈努克亲王夫妇。人们在人群中发现了一个久违的身影——邓小平。没错,就是那个打不倒的邓小平。周总理特意把邓小平让到前面,把这位国务院副总理介绍给西哈努克亲王。

4月15日,以廖承志为团长的中日友协访日代表团赴日,离京时,总理委托邓小平前往送行。

5月19日,总理主持中共中央政治局会议,商定中央工作会议议程,并通过出席会议的中央和地方党政军负责人名单。20日,向毛主席报送参加中央工作会议人员名单,其中有陈云、李富春、邓小平等。这一天，总理主持中共中央工作会议第一次全体会议，参加这次会议的有中央政治局委员、候补委员和各省、市、自治区党委负责人等二百余人。总理在会上指出：今年3月党中央关于恢复邓小平党的组织生活和国务院副总理职务的文件，是一个有代表性的文件，对此，绝大多数同志都是满意的。

周总理想方设法在各种场合推出邓小平，目的是为邓小平复出造声势、扩影响。

回延安

1973年6月9日，周恩来总理陪同来访的越南劳动党第一书记黎笋、总理范文同访问延安。这是周总理1947年3月18日离开延安后第一次回延安。

此时的周总理每天失血50～60毫升，人已消瘦，但仍然担负着参加国内、国际的重要活动的任务。今天，有机会回到阔别26年的延安，他的心情很不平静。

经过一个小时飞行到达延安机场。欢迎的人们早已等候在那里。周总理陪同客人走过人群，乘车离开机场。延安城的百姓全城出动，从机场到城区足足十几公里的道路两旁站满了欢迎的人。

"周总理！我们的周副主席回来了。"延安人民欢呼着，不停地招手，不停地跳跃，他们的脸上露出了幸福的笑容。人们拥挤着，都想看看周总理。老区人民对总理的热情赛过了高悬在陕北上空火辣辣的太阳。敬爱的周总理也对人民的热情予以回应，他摇下车窗，向人们招手。

欢呼声淹没了汽车的马达声，车内车外的心融在一起。

欢迎的队伍排到了客人下榻的宾馆，当周总理和外宾走下车时，欢呼的人群沸腾了。

进宾馆稍事休息，周总理陪同越南客人参观凤凰山麓毛主席

1973年6月，黎笋、范文同率领越南党政代表团访问中国。

周恩来与延安的欢迎群众握手

住过的地方。天很热，总理脱下外衣，只穿一件短袖衬衫。欢迎的人们不停地鼓掌，欢呼，争着与总理握手。周总理高声地向群众介绍："这是黎笋同志、范文同同志。"越南客人们被这场面所感动，范文同边走边对总理说："恩来同志，人民在欢迎你。"周总理拉着客人，站在群众中间，摄影师留下了珍贵的镜头。

周总理住进南关招待所，这是地委招待内部客人的地方，一排平房。总理住在一个套间，我们分住在他的周围。

地区负责人对周总理说："您把宾馆让给了客人，这房子太小了。"总理说："这不错嘛，比当年住的窑洞大多了。"房内陈设布置得简单朴素，外间是客厅，摆着沙发，里间是卧室，除一张床、床头柜、办公桌，就没有什么了。

这是周总理一贯的作风。他每次陪伴外宾，都是把最好的房子让给外宾住。即使单独到外地视察工作，也不是都住"一号"楼。总理嘱咐地委的同志先照顾外宾，中午过来一块儿吃饭。他想利用午饭的时间与人们谈话。

周总理在房内来回走动着，像个孩子似的新奇地打量着这房子。是啊，一晃他已经26年没有回来了，现在他回到了朝思暮想的革命老区延安，他怎能不激动呢？

总理问我们谁到过延安。我们几个人相互看了看，回答说："我们没有来过。"总理接着问："有什么感觉？"我说："这里的群众真热情，差不多全延安城的人都出来了。来之前，想到的延安就是窑洞，今天看到马路、房屋，印象不错，比想象的好。"总理说："二十多年了，还能没变化？只是变化得太慢了。"

总理指着脚下的地毯说："这是新铺的，你们问一下接待的同志，其实可以不铺，我这里不同于外宾。"我再仔细地环顾一下这

1973年6月，周恩来在延安枣园会见毛主席当年的邻居。

1973年6月，周恩来在延安会见当年的邻居。

1973年6月,周恩来回延安视察。

房子,确实简朴,为迎接总理来住,重新粉刷了一下墙。我掀开地毯的一角看了看,地毯是新的,地是水泥地,对总理说:"不是木板地,铺地毯也是为防潮。"总理说:"我叫你问接待的同志,你还没去问,就解释。你说的也不一定对,顺便问一下,中午给我吃什么?"总理怕地方接待人员给他搞特殊化。

中午吃饭,地委的几位同志与总理围坐在一张桌旁,服务员端上了小米饭、煮红枣、荞麦面饼子和当地的几个菜。总理看着这一桌饭菜,高兴地说:"这都是我当年吃过的。"又对当地的同志说,"我现在每星期还要吃两次粗粮,玉米面饼子和小米。"他一边吃饭,一边听着地区负责同志的汇报:延安人民的生活比过去好,但比周围其他地区人民的生活改善得慢,生产发展不如其他地区快，粮食还不能自给。

总理本来吃得津津有味，了解到这些情况后，表情凝重起来，他放下手中的筷子，语气沉重地说："我们对不起延安人民。在我们最困难的时候，他们用小米养活了我们，养活了革命，作出了多大的牺牲。今天他们仍过着这样艰苦的日子，我们要好好地想一想，我们对不起这里的人民。"

地委的同志说："这是我们的责任，我们没把工作做好，怪我们这些人。"总理说："今天不是怪你们，我是总理，我有责任，我希望你们努力，多想办法带领这里的人民，改变落后的面貌。等你们搞好，我再来延安，再来看你们，向你们祝贺。"说着总理举起酒杯，与地委每个人碰杯，希望他们努力工作，把延安的生产搞上去，把人民的生活搞好。

总理送走了地区负责同志后，对我们说："上宝塔山看看。"

"不休息一下？"我问。

"不休息，不要通知地区负责人陪，坐吉普车上山。"

我们遵照总理的意见，请地方公安局的同志，调来了两辆吉普车。张树迎和我陪总理坐在第二辆车上，就这样不动声色地上了宝塔山。此时我们才想到忘了通知摄影师杜修贤，好在我在临上车时顺手拿了照相机。

周总理走近宝塔，围着宝塔转了一圈，没说话，只是不时仰望着这驰名中外的宝塔。当走到写有1949年毛主席给延安人民的复电的牌子前时，他停住脚步，从头至尾把复电读了一遍，然后转身走到山边，手指着山下房屋对闻讯赶来的地区负责人说："延安城大多了，房子也多了。"趁他不注意，我抢拍下了这个珍贵的镜头。

淳朴善良的延安人民发现总理上山了，他们本来就无心呆在

1973年，周恩来在延安宝塔山上。

家里，这下可有了去处，都拥向延河桥，拥向宝塔山。远远望着回程的路已被堵塞，站满了人，想原路返回已较困难。延河的水已很少，河床有一条小路可通向对岸，吉普车可以过去，我们选择了这条路。

车一下山，人们发现总理的车已改道，热情的人们就朝这条路拥来，这条路很快又被人们"占领"了。司机见势打转方向盘，向河底开去，他看河底已干，不料车却陷进泥塘，越陷越深。

人们不管三七二十一向吉普车跑来，争先恐后地与总理握手。总理探出身来，与群众打招呼。我们跳下车，两腿很快陷入一尺多深的泥潭，想拔都很困难。群众情绪非常激动，他们很高兴有这个机会与总理多呆一会儿。更多的人不停地向车拥来。

靠近总理的群众，冷静下来一想，总不能让周总理这样长时间呆在泥塘里。在我们的组织下，几个年轻人把车平平地抬起来，稳稳地放在路上。群众自觉地让开一条道，总理这才坐着满身黄泥巴的车回到招待所。

第二天，在通往机场的路上，总理看到沿路麦田的小麦低矮，穗头很少，便问当地开车的司机："这小麦一亩能收多少？"司机说："几十斤吧，比种子多一点。"总理说："这样怎么行呀。"然后自言自语地说，"这里缺水呀，要多种点树，改良一下土壤会好的。"

回到北京，我们向邓大姐讲了这预想不到的场面，还谈了周总理在延安与当地同志的谈话，吐露了周总理的心事。

周总理去世后，中央文献研究室收编他的文章、讲话，出版了《周恩来选集》等书。有一笔稿费，存放在那里，几次想给邓大姐，大姐都表示不要。

有一次，邓大姐对赵炜和我说："恩来同志1973年去延安时的一段谈话，中心意思是当时延安人民的生活艰苦，今天虽有变化，但仍不平衡。恩来对这些变化是看不见了。把他的稿费送给延安，让它们用在最需要的地方。钱虽不多，算是替他圆了个心愿。"我们听后很赞成。邓大姐委托赵炜去办，并一再说，不要宣传，不要登报。

赵炜遵照邓大姐的意见，把两万元稿费，请中央办公厅寄给了延安。时隔很久才知道，延安的报纸还是登了一条消息。

会见法国总统蓬皮杜

1973年9月11日，法国总统乔治·蓬皮杜应邀来华访问。

当晚，周总理为蓬皮杜举行欢迎宴会，并发表了热情洋溢的讲话：

"中法两国社会制度不同，但是我们都愿意在和平共处五项原则的基础上发展相互关系，因此我们可以交朋友。我们之间还有另一个重要的共同点，这就是我们都爱护自己的独立和主权，都不允许世界上有哪个超级大国来控制、干涉或侵犯我们，都反对超级大国垄断国际事务。"

12日，周总理陪同蓬皮杜出席专场文艺晚会。晚会结束时，外交部礼宾司经请示总理，将原拟奏的乐曲《大海航行靠舵手》临时改为由李劫夫谱曲的《我们走在大路上》。对此，在场的江青大为不满，责令参加文艺晚会演出的中国舞剧团作出检讨。次日，中国舞剧团负责人刘庆棠等写信给江青，说明"总理指示"的经过。14日，江青写一长信给张春桥、姚文元等，信口雌黄说"在这样场合下犯这样的错误，实在令人气愤"，"这是为林彪一伙翻案的行为"，借机对总理发泄不满和恶毒攻击。

13日、14日，总理与蓬皮杜就广泛的国际问题举行会谈，着重对战后及当前世界局势和和平共处五项原则作了解说。在谈到国内

1973年9月，周恩来在首都机场迎接法国总统蓬皮杜。

问题时，总理作出了科学的预见：

"有人讲中国是个大国，我们说既是又不完全是。从面积大、人口多这一点上看，这算是个大国；但从经济发展、经济实力上讲，却差得很远。如果按国民生产总值的人均水平看，我们要小得多，不能和你们比，你们现在十倍于我们。因此，尼克松总统、基辛格博士说我们是'潜在力量'，这是有道理的，就是说，是有发展前途的。我们还需要几十年的努力，至少到21世纪时，才能达到你们那个水平。"

15日，总理陪同蓬皮杜前往山西大同的云冈石窟参观。当看到石窟内一些佛像破损、风化严重，亟需修补时，他关切地询问有关

1973年，周恩来陪同蓬皮杜游览杭州西湖。

部门的修补规划。当得知对此有一个十年修补计划时，总理说，时间太长了，我们要在三年内把石窟修好。并对随行的中外记者说，三年以后请你们再来这里参观。

随后，总理马不停蹄地陪蓬皮杜飞往杭州参观。当晚抵达杭州便听取中共浙江省委负责人谭启龙、铁瑛等工作汇报，询问浙江省工农渔业生产情况，指示省委领导要加强团结，发展生产，不断改善人民的生活。

16日，总理陪同蓬皮杜游览西湖。针对西湖水面出现的油污，指示当地负责人：为了给我们的子孙后代留下一个风景如画的西湖，也为了让更多外宾在这胜似天堂的湖光山色中一饱眼福，今后西湖内应少用、最好不用机动游艇，以避免湖水污染。当晚，总理又陪蓬皮杜飞抵上海。

1973年，周恩来冒雨送别法国总统蓬皮杜。

17日，总理冒雨为蓬皮杜送行。当时国家元首、政府总理等主要外宾来访，我们国家的领导人都亲赴机场迎接和送别，同时组织群众夹道欢迎。遇有下雨天，总理见群众没打伞，他也不穿雨衣不打伞，与群众同在雨下迎送外宾。但只要任务一结束，总理首先想到的是群众的健康。这次与往常一样，他特地嘱咐有关工作人员，一定要准备好姜汤，让淋雨的群众多喝姜汤，防止感冒。总理心里想着的永远是百姓的冷暖安危。

在"楼外楼"三付饭费

1973年9月16日,周总理陪同法国总统蓬皮杜访问杭州,在参观完西湖旁的植物园后,周总理送别了客人。在返回招待所的路上,总理说:"去'楼外楼'饭庄看看,请你们在那里吃饭。"于是,我们的汽车改变了回住所的方向,沿着湖边马路,驶往"楼外楼"饭庄。

到了"楼外楼"门口,已过了营业时间,总理叫我先去看看,问一问还卖不卖饭。我走进饭店,看到没有客人吃饭,只有饭店的服务人员在一边吃饭一边聊天。我问一位服务员,还有没有饭吃?他端详着我这个穿着整齐的客人,一时没有答话。另一位年岁较大的师傅问我:"有几位?先进来坐下再说。"我高兴地说:"好。"我刚要转身去请总理,就听有人喊:"总理来了,总理来了!"

周总理进了饭店,大家抢着与总理拉手,他们请总理上楼。周总理一边走一边说:"很久没来你们这里了,今天我带几个人一起来吃顿饭。他们都是从北京来的,有的没到过你们饭庄。"一位饭店负责人说:"欢迎,欢迎。请总理和同志们先坐下等一等,我们马上备饭。"总理问:"有什么菜?"这位负责人领会了总理的意思,马上回答说:"有西湖醋鱼,叫花子鸡没有了,现在做来不及。"总理说:"有醋鱼就可以了,这是你们的名菜,再配两个菜就行了,不要搞多了。我们就这几个人，搞多了，吃不完，浪费。"

饭菜很快上来了，周总理一边吃一边向我们讲述他过去来饭店的情景。当吃到西湖醋鱼时，饭店负责人问总理，味道怎么样？总理称赞道："这种做法很好，味道鲜美。"总理还是不忘西湖水的保护问题，问西湖的水有没有污染，一再强调，要保持西湖水的清洁，保住这西湖醋鱼的美味名声。

吃完饭，我照例去结账。总理问我付了多少钱，我拿着发票对总理说："10元1毛。"总理说："太少了，这样他们会赔光的，再去加钱。"那位饭店负责人推托不再收钱。总理说："你不收钱，我就不走了。"于是，饭店负责人又收下10元钱。总理看看我拿着第二次付款的发票，才起身下楼。我转身小声问一个服务员，如果是其他客人吃这一顿饭，需要付多少钱。那个服务员说："要30元左右。"

在回住所的车上，总理说："他们这种做法不好，应当按实际价格收费。看上去他们是对我们好，实际是帮倒忙，这种风气什么时候才能改呀。我看20元也不一定够。"我把了解到的实际价格向总理说了，总理很严肃地说："你告诉他们，以后不准这样做，你再补交他们钱。"因为下午有事，我们没能去饭庄补钱，就把补交的10元钱留给了省接待处的同志，请他们转交。

事后，我们收到"楼外楼"饭庄寄来的信，信中叙说了他们接待周总理的愉快心情，特别是总理对自己的严格要求，以及处理这件事的认真态度，使他们深受教育。随信还附了一张当时做菜的用料清单，标明了价格，全部费用19元多一点，再加上加工费，30元足够了。我们把这封信向总理说了。总理笑着说："这就对了，不能搞特殊。"

陪同外宾参观洛阳龙门石窟

1973年10月13日晚，周恩来总理陪同加拿大总理特鲁多和夫人访问河南洛阳。这是周总理在1973年3月10日进行膀胱手术后的七个月时间里，第五次陪外宾赴外地访问。

当乘火车抵达洛阳时已是14日上午11点30分，旅途的奔波和劳累，并未使总理身体受到多大影响。午餐后，稍事休息，总理便陪同特鲁多夫妇参观享誉海内外的中国三大石窟之一——龙门石窟。

在前往各窟洞的石阶路上，病中的周总理脚步略显迟缓。好在总理有个习惯，外宾由当地的负责人陪同，他跟随其后，这样可以参观得仔细一点。我们几个警卫人员和医生、护士守在周围，便于照顾对总理。

总理按着顺序参观，看得出兴致很高，他连续看了几个洞窟，在此过程中还约特鲁多休息。他们围坐在一茶桌旁，交谈着参观的感受。我们听着翻译讲特鲁多的感受：他喜欢考古，龙门石窟充分体现了中国是文明古国，对龙门石窟赞不绝口，并称赞中国人民的智慧。他还风趣地说，被这雄伟的石窟所吸引，真是流连忘返。想造一条由加拿大通往石窟的地道，这样可以随时来参观。周总理闻声大笑，我们和围观的游客也被这位总理的幽默逗得笑起来。

当参观到禹王台时，一张桌子上摆放着的龙门碑刻拓片，引起

1973年10月14日，周总理陪同加拿大总理特鲁多到洛阳龙门石窟参观访问。

下车以后，周总理受到当地负责人和群众的欢迎。

龙门石窟在洛阳市南二十五华里的伊水之滨。周总理不顾旅途的疲劳陪同加拿大贵宾沿伊水河畔浏览。

精美的石雕令特鲁多总理流连忘返

周总理和特鲁多总理在参观龙门石窟时合影

了总理的注意。总理翻看了几件拓片，他拿起一件问，这是什么时候的？一个同志回答说，这是魏碑拓片。总理问，这是卖的吗？回答说500元一套。总理说很好。当地一位负责同志说，总理喜欢，就送你一套吧。总理摆手示意不要。

我是个外行人，当时不懂得这拓片的历史价值，认为是拓片，又不是真品，还这么贵，总理的一个月工资都买不了一套呢！

回到北京的几天后，我们收到了由河南寄来的一套魏碑拓片，秘书把它摆在总理办公室。我把它展开在办公室的长桌上，总理仍然饶有兴味地看着，问：怎么来的？给钱了吗？我说，总理如果收下，我们就把钱寄过去。总理说，不要了，还是退回去合适。

我们又给邓大姐看了看，大姐也提议退回去好，并说这是我们的一贯作风。

周总理与老朋友斯诺

1973年10月19日,周总理与邓大姐到北京大学参加埃德加·斯诺的骨灰安葬仪式。

斯诺,美国进步作家、著名记者。他撰写的《西行漫记》(又名《红星照耀中国》)蜚声海内外。

周恩来与斯诺的相识源于1936年在陕北百家坪的一次邂逅。

1936年夏,斯诺来到渴望已久的陕北革命根据地调查访问,他

斯诺撰写的《红星照耀中国》

也由此成为第一个采访边区的西方记者。刚一踏上百家坪土地,斯诺恰巧遇到周恩来。斯诺记录下了第一次见到周恩来时的情景:

"这时一个瘦削的青年军官出现了,他留着中国人不多见的大胡子,走过来,用一种柔和而温文尔雅的声音同我打招呼:'哈喽'。他问,'你是在找人吗?'

"他是用英语说的!

"不一会,我就得知他就是大名鼎鼎的周恩来。"

在了解了斯诺的意图后,周恩来热情地接待了斯诺,并替他安

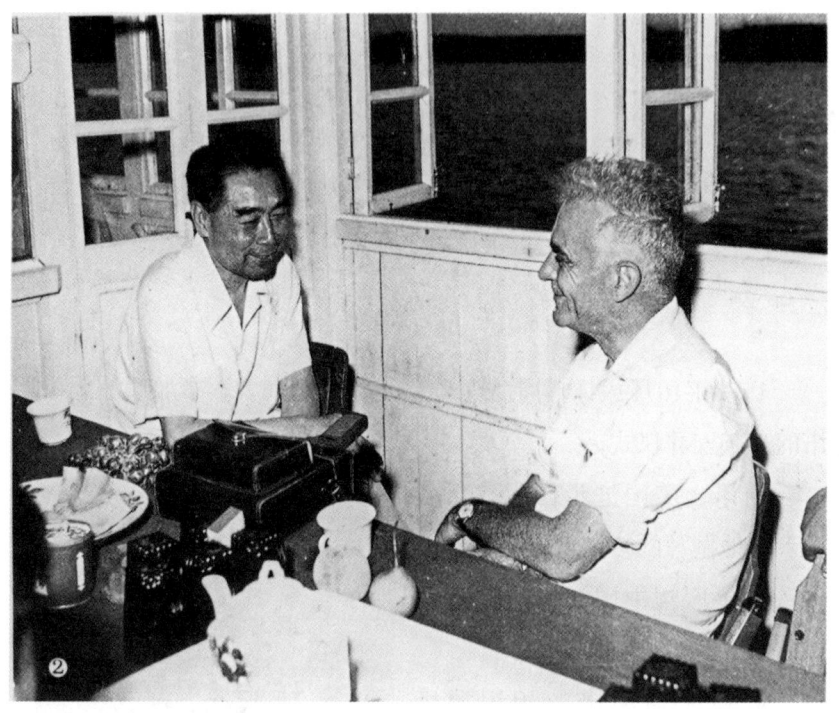

1960年8月,周恩来在密云水库与斯诺交谈。

排住处。

第二天早上,周恩来与斯诺进行了长谈。周恩来说:"我已经得到报告说你是个可信赖的记者,对中国人民友好,相信你会如实地报道一切的。我们知道这些就足够了。对我们来说,你不是共产党员没关系。我们欢迎任何来苏区参观的记者。"

周恩来为斯诺开列了一个92天行程的详细清单,使斯诺深受震动。

与周恩来长谈时,斯诺被周恩来的魅力深深折服。他在《西行漫记》中写道:

"在我们谈话的时候,我饶有兴趣地观察着他。和许多共产党领袖一样,他是个富有传奇色彩的人。他人瘦瘦的,中等个,身架略显单薄。尽管他留着又长又浓的黑胡须,但仍有着一副孩子气的相貌,一双大眼睛热烈而深邃。他有着某种吸引力,这似乎出自他那个人魅力和领袖自信。"

周恩来的冷静、求实和擅长推理的头脑给斯诺留下了深刻印象。

抗战时期,斯诺与周恩来有过多次见面。

1941年初,斯诺不顾个人安危,对皖南事变真相进行报道,他因此被国民党政府驱逐出中国。

此后,在近20年的苦苦等待中,斯诺才再次踏上中国领土。只不过,这一次他踏上的已是新中国的土地。

1960年8月,周恩来与斯诺在波光粼粼的密云水库泛舟长谈。两位就像多年不见的老朋友,无话不谈。或许是很长时间没有相见了,斯诺竟一口气向周总理提出了40多个问题,两人一共谈了十多个小时。

1964年,斯诺第二次来到中国。周总理又一次接见了他,双方交谈达4小时之久。

1970年,斯诺最后一次来到中国。10月1日国庆节,斯诺被邀请登上天安门城楼观看群众游行。周总理特意把斯诺和他的夫人洛伊斯安排到毛主席的身边,以东方人这种含蓄的方式向美国传达积极、友好的信号。在斯诺将要结束此次访问的前一天晚上,应斯诺的要求,总理在人民大会堂福建厅与他交谈了近3个小时。

在斯诺罹患癌症期间,毛主席、周总理曾派陈志方、黄华等前往日内瓦看望,并派去一个医疗小组协助护理。

1972年2月15日,斯诺在瑞士与世长辞。闻听噩耗,周总理悲

1973年10月，周恩来和邓颖超等在北京大学参加斯诺的骨灰安葬仪式。

痛不已。第二天，他致电斯诺夫人，对斯诺逝世表示慰问和沉痛哀悼。唁电说："斯诺的一生，是中美两国人民诚挚友谊的一个见证"；"他一生为之努力的中美两国人民之间的友谊一定会日益发展"。2月19日，周总理和邓大姐等出席首都各界人士在北京大学为斯诺举行的追悼会。

1972年5月23日，周总理在刚刚查出患有膀胱癌的情况下，拖着病躯会见斯诺的夫人及其家属。斯诺夫人对斯诺逝世后毛泽东、周恩来、邓颖超给予的关怀表示感谢。1973年10月19日，遵照斯诺的遗愿，将他的部分骨灰安葬在北京大学（斯诺生前任教的燕京大学旧址）未名湖畔。

一次"整"周总理的政治局会议

在总理病情不断恶化的同时,"四人帮"乘机加害总理。癌症使周总理忍受着身体上的折磨,然而对总理来说,更致命的是"四人帮"对他的蓄意伤害。

在江青等人眼中,周恩来是他们夺权路上的最大障碍。1973年5月,以造反起家的王洪文进京。自1971年"九一三"事件后,毛主席多次表示要培养工人阶级出身的王洪文做中央领导工作的意愿,王洪文成为继林彪后被毛主席指定的又一个接班人。此后,王洪文一路扶摇直上。在1973年8月党的十大上,王洪文跻身于中共中央副主席、政治局常委之列,速度之快令人咋舌。毛主席对其寄予厚望,但王洪文辜负了毛主席的一片苦心,他唯江青的马首是瞻。

党的十大上,邓小平等在"文革"中被打倒的一批老干部当选为中央委员,但江青的党羽和亲信也进入了中央委员会。这意味着以周总理为代表的老干部一方和以江青为首的中央文革一伙势均力敌,斗争将会更加激烈。

果不其然,十大后,江青、张春桥、姚文元、王洪文拉帮结派,视周恩来为最大的绊脚石,排挤、打击、诬陷周总理,加紧夺权步伐。

1973年11月10日至14日,周总理与叶剑英会见来华访问的基辛格。17日，毛主席根据不可靠汇报，误认为周恩来在与基辛格谈话中说了错话。毛主席提议由政治局开会讨论一下他的意见，帮一帮周恩来，还成立了由江青、张春桥、姚文元、王洪文等参加的六人小组。江青等人正煞费苦心抓不到周总理的"小辫子"，这下机会来了。

自1973年11月21日至12月初，在人民大会堂东大厅，政治局连续开会10多天，批评周总理和叶剑英的所谓"右"的错误。

前期参加这次会议的是部分政治局成员，后期扩大到外交部、中央联络部的主要领导，这样对周总理和叶剑英形成一个大的围攻之势，以达到"四人帮"不可告人的目的。

11月21日晚8时，开会第一天，和往常一样，我们把总理送至会场门口，把文件包交给他，就守候在会议室外面。

按照以往做法，参加会的人到了该吃饭的时候，服务员会把饭送进会场，他们边吃饭边开会。这次我们请大会堂的厨师把总理的饭准备好，请服务员送进去。这是今天总理的第一顿正餐，虽已是晚上10点钟，我们仍称它为"午餐"。时间不太长，饭一点没吃，原样退了回来。我很纳闷地问服务员怎么回事，服务员摇摇头说不知道。我说先把饭端回厨房，等一小时再送一次。我并没有多想，总理不按时吃饭是常事，只是与以往不同的是，这次他没说等一下再吃，而是把饭退回来。

一小时之后，送去的饭又退了回来。服务员传话说，总理说不吃饭，也不叫再送吃的。我有点坐不住了，为什么不吃饭？我想不出原因，只是等在外面干着急。我与大夫商量，治疗心脏病的药不能误时，于是请服务员准时把药送去。

开会这种场合，我们和医生都不进会场亲自把药直接给总理，

1973年的周恩来

1970年5月，周恩来、邓颖超与身边工作人员在西花厅合影。中排右一为杨德中，中排左一为高振普。

而是请服务员交给总理吃。与往常不同的是，这次我们让服务员把药倒在总理手里，看着他把药吃下去，把空瓶拿回来，以证明总理把药吃下去了。

总理把药吃了，我们稍微松了一口气。

会议开了五个多小时。终于散会。我跑到会场门口，焦急地等待着。

总理第一个走出来。他的脸色不好，人显得很疲惫。我接过文件包，在乘车回家的路上，不放心地问总理："您有什么不舒服？"

"没有。"他的语气低沉。

"饿吗？"

"不饿。"

总理下午起床后，只喝了一杯豆浆冲鸡蛋。已经六七个小时没吃东西了，怎么能不饿？

到了西花厅，我又和保健医生张佐良交换了看法，对总理为什么不像往常那样边开会边吃饭，我们一下说不清楚。不过，总觉得今天的会不太正常。医生说，这种情绪对总理的病很不利。我守在办公室外，每隔十几分钟就轻轻地推开总理办公室的门，看一看总理，但看不出总理有什么异常，他仍然在那里聚精会神地批阅文件。和往常一样，夜深了，他才离开办公室，仍然抱上厚厚的一摞驻外各使馆送来的电报和有关国内的文件，在床上翻阅。

张树迎和我轮流跟总理去会场。第二天交班时，我把这些情况详细地告诉了张树迎。同样，以后张树迎也把他当班时遇到的情况告诉我。我俩就这样相互交流，相互提醒应注意的事，也及时向邓大姐汇报所看到的情况。邓大姐虽不十分了解会议内容，但她严格遵守党的纪律，从未主动向我们打听，只是嘱咐我们：总理吃饭可以少吃，但该吃的药要准时送给他吃。

再去开会，总理装文件的皮包轻了许多。临进会场，总理回头对我说："开会中间不吃饭。"我马上说："药还是按时吃吧。"总理让我们掌握。

总理以往开会不是这样，不吃饭，还让送杯玉米粥，可这些天的会议他什么也不让送了。到底发生了什么事？

多年来的习惯，散会时，总理多数是最后走出会场，而且往往是和几个人边走边谈，还时常能听到总理爽朗的笑声。这几天，情况有点反常：总理都是第一个走出来，而且是孤单单的一个人，情绪又是那样的低落；这几天，只是在这里开会，没到过别处，也没约人谈话；这几天，毛主席那里也没去过。

种种迹象表明，出事了。

综合"文革"以来我们观察到的现象，说明这事出在总理身上。会是对着总理来的，通俗地说，是开"整"总理的会。

情况的确如此。

这从会场服务员那里得到了印证。虽然我们对会议内容一无所知，但有时服务员出来，把看到和听到的一两句话告诉我们，由于对总理怀有较深的感情，服务员听到是在批总理，有时出来哭着对我说："×××一直在发言批总理，已经几个小时了，就他一个人讲，真他妈的没良心，不是总理救他，他早就被打倒了……"碰到这种情况，我只好控制住自己的情绪，劝说她们几句。

会场内总理受批，我们几个总理身边的工作人员也很自然地被孤立起来了。往常开会，我们这些随领导同来的警卫、秘书、医生、护士们都聚在一起，时而聊天，时而打扑克。这几天，他们只用眼神与我们交流，我也就很自觉地躲在一旁，思考着会议情况。

张树迎和我上午交接完班后，总理还没有起床，我俩可以敞开心扉地说话，认为中美关系已打开局面，中日关系已恢复邦交，总理这头"牛"，他们认为出力差不多了，该杀牛吃肉了。

张树迎和我都作了最坏的打算。张树迎说："每天早晨来上班都看一下守卫在西花厅的三中队的战士换没换。如果换了，就意味着我们也差不多被关起来了。"我会意地说："咱俩怎么想到一块了，我是看门前是不是停有吉普车。"这是我俩在"文革"期间根据看到的现象和积累的经验，总结出的不祥之兆。我说，我都交待"女高"（这是邓大姐经常这样叫我们夫妻二人的，我俩都姓高，我叫"男高",夫人高秀英叫"女高"),不论发生什么事情,你都要把两个孩子照顾好。她不知情地说,能有什么情况,你说得这么严重?

会议不停地开,会场内的气氛变得更紧张了,有时一次会进行七八个小时。我们等在外边更是坐立不安。总理早在今年3月就做了膀胱癌手术,他没能如期治疗,现在每天尿血。医生们视其病情向中央送报告,参加会议的主要人物不可能不了解总理病情的变化。只有医生和我们能亲眼看到总理的血尿,毛主席不会知道总理这么具体的病情变化。一些别有用心的人就是想通过轮番轰炸的方式拖死总理。

随着会议时间的延长,总理的病情明显加重,尿血量增加。但他并未把自己的病放在心上。虽然总理在会上遭到了不公正的批评,但我们看不出他情绪上有何波动,他为党、为国、为民服务的热情丝毫未减。每天总理开会回来,走进办公室,就一头扎进文件堆里几个小时。劝他休息,比往常更困难。我们还是用大姐教的办法,比以往更频繁地把毛巾送去,请总理擦擦脸,因为多擦几次脸,他就能多休息几秒钟。可是,有时我把毛巾交到总理手上,他仍全神贯注地批阅文件,就一直把毛巾托在手里停留在半空而忘了擦脸。

在十多天的会议期间,江青等人经常去向主席报告。因为做贼心虚,他们进中南海不走通常走的西门,而改道走中南海西北门。

"四人帮"自认为神不知鬼不觉,其实他们忽略了西北门的哨兵是三中队,队长徐金升常年跟随总理外出,担负随身警卫。副队长对总理也怀有深厚的感情,他私下对我说,他们这样对总理,我这个副队长也不想干了。"四人帮"的异常举动就是这位副队长提

1973年8月，邓小平和邓颖超在中共十大主席台上。

供给我的。而队长对我说，每天散会后，周总理回家，"四人帮"和并不住在钓鱼台的几个人都去了钓鱼台。按常规分析，他们去钓鱼台汇总情况，研究第二天会议的开法和向毛主席如何汇报。我也曾遇到过这种情况。有一次散会后，我马上走到会场门口，见出来的是江青、张春桥、姚文元等，我急忙闪在一旁。他们一边走一边说笑，只听江青说："走，还是老地方。"他们的红旗车连成一串，鱼贯而入钓鱼台。

艰难地度过了十多天。有一天散会时，外交部部长助理王海容对我说了一句话："高同志，你又可以吃宴会了。"王海容释放的这个重要信号表明：这个难熬的会要结束了。

后来，我们才得知，会上江青等人借机对周恩来和叶剑英进行围攻，斥责这次中美会谈犯了"丧权辱国""投降主义"的错误。到会的政治局成员轮流发言，姚文元等还上纲上线，危言耸听地提出这是"第十一次路线斗争"，诬蔑周总理是"路线斗争的头子"，是"迫不及待"地要取代毛主席。

周总理对毛主席、对党、对国忠心耿耿，没想到竟遭这撮小人的陷害。真是欲加之罪，何患无辞！

这次批评总理的会，是毛主席提议开的，会议的进程也是毛主席亲自过问的。据《周恩来年谱》记载，是周恩来做了违心的检查，会议才告结束。12月9日，毛主席先后同周恩来、王洪文谈话，肯定了这次会议，说："这次会开得很好。"只是有人讲了两句错话：一句是讲"十一次路线斗争"，不应该那么讲，实际也不是；一句是讲总理"迫不及待"，总理不是迫不及待，江青才是迫不及待。主席的后一句话并非空穴来风，而是有所指的：江青在批判总理的过程中，提出增补她本人和姚文元为政治局常委的意见。党的十大上，王洪文当选为党中央副主席，地位仅次于周总理。张春桥、王洪文入选政治局常委，江青、姚文元则当选政治局委员。可江青并不满足，野心膨胀，她的目标是进入政治局常委的行列，这是她梦寐以求的。江青的意图被毛主席的巨眼看穿，毛主席一口回绝："增补常委，不要。"

这次会议，总理承受了多大的精神压力可想而知。粉碎"四人帮"后的1976年10月的一天，华国锋等中央领导同志约耿飚、黄华开会。我在接送两人的车上，听耿飚对黄华说："当年批评总理的会是毛主席提议帮一帮总理，而江青等人借机大批总理，会议非常紧张，我们都捏一把汗。"周总理克制、克制、再克制自己，因为他深知"小不忍则乱大谋",如果他冲冠一怒,则正中了江青等人的圈套,后果将不堪设想,对党和国家的前途命运产生难以预料的影响。

周恩来的隐忍,无人能及。

总理把所有的委屈全都深深地郁积在心里,如果他把这些不平遭遇说出来,心情可能会好些,会有利于癌症的治疗。可是在"文革"那样极度敏感的时期,一个人如果挨批出事了,大家就像躲瘟疫一样躲着他。总理能向谁诉说呢?

屋漏偏逢连夜雨。恰在此时,主管周总理安全警卫工作的杨德中被调离。

杨德中是中央警卫局的副局长,兼任中央警卫团政委,1965年分管周总理的安全工作。在"文化大革命"时期,周总理身边工作人员锐减的情况下,杨德中协助周总理做了很多工作,深得周总理信任。就这样一位得力的帮手也被"四人帮"调走了,实际原因是"四人帮"对杨德中担任中央警卫团政委不放心。既然要调走,也要经总理同意,汪东兴向周总理报告说毛主席同意,叫杨德中下去锻炼一下。汪东兴这样说,周总理还能说什么,只好同意了。

1974年1月的一天早晨7点左右,周总理睡前问我:杨政委几点走?我说不知道,并反问一句"是今天走吗?"总理肯定地点点头。我照顾总理睡下后,坐在值班室等待张树迎的到来。8点,张树迎到了。我把要交代的事说完后,便问张树迎:杨局长今天几点走?总理睡前问我了。张树迎说他也不知道。于是,我急忙跑向车库开上汽车,直奔杨德中住在中南海的家。他家大门敞开着,室内一片狼藉,杨德中不在。他的夫人李冠珍说:去火车站了,刚走不久,9点多钟的火车。我驾车到了北京火车站,看到杨德中与几位送别的人在说话。我走过去叫了一声"杨局长……",他拉着我的手,忧心忡忡地说:你来干什么?你不应来送我。我说,是我自己要来,我不怕别人说什么。我转身去买了张站台票,等回来,才注意到送别的人,他们是中央警卫团副政委毕景荣,警卫团后勤部长程会仔和一位团政治部主任。警卫局领导无一人去送。我送杨德中上车,看到只有一个公务员陪同,可以说杨德中是只身奔赴陕西咸阳,任咸阳军区第二政委,即由副军职降为正师职,该军分区始终也没任命过第一政委,这明显是一个"小动作"。

我没对总理讲送杨德中时看到的细节,只是对邓大姐说杨德中调走了,我去火车站送他了。

杨德中走了后,汪东兴同志向总理报告,并说再安排一位副局长来顶替杨德中。总理说:"不用了。有张树迎和小高两个人就可以了。他们俩办事还稳妥。"总理婉言拒绝了汪东兴。

当天下午,总理约张树迎和我把汪东兴来谈的事说了一下。总理问我们俩在他这里工作多久了,张树迎说已经22年了,我说也12年了。总理说:"时间都不算短了。你们对我的工作也都熟悉,老张你是45岁,小高也只有35岁,都还年轻,你们还熬不过我呀!"我俩几乎同时说,"今后要更好地工作,处事多想想,不会给总理惹事!"总理满意地点点头。我俩退了出来。张树迎习惯地对我说:"高,这是总理对咱俩多大的信任呀!咱们要准备多承担一些工作。"就这样,我俩在总理身边一直工作到总理逝世。1976年10月粉碎"四人帮"后,杨德中并没有因"四人帮"倒台而官复原职回到中南海,而是直至1978年党的十一届三中全会后,才被调回中南海接替汪东兴,任中央警卫局局长。

虽然江青等人倒周的计划落空,但接踵而至的厄运,使得总理心情压抑，饮食、休息都更为不正常，对总理的病来说，无异于雪上加霜。癌细胞更加肆虐，不停地侵蚀着总理的身体。他血尿不止，每天尿血达到100毫升，最多时达到200毫升。

此时的总理急需治疗，但他恰恰不能治疗。在毛主席的支持下，总理加快了邓小平复出的步伐。1973年12月中旬，在中共中央政治局会议上，毛主席提议邓小平参加中央军委工作。毛主席说，请了一个军师，叫邓小平，发个通知，（邓）当政治局委员、中央军委委员。总理先后召开一系列会议，落实邓小平担任中央政治局委员、中央军委委员的事宜。12月22日，周总理亲笔代中共中央起草关于邓小平担任中央政治局委员、中央军委委员，参加中央和军委领导工作的决定的通知，并特意注明此通知可下达到党内外群众：

中央通知（草案）

各省、市、自治区党委，各大军区、省军区、各野战军党委，军委各总部、各军、兵种党委，中央、国家机关各部、委领导小组或党的核心小组：

遵照毛主席的提议，中央决定：邓小平同志为中央政治局委员，参加中央领导工作，待十届二中全会开会时请予追认；邓小平同志为中央军事委员会委员，参加军委领导工作，特此通知。

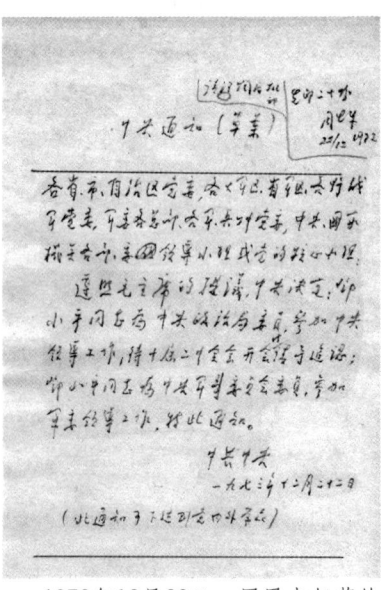

1973年12月22日，周恩来起草的邓小平复出通知。

中共中央 一九七三年十二月二十二日

（此通知可下达到党内外群众）

至此，邓小平的复出，向前迈进了一大步。与此同时，在"文革"中苦撑了八年之久的周总理终于有了得力的帮手。

江青等怎能眼睁睁地看着邓小平掌管党、政、军实权？他们注定还会卷土重来。

"批林批孔"运动

毛主席曾评价江青，刀子嘴，是非窝，尽伤人。此评价确实一针见血。江青是制造是非的高手。1974年年初，她又向总理发起了新一轮的进攻——"批林批孔"运动。

在江青一伙的操纵下，1月1日，《人民日报》《红旗》杂志、《解放军报》联合发表《元旦献词》，提出"批孔是批林的一个组成部分"。强调："党委要抓大事"，"大事不讨论，埋头于小事，这样很危险，势必要搞修正主义。"1月12日，王洪文、江青致信毛主席，建议转发北京大学、清华大学大批判组汇编的《林彪与孔孟之道（材料之一）》，称这份材料"对当前继续深入批林、批孔会有很大帮助"。毛主席阅后批："同意转发。"18日，中共中央转发此材料，并发出通知，指出：林彪是"一个地地道道的孔老二的信徒"，"他和历代行将灭亡的反动派一样，尊孔反法，攻击秦始皇，把孔孟之道作为阴谋篡党夺权、复辟资本主义的反动思想武器"，"这个材料，对于继续深入批林，批判林彪路线的极右实质，对于继续开展对尊孔反法思想的批判，对于加强思想和政治路线方面的教育，会有很大帮助。"之后，全国展开"批林批孔"运动。

为使"批林批孔"的烈火熊熊燃烧，未经中央同意，江青擅自以个人名义把她的亲信派往军队领导机关和中央国家机关等单位"点火放炮""放火烧荒",企图搞乱政府和军队。1月24日,江青等擅自召开驻京部队"批林批孔"动员大会。25日,在江青策划下,迟群、谢静宜在中央、国务院直属机关"批林批孔"动员大会上发表长篇煽动性讲话,大谈所谓"反复辟"的主题,称"修正主义仍然是当前的主要危险",把攻击的矛头直指周总理等老一辈革命家。

鉴于"批林批孔"运动开始后引发的混乱,1月31日,总理主持中共中央政治局会议,讨论批林批孔问题。会议提出:在党政机关、军队系统、生产部门和大中学校等,应"早一点规定一些政策界限",报经中央和毛主席审批后,"下达全国试行"。其中,军队各系统不搞"四大",即大鸣、大放、大辩论、大字报。

江青搞乱政府和军队的做法与毛主席所期望的"批林批孔"运动背道而驰。2月9日,毛主席就江青所送反映批林批孔问题的一批材料写道:"除少数外大都未看";"一切人不见,现(身体)在恢复中,你有事应找政治局。"针对叶剑英1月30日致信中共中央和毛主席表示接受江青等在"批林批孔"运动中对他的"帮助",2月15日,毛主席在叶剑英信上批示:"现在,形而上学猖獗,片面性。"并指出,迟群、谢静宜在1月25日大会上的讲话"有缺点,不宜下发"。从而制止住了"批林批孔"运动向下蔓延。江青多次要求见毛主席,以进谗言。3月20日,毛主席回复江青求见信:"不见还好些。过去多年同你谈的,你有好些不执行,多见何益?""你有特权,我死了,看你怎么办?你也是个大事不讨论,小事天天送的人。"主席对江青的厌烦之情溢于言表。

然而江青不知自量,并未收敛。4月1日,江青等操纵的"北京大学、清华大学大批判组"发表《孔丘其人》一文。文章使用比附手法，将两千多年前春秋时期鲁国根本没有的"宰相"职务加在孔丘身上，以此影射周恩来。此后，以史喻今、影射比附的文章纷纷出笼。"四人帮"借批孔之名，对周总理进行露骨的政治诬陷和人身攻击。

从1974年3月上旬起总理每日便血不断增加。据此，医疗组决定对其病情作进一步检查、治疗。3月8日，总理将医疗组所拟《检查治疗方案》作详细阅改、批注后，致信负责他医疗工作的领导小组成员——叶剑英、张春桥、汪东兴，提出："治疗方针仍按照你们原报告在这次施行膀胱镜检查，如可能仍采用通过膀胱镜进行电灼或者电切除；如因病情变化，需采用手术切除，则此次不予考虑，以后再议。"手术切除"不予考虑，以后再议"。总理担心手术将会占用过多的时间，他再次推迟了自己的治疗。

"四人帮"干扰筹建北京饭店东楼

北京饭店始建于1900年，历史悠久，闻名中外。

1954年，在周总理的关怀下，北京饭店进行了一次扩建。

鉴于北京饭店原有的两栋楼已不能满足形势发展的需要，党中央决定扩建。1974年，北京饭店进行第二次扩建：再盖一栋规模较大、设备较好的东楼，最初的设想是盖23层。

总理很关心这项工程。每一件事他都亲自过问，而且审查每一个环节，他不止一次地审阅建筑图纸。早在1973年10月29日，总理约万里、杨德中、赵鹏飞等论证这项工程。11月2日，他再约万里等三人商谈这个问题。

一切准备就绪后，工程破土动工。建筑工人干劲十足，建楼速度非常快，几乎一天一层，自豪感洋溢在每个人的脸上。当楼建到19层的时候，意想不到的事情发生了。"四人帮"横插一脚，发话说楼盖高了，饭店里什么人都住，对中南海的安全构成威胁。这事其实很清楚，"四人帮"是"醉翁之意不在酒"，他们想以毛主席的安全为借口，从而加罪于总理，使盖楼之事中途流产。

总理虽然看透了"四人帮"的险恶用心，但是，对他们的这个意见不能不重视，因为提到了毛主席的安全问题。总理首先指示不停止施工，他要亲自去施工现场调查。

记得那天总理开完会后，就跑到工地上，陪同的有主管这一工程的万里和相关的工程技术人员。总理坐上施工电梯，因为没有提前告诉工地总理要来，工地不可能有什么准备，电梯十分简陋，是施工运料的电梯，周围只有个框框拦着。

　　总理面向中南海，观察在什么高度可以看到中南海的什么部位。我那天随同总理坐着电梯乘到第七层的时候，中南海已一览无遗，到第19层时中南海更是尽收眼底。总理下来以后就召集有关人员开会，商讨怎么办：饭店不能不盖，这是已经决定的事；"四人帮"提出的意见也不能不考虑，因为扣的帽子很大，关系到毛主席的安全。

　　会议的结果是采用一个折中方案：饭店还要盖，由原定的23层减到19层，这样就把包括宴会厅在内的四个楼层全部砍掉了，原来的计划是把宴会厅盖在顶层。虽然建国后北京饭店盖了宴会厅，但那个宴会厅很老了，大家决定把新宴会厅盖在新楼的顶层，但由于"四人帮"的干扰，这一愿望化为泡影。

　　事情并不算完，因为饭店19层照样能看到中南海.还是总理想了几个办法，一个办法就是在中南海的外面种些树。记得当时我还插话说，种树就种意大利杨树，因为意大利杨树很高，但毕竟意大利杨树也"保护"不了中南海，无论它长多高，也不可能有19层楼高。

　　其实要保护中南海，这些办法都是徒劳的，因为北京年岁大的老百姓都知道中南海的具体情况。建国前，中南海是个公园，对公众开放，老百姓可以随便进出，那时北京的很多老百姓都知道怀仁堂、紫光阁、勤政殿等等的具体位置。新中国成立后，党中央搬进了中南海，中南海才变成中央办公和部分领导同志居住的地方，老百姓就不能参观了。

后来，总理为了有更确凿的依据，证明盖饭店不会危及中南海的安全，又约万里登上故宫城墙，一起查看地形，经研究确定在故宫的西墙上加盖一排房子，有两层楼房高。楼落成后，并没有完全挡住从饭店看到中南海的视线，后来这排楼房作为我们中央警卫团的营房。

"四人帮"之所以千方百计破坏盖北京饭店东楼这件事，是因为这项工程是周恩来批准的项目，他们故意找茬，在无计可施的情况下，便拿主席的安全向总理施压。其实，周总理并不是不考虑主席的安全，最关心毛主席安全的是周总理。不论是建国前，还是建国后，毛主席的安全周总理都亲自过问。罗瑞卿任公安部部长期间，主席安全方面的很多事情他都直接向总理报告。"四人帮"的真实目的是想借这件事攻击总理。

"蜗牛事件"

一波未平，一波又起。"四人帮"制造的"蜗牛事件"，矛头也是对准周恩来的。

1973年9月16日，周总理、李先念批准从美国引进彩色显像管生产线，以尽快解决我国生产彩色电视机的需要。1973年底，第四机械工业部为此事派团赴美国康宁公司考察。当谈判即将成功时，美国老板送给中国代表团纪念品——水晶玻璃蜗牛，这是该公司生产的一种工艺品，常作送礼或陈设用。

"四人帮"知道后大放厥词，硬说这是对中国人的诬蔑，讽刺中国人像蜗牛那样爬行。1974年2月10日，江青亲自到第四机械工业部指手画脚，指责该部赴美考察团接受美方所赠玻璃蜗牛礼品是"屈辱于帝国主义的压力"，是"崇洋媚外"；提出"要把蜗牛退回去"，并说"这条彩电生产线我们不要了"。

周总理知道这个事情以后，他很认真地对待，让外交部责令我驻美联络处（那时还不是大使馆，而是联络处，当时黄镇是联络处主任），调查这个事情是怎么回事。调查结果出来，是那个地方美国人的一种习惯，送这个礼品不是对中国的侮辱。

江青等人仍抓住"蜗牛事件"不放。对此，周总理又多次指示外交部就"蜗牛事件"认真调查，再作定夺。21日，外交部在详尽调查核实的基础上，写出《关于美国人送"蜗牛"礼品等事的报告》，说明美方送蜗牛并无恶意，反驳了江青的论点，建议不必退回礼品和作外交交涉。周总理阅后批示：外交部这一分析和所提处理意见较为正确，拟同意这一报告。周总理还主持中央政治局会议，对"蜗牛事件"作了研究。会议决定：江青在四机部的讲话不印发，不下达，已印发的立即收回。

可是"四人帮"所扣的大帽子说美国在政治上诬蔑中国，导致这生意没法做了，结果被迫撤销了合同。中国准备引进美国的这套电视机设备在当时来讲是比较先进的，有些技术我们达不到，据说，这套设备最后被罗马尼亚进口去了。具有讽刺意味的是，罗马尼亚生产出来的电视机，作为互赠礼品送给了我国中央领导同志每人一台。

由于江青的胡搅蛮缠，导致我国引进彩色电视显像管生产线被推迟了好几年。

出席联合国大会的风波

1974年，我国要派团参加联大第六次特别会议。这是自1971年我国恢复在联合国的合法席位后，中国政府重要领导人首次亮相联大会议。由于总理重病在身，1974年3月20日，毛主席提议由邓小平担任出席联合国大会第六届特别会议中国代表团团长，并告以外交部名义将此意写入送审报告中待批。

接下来的日子里，总理连续主持中共中央政治局会议，讨论外交部根据毛主席提议由邓小平担任出席联大特别会议代表团团长的报告。会上，江青以"安全问题"和"国内工作忙"为由，反对由邓小平率团前去。3月24日，总理对外交部报告批示：同意这一方案，并送毛主席及在京政治局成员传阅。江青阅后仍持反对意见，要求外交部撤回报告。25日，毛主席托人转告总理：邓小平出席联大，是我的意见，如政治局同志都不同意，那就算了。周总理当即表示：完全同意毛主席的意见。并将此意转告政治局其他成员，特别要在场的王洪文负责向江青、张春桥、姚文元转达毛主席的意见。在26日的中央政治局会上，除江青外，与会成员一致同意由邓小平率团出席联大会议。为此，江青歇斯底里，搅闹政治局。周总理要外交部列席这次会议的王海容、唐闻生将会议情况报告毛主席。

1974年4月，周恩来欢送邓小平出席联合国大会第六届特别会议。

3月27日，毛主席致信江青："邓小平同志出国是我的意见，你不要反对为好。"当晚，总理参加中央政治局会议，会上江青被迫同意邓小平率团出国参加特别联大。会后，总理致信毛主席："大家一致拥护主席关于小平同志出国参加特别联大的决定。小平同志已于二十七日起减少国内工作，开始准备出国工作。"并告："小平等同志出国安全，已从各方面加强布置。四月六日代表团离京时，准备举行盛大欢送，以壮行色。"

3月27日、28日，周总理召集外交部、民航有关负责人开会，研究邓小平率团出席联大送迎礼仪和飞行安全等问题。他提出：邓小平同志代表中华人民共和国出席联合国大会，我们要为他圆满完成任务打通道路，增添光彩。为确保航线畅通，建议民航机组安排东西两线同时试飞，届时如果一条航线因故不能飞行，还可走另一条航线。

4月3日至5日，总理主持中共中央政治局会议，讨论修改邓小平将在联大特别会议上作的主题发言稿，并研究中国代表团在出席会议期间的具体工作方针等。江青、张春桥、姚文元借口"有病"不参加会议。3日、4日，总理与邓小平联名致信毛主席，汇报发言稿讨论修改情况：

主席：

小平同志在特别联大的发言，经过小平同志同外交部同志的讨论和修改，小平同志在四月二日定了四稿。四月二日晚政治局会议上宣读和讨论了四稿的第一部分，又作了一些修改，成为五稿。这一部分为形势有六页，现先呈上，请予审阅。其他部分为原料和发展问题及我们的主张约九页，共为十五页。今（三日）晚政治局将继续宣读和讨论其他部分，可修改好。明（四）日呈阅。

周恩来　邓小平　1974.4.3、九时

主席：

四月三日傍晚政治局开会，又将四月二日我送呈的小平同志发言稿第一部分，重新修改了几处，如主席已经读过，就请只看我划上红杠的三、四处地方。从第6页"主席先生"起，是政治局今天宣读和讨论过的，其中也作了不大不多的修改，这是主席没有读过的，共九页，连前面6页，共15页不到。本件每页约500字，最多共为7500字。外文翻译，已在着手。在主席批准发言六稿后，一经发言公布，可澄清许多问题。谨报等待主席批示。

      周恩来、邓小平　一九七四年四月四日

  4日，毛主席就此批示："好，赞同。"

  4月6日早晨，通宵未眠的总理打起精神，参加了欢送邓小平出席联合国大会的仪式。首都机场工作人员按照总理事前的交代，铺上红地毯，以示隆重。在欢送过程中，总理始终鼓掌。邓小平登机前，总理与他紧紧握手，千言万语、所有的重托尽在这紧紧的一握中！

  在邓小平参加联大会议期间，周总理一直没有对自己的病进行治疗，而是密切关注着邓小平在联合国的所有工作。

  4月19日，总理致信毛主席："小平同志率代表团今日下午五时半到京，欢迎场面同欢送时一样。"下午，总理前往机场欢迎，最终万无一失地保证了邓小平载誉而归。20日凌晨，周总理才接见医疗组成员，商谈他的病情并决定住院治疗。总理不顾自己病情恶化，为了国家的最高利益，为扩大中国在联合国的影响倾注了心血。

  由于周总理的鼎力推荐，复出后的邓小平活跃在国内、国际的政治舞台，显示出了他的领导实力和才华。这引起了"四人帮"的恐慌，他们也把矛头指向邓小平，企图搞垮他。这不能不引起周恩来的警觉。

周总理与傅作义

周总理虽然重病缠身，但他还关心着其他病人，多次前往医院看望老干部和民主人士，特别是对民主人士关怀备至。

1974年4月7日，病危中的傅作义致信周总理，对邓小平率团出席联大特别会议事"感到兴奋异常"，并表示希望台湾早日回归，祖国实现统一。8日，周总理将傅信转送毛主席阅，告："傅先生的食道癌，已发展到不能进食，只能输液，生命危在旦夕，但仍念念不忘台湾解放。"

早在国共两党联手抗战的初期，傅作义与周恩来在山西多有接触，交情甚笃。

1949年1月，傅作义率部起义。北平宣告和平解放，古城免遭战火破坏的厄运，200万生灵免遭涂炭。仅此一点，足以使傅作义名垂青史。

1949年2月，周恩来在西柏坡迎接傅作义一行。他对傅作义说：傅将军以人民利益为重，和平解决北平问题，避免了战争将给北平人民带来的重大损失。欢迎你同我们合作。将要召开的新政治协商会议，你既是有党派，也是有功将领，是有代表性的，可以参加。

在陪同傅作义等人吃饭时，周恩来说：现在咱是一家人了，一家人不说两家话，有什么事情，有什么意见和想法，不要有顾虑，

1962年春节前夕,周恩来邀请张治中(左一)、傅作义(左三)、屈武(左四)商谈对台湾工作问题。这是会后的合影。

都可以提出来商量。可以找我谈,也可以找毛主席谈,找其他中央领导同志谈也可以。

傅作义静静地听着,连连点头说:请周副主席放心,我一定在共产党的领导下,全心全意地做一些我力所能及的工作,决不会半心半意和三心二意。我的后半生,要在共产党的领导下努力奋斗,为建设伟大的祖国贡献自己的力量。

因傅作义曾长期关注治理黄河河套水利工作,新中国成立后,尊重其意愿,中央人民政府任命傅作义为水利部部长。此后,傅作义在水利部部长这一职位上任职长达20多年,为新中国水利事业的发展作出了重要贡献。

总理十分关心傅作义的工作和生活。傅作义刚任水利部部长时，水利部领导中有些人认为他是非党人士，对其颇有微词。总理得知后，教育中共领导干部要尊重民主人士，必须使民主人士有职有权。为此，总理专门批示水利部：大小事情，没有傅部长批示，一律无效！要让傅部长列席党组会议，并发表意见。

1957年，傅作义视察三门峡水利工程后返京途中，突发心脏病，情况十分危急。周总理得知后立即派专家和傅作义的夫人刘芸生赶赴太原。待傅作义病情稳定后，让其继续回京治疗，周总理、朱老总亲自到医院看望傅作义。

傅作义对总理的关怀心存感激，每年他都把自家庭院收获的鲜桃送一些给总理、邓大姐。

周总理十分尊重傅作义等民主党派人士。建国后，总理曾不止一次地登门拜访傅作义。总理与傅作义等民主党派人士交往时很注意影响，他去拜访时，会换乘小型汽车，不布置警戒，只带一名随身警卫。总理认为戒备森严有损对傅作义等民主人士的信任，也会令傅作义等民主人士不安。我们这些工作人员一般不随总理进入主人的客厅，有些人家住的地方小，我们只在庭院外面等候，这种做法也是总理交待的。总理的行动不完全是个人影响，而是加深了党外人士对共产党的信任。

正是这种相互信任，使得傅作义在"文化大革命"中把他40万元存款的折子托人转交给周总理，说是上缴国库，以免被造反派抄走。

在"文化大革命"的疯狂年代，红卫兵要冲击傅作义的寓所，周总理命人驻守傅宅，后来又把傅作义转移到中国人民解放军第三〇一医院，以治病的名义保护起来。

1973年8月，傅作义被查出患有癌症。周总理得知后，叮嘱有关人员一定要尽力抢救、治疗。周总理还多次与医务人员研究傅作义的治疗方案。

1974年4月15日，在傅作义弥留之际，总理前往医院看望他，并俯身至傅作义的耳边说：北平和平解放和绥远解放，你立了大功，人民是不会忘记你的。此时的傅作义已不能说话，只是热泪盈眶。虽然他无言以对，但一切尽在不言中。他与总理风雨同舟、肝胆相照，总理最懂他的心，总理对他的高度评价让他欣慰而去。

4月19日，傅作义在京病逝。4月23日，周总理主持傅作义追悼会，并向傅作义的夫人刘芸生及其亲属表示慰问。

傅作义去世后，总理还惦念着傅作义的家人。1974年9月29日，总理就出席国庆招待会人员名单致信王洪文并中共中央政治局，提议在爱国人士中增加起义四将领夫人，即卫立煌夫人韩权华、程潜夫人郭翼青、张治中夫人洪希厚和傅作义夫人刘芸生，指出："四夫人对国内外影响也不小。"

周总理亲选三〇五医院

总理处理完手头的国内外重大事情后，决定住院治病，他没去北京医院，也没选住北京协和医院和三〇一医院，而选定三〇五医院。

中国人民解放军第三〇五医院是建于1969年7月1日的一所部队医院，是为中央领导同志查体治病而设置的医院。该院隶属于总参谋部警卫局，日常的主要服务对象是警卫局和中央警卫团的官兵、职工和中央办公厅所属的部分单位。医院有一栋空置的住院楼是为中央领导人设计的，没有对社会开放。房间宽大，布局适用。但是，此时医院的医疗设备实属一般。为总理治病的仪器设备是临时从外院借调过来的。

总理之所以选这所医院，我认为有三个原因：第一，可以不间断地主持中央工作，邓小平同志虽然已复出并担负着重要的工作，但其位置并不稳定，"四人帮"一直想搞倒他；第二，总理患病、特别是得什么病的消息要保密，不能流向社会，这有利于社会稳定；第三，医院离中南海只有一条马路之隔，遇有突发事件，便于及时处理，邓大姐往返医院较方便。

总理病情明朗化以后，已经准备住院治疗了，邓大姐把张树迎和我叫到她的办公室，对我俩交代说：中央同意总理住院治疗，还

三〇五医院

不能完全不工作，有些事还要他办，所以选住三〇五医院也是一个原因。你俩先去看看，作一些住院前的准备，治疗方面由医生们去准备，你们主要从生活安全方面去安排。

根据医院病房的布局，我们按照周总理的工作、生活习惯，把三间相通的房间分别布置成会客室、办公室和卧室。警卫局服务处的朱金顺同志负责总理会见中外客人的服务接待及会客室的卫生清理工作，护士除担负医疗护理工作外，还担负着卧室的清洁整理。

汪东兴同志指派警卫局副局长毛维忠主管周总理住院的工作。选派了警卫局刘岚荪、滕和松、康海群、王培成同志担负医院的安全警卫部署和昼夜值班、对外联络等，抽调了警卫局服务处厨师和服务人员担负医疗组和工作人员的生活、服务工作。

周恩来在医院的病床

周恩来在医院的办公室

周恩来在医院的会客室

　　为了悉心照料总理，张树迎与我商量后，报邓大姐同意，从警卫局警卫处先后借调来乔金旺和曾庆林二人。乔金旺早期在总理身边工作，也是卫士组成员，对总理的工作很熟悉，总理对他的评价为工作细致又耐心，只是因为他身体有病才离开总理。总理住进医院后，我们四人担负着总理身边的工作，张树迎和曾庆林一班，我和乔金旺一班，24小时守护着总理，每天早晨八点交接班。

成立医疗组

中央政治局决定由王洪文、叶剑英、张春桥、汪东兴为周恩来医疗领导小组。后期，由于汪东兴随毛主席在外地，又增加了邓小平。

周恩来医疗组是由卫生部牵头，协和医院吴阶平任组长，北京医院吴蔚然和周总理保健医生张佐良任副组长的医疗小组。该小组在周恩来总理住院前成立，主要成员为：协和医院的吴德诚、方圻、陈敏章、曾宪九；北京医院高日新、商德延；解放军三〇一医院的黄宛、陆维善；北京阜外医院的陈在嘉、陶寿淇；北京友谊医院的于惠元；北京大学附属医院的谢荣；广安门中医院的高辉远；中南海保健处主任、周总理前任保健大夫卞志强，保健护士许奉生、王星明、张心莉；北京医院、阜外医院富有护理经验的护士孙茜英、万久云、秦秀兰、李玉良、柳纯安和北京医院手术室曹锐章、秦月兰；上海中山医院的熊汝成、天津的虞颂庭两位泌尿科专家，也是小组成员，他们住进了三〇五医院。随总理病情变化的需要，又调来了上海第一人民医院的潘铨和叶郎中、上海第二医院的董方中参加到医疗组，他们都住在三〇五医院。北京肿瘤医院的院长李冰、谷先之也参加了对总理的治疗。应该说这是一个很强的医疗班子。

三〇五医院虽没派医生参加医疗组，但放射科的李宣德、潘屏南、化验室的邵美珍以及李治平始终参加了对总理的检查化验工作，张秀珍参与了手术室的工作。全院上下为总理住院治疗期间的后勤保障作出了不寻常的贡献。

正式住院治疗

周总理为这次住院治疗也作了充分的准备。

进入1974年的5月，他除主持和参加一些中央的工作会议和及时处理应急的批阅文件外，先后会见了来访的塞内加尔总统桑戈尔、巴基斯坦总理布托、塞浦路斯总统马卡里奥斯、法国国民议会议员皮埃尔·絮德罗、英国前首相爱德华·希思等多位外宾；还会见了美籍华人黄春谷夫妇和物理学家李政道先生。5月28日，周恩来总理与来访的马来西亚总理拉扎克多次会谈，两国政府确定正式建立外交关系。在入住医院的前一天——1974年5月31日，周总理在人民大会堂与拉扎克总理共同签署了两国建交公报。

5月31日当晚，总理回到办公室阅批完要处理的手头文件，并交代钱嘉东、纪东两位秘书：留守西花厅值班，不跟随去医院，有事会叫他们；交待张佐良，起床后在家作一些手术前的准备工作，这样可以节省在手术室的一些时间。

周总理于6月1日凌晨5点多才离开办公室，进卧室之前，还习惯地带上了在床上要看的《国内清样》和各驻外使馆的电文。入睡时间已是早晨6点多。

下午，周总理起床后，医生们按照总理睡前的交代，在家作了一般手术前的清洁消毒。周总理吃过早点（起床后的第一餐就是早餐），去办公室看了看，由邓颖超大姐陪同，登上早已待命停在门前的红旗防弹车。他与平时出去开会一样，只是为能去医院治病而高兴，没有因离开西花厅而流露出任何惜别的表情，真是处处表现出一位伟大政治家的胸怀。

这是自1972年5月被诊断患膀胱癌后，时隔两年之久，周总理正式住院治疗。

行车10分钟到了三〇五医院，总理进病房脱下外衣，由医护人员推着车把他送入手术室，做膀胱部分切除手术，近5个小时的手术很顺利，术后效果很好，已无血尿，但红血球还是时有时无，时多时少。按医疗计划，没有异常情况出现，要三个月再作复查。

医院就是医院，虽然布置了一个办公室，但办公桌上并没摆放任何文件，凡需要看的文件都由钱嘉东、纪东两位秘书在家挑选后，交邓大姐带给总理阅批，晚上邓大姐再带回西花厅交给秘书处理。

医院虽给邓大姐准备了房间，但因她年事已高，我们和医生劝告她，总理病情稳定时她不需要住在医院，只是白天过来，晚上回去。邓大姐在总理做手术的前后几天才住在医院。邓大姐也学着总理的做法，去医院不带秘书。秘书赵炜同志是1975年10月才开始陪邓大姐去医院的，她替大姐把文件读给总理听，有些专案的事总理还交赵炜去联系。

住院期间，有些应由秘书去联系和对外协商的事都由张树迎和我承担了。秘书们在西花厅不清楚总理的身体现状和作息时间，两位秘书只有与我们联系请示总理后，才能确定要求会见的外宾和领导同志的时间。

手术后的一个月，总理基本上是休息，没召集开会，只有个别领导同志来看望，谈话时间也较短，只是参阅由邓大姐从秘书那里带来的少量文件。办公桌上不摆放文件，已是我们多年来没看到的现象。我暗自高兴，因为看样子总理是下决心治疗了。张树迎、乔金旺和我私下议论，觉得总理患的虽是绝症，但多发性的膀胱癌是可以治愈的，虽然因种种原因拖了两年才住院治疗，但诊断结论仍属早期。我们想照这样下去，总理是有救的。

正当总理在医院安心养病的时候，江青又如跳梁小丑兴风作浪。

1974年6月中旬，江青等人召集"梁效"（北京大学和清华大学"两校"的谐音）等写作班子成员开会。江青说："现在要批除了林彪、陈伯达以外的现在的儒。现在有没有儒？有很大的儒……不然，不会搞这样大的运动。"之后，江青又跑到天津煽风点火，鼓动工厂工人、农村的农民起来揪大儒。在一次讲话中她露骨地说：这次运动的重点是批"党内的大儒""现代的大儒"，很明显地暗示，要批判和打倒周总理。

7月17日下午，毛主席离京前，约中央政治局委员谈话，交代工作。周总理从医院赶来参加。江青一伙在会上指桑骂槐地大谈批"现代的儒"，不点名地指责周总理阻碍"文化大革命"。毛主席看到江青一伙在研究国家大事的中央政治局会议上竟如泼妇般放肆撒野，大为恼火，对他们进行了当头棒喝："江青同志，你要注意呢！别人对你有意见，又不好当面对你讲，你也不知道。你不要设两个工厂，一个叫'钢铁工厂'，一个叫'帽子工厂'，动不动就给人戴帽子。""你们要注意呢，不要搞四人小宗派呢！"又对江青说："你也是难改呢。"毛主席当众郑重宣布："她（指江青）并不代表我，她代表她自己……总而言之，她代表她自己"。

毛主席对"四人帮"的批评，使他们不得不暂时停止胡作非为。至此，批林批孔运动名存实亡。江青一伙利用"批林批孔"妄图打倒周总理的阴谋以失败告终。

周总理的病牵动亿万人民的心

世纪老人冰心曾评价周总理：他付出的爱最多，他得到的爱也最多。

总理的病，牵动着上至毛泽东主席等党和国家领导人、下至老百姓的心。

毛主席很关心周恩来总理的健康。周总理病重住院，对毛主席来说也是件很不幸的事，他时刻关注总理病情的变化。癌症已经夺去了陈毅、陶铸等领导人的生命。主席是相信科学的，我们的医疗水平能把总理的病医治好吗？他所看到的病情报告是总理的病越来越重，这就不能不使主席担忧了。总理住院前，毛主席派人送来了一个特制的沙发。总理坐上很舒服，让摆在他的办公桌的一侧。毛主席还经常派工

毛泽东送给周恩来的沙发

作人员到医院看望周总理。为了增强总理对疾病的抵抗力，主席指示："注意护理，注意营养，注意休息，要节劳。"毛主席在总理的病情报告上批示："对总理的治疗，总理自己要过问，总理自己可以决定。"周总理很感激毛主席的关怀，后期的手术治疗方案确定后，总理都是自己亲笔写报告，送毛主席批准。待毛主席批准后，他才肯进手术室。这说明了周总理对毛主席的尊重，也表现了周总理高度的组织原则。

中央其他领导人对总理也十分关心，只要总理的健康状况允许，他们就到医院看望。叶剑英几乎天天叫秘书打电话询问总理的情况，有时亲自打电话问医生，隔几天就要来医院一趟，看看总理，约医疗组的专家们和工作人员座谈，听取汇报，并对医疗和保健工作，提出他自己的意见，作出明确指示。随着总理病情的日益加重，叶剑英前来探视的次数也增多了，几乎每天都能看到他的身影出现在总理的病床前。

叶剑英与周恩来相识于国共两党第一次合作时期。1924年，周恩来奉党的指示，从欧洲回到广州，担任中共广东区委委员长兼宣传部部长。而叶剑英作为孙中山的追随者，也正以粤军第二师参谋长的身份，活跃在广州军界和政界。两位志同道合的年轻革命者在统一战线的旗帜下，走到了一起，并肩战斗。"四一二"反革命政变后，周恩来以他的慧眼和魄力，冲破当时党内有些人认为叶剑英是国民党高级军官的阻碍，使叶剑英投入共产党的怀抱。

"文革"开始后，周总理主持中央的日常工作，叶剑英则担任中央军委副主席等职务。在险象环生的恶劣环境中，两人相互支持。"九一三"事件后，叶剑英重新被赋予重任，主持军委日常工作，这样形成了周总理与叶剑英一个主政、一个主军的局面。周总理给予了叶剑英莫大的信赖。

在周总理最后的日子里，叶剑英忧心如焚，尽自己最大努力，巧妙地与"四人帮"周旋，在完成总理交给的一项项重任的同时，拿出最大精力关照总理的病情。叶帅很喜欢钓鱼。有一次他钓到一条三十多斤重的大草鱼，派人送到医院给总理吃。红烧、清蒸、炖汤也只能用掉一部分，周总理让把其余的分送给医疗组的同志和工作人员。我们打电话转达了周总理对叶帅的谢意，并报告说，我们也吃到了叶帅的鱼，全体同志表示感谢。叶帅很高兴，过了几天，又专门派人送来了鱼，慰问工作人员。这条鱼比上次的小不了多少，我们把总理最喜欢吃的部位留下，全体同志又美餐一顿。

邓小平经常来医院看望总理，也谈工作。总理病情不好时，他很快就赶到医院。小平同志很注意总理的身体状况，每次谈话都控制在半小时左右。这里有一组数字：小平同志在总理一年零七个月的住院期间，来医院63次，如果减去每次大手术的10天时间不便探视外，平均每六七天就来医院一次。当总理癌症转移，已无治愈的可能时，他明确指示："减少痛苦，延长生命。"

李先念、陈锡联、华国锋、纪登奎等，也算得上医院的常客。总理病倒的最后几天，他们几乎天天守着，在病床前看着总理憔悴的面容，忍耐不住难过的心情，就走到病房外掩面垂泣。李先念除陪总理会见外宾外，还先后到医院52次。聂荣臻、徐向前、王震等都冲破阻碍，几次到医院看望。

由于总理住院治病，对外是不公开的。自1974年6月1日总理住院后，他的音讯全无。过去人们几乎天天可以从报纸上或广播里看到或听到周总理的消息，忽然间，听不到周总理的消息了，人们当然会猜想可能发生了什么事。因为在那个特定的历史时期，人们往往是以在报纸上或广播中某人出现的频率和排名先后来判断其政治去向。对周总理的不露面,人们的猜想也不例外。

1974年7月5日,周总理在住院一个月零五天后,在医院会见美国民主党参议员亨利·杰克逊和夫人。这是总理住院后首次会见外宾,也是他首次公开露面。在谈到国际问题时,总理说:我们历来主张,世界各个大小国家一律平等,各自保卫自己的领土完整和主权,在这个基础上再联合起来反对扩张主义。又说,至于中美之间的问题,就是台湾问题了。杰克逊表示,时间会解决这个问题,我们支持上海公报。总理还向客人介绍自己前一段住院治疗的情况,说:整个六月份我都没有见客人,因为你一再要求,经请示毛主席和党中央,才同意见你。

消息发表后,人们才知道总理是因病住院,但住在哪家医院,得的什么病,当时均保密,人们并不知道,只是更为周总理的身体担忧。

自从总理生病住院的信息公开后,全国各地纷纷寄来了充满感情、充满希望的信。这些信来自各行各业,有干部、工人、知识分子、农民、学生和解放军官兵……这一封封来信,道出了他们共同的心声:希望周总理早日恢复健康,早一天出院。特别是一些医务工作者,有的毛遂自荐,要来北京为总理治病,有的随信寄来治疗疑难病症的药方。由于不知道总理得的是什么病,自然很难准确地开什么药方。多数送来的是医治心血管病的,也有的寄来治疗肾病的,还有治腰酸腿痛的,以及气功疗法等等。更有热心人寄来了成包的中草药和治疗绝症的药品……

下面摘抄几封来信,代替我的叙述。

一各叫程丹田的同志致总理的信中这样说:

周恩来生病的消息牵动亿万人民的心，这是全国各地寄来的信。

周总理钧鉴：

　　敬悉尊体欠安，久在医院疗养，使我们贫下中农非常担心，寝食不安，但不知在何医院，还不断接见外宾，有利于国家，有利于人民，身负重病，鞠躬尽瘁，任劳任怨，为国为民……

　　　　　　　　　　　　　　　　　　——1975年7月1日

　　一个叫卫德润的同志1975年9月1日随信寄来治疗各种病的几副处方，并要求为总理献血。还寄来了O型血的化验单，用自己的血写下了"决心"二字，以表达对周总理的爱和为周总理治病的决心。

　　一个叫王者与的同志来信说：

从报纸上、广播里听到周总理在医院接见来宾，后来在道听途说中得知周总理患动脉系统疾患(未悉是否准确)。周总理为全国人民操劳，积劳成疾，我日夜反复考虑，巴不得指望周总理指日病愈。因我三世业医，对此稍有经验，早想寄方施治，无址投信。急则生智，想此办法，邮电可转寄总理，此方有益无害，请高明医师再加诊查参考是否适宜。如可服，即服四至六剂，如效果显著，便将脉象、体温、血压以及病状捎来，再量更方寄去，以祈总理病愈在望。

处方(略)

1975年10月26日

一个叫许克贲的同志来信：

敬爱的周总理：

近年来在《参考消息》上看到您老人家住院和在医院接见外宾的消息，却没有说您老人家得什么病。因此我八方询问……得知您老人家是心脏病和目疾，所以我斗胆介绍我们祖传民间秘方。这两秘方对人体完全是有益而无害。

药方(略)。

1975年9月15日

还有些信是寄给邓颖超和国务院的。这些信从内容上看，没有华丽的词藻，没有颂德的语言，而用朴实的字句，道出他们真诚的情、真诚的爱和真诚的希望。

长期担负保卫中央领导同志安全的中央警卫团的指战员们和

全国人民一样，为周总理治病作出了无私的奉献。周总理因多次手术，失血太多，需要不断补充。总理是AB型血。血库里这种血不多，又不便到社会上去大量采集。中央警卫团的官兵们闻讯后，争先恐后地报名为周总理献血，都希望自己的血型与总理的相符。AB血型的战士们庆幸自己能为周总理治病尽上一份力，血型不合格的战士们则要求多站几班岗。有些战士献了一次，还要求再献一次。战士们对周总理的爱是埋在心底的！至今他们没有以为周总理献血而吹嘘，也没以为周总理献血而索取。

战士们献血的事对总理是不能讲的，如果总理知道是战士们为他献血，他是绝对不会同意的。

住院后的第二次手术

自7月5日总理会见外宾的消息登报后，接连来访的外宾均提出见总理的要求，这样就增加了总理的工作量，再加上国内工作的需要，约人谈话多了，召开会议次数多、时间长，总理已不能再静心地养病，逐渐全身心地投入到工作中。

总理在医院里，仍心系人民群众。7月16日，他先后在反映甘肃定西地区和庆阳地区灾情的材料上批示，要华国锋"阅办"此事。指出："口粮不够，救济款不够。种子留得不够，饲料饲草不够，衣服缺得最多，副业没有，农具不够，燃料不够，饮水不够，打井配套都不够，生产基金，农贷似乎没有按重点放，医疗队不够，医药卫生更差，等，必须立即解决。否则外流更多，死人死畜，大大影响劳动力！！！"从这么多的"不够"，可以看出总理解决民生问题的急迫心情！接着，他又批示："先发救济口粮款，至少要增加无息长期农贷。"

7月17日，总理出席在毛主席处召开的在京中共中央政治局成员会议。

7月20日，总理会见尼日尔最高军事委员会副主席萨尼·苏纳·西多少校及所率尼日尔政府代表团一行。对自己因病未能参加其他接待活动，向来宾表示歉意。总理还对尼日尔连年干旱而蒙受巨大损失的情况，表示深切同情。

病中的总理还关心老干部的解放。7月31日，总理和在京中央政治局成员一起在中央军委办公地接见吕正操、杨成武、余立金、傅崇碧等，代表中央宣布为他们平反，向他们传达毛主席在1973年底关于八大军区司令员对调等讲话内容。总理还宽慰吕正操等人：过去的事情就过去了，不要记在心上！并转告杨成武关于他大女儿杨毅被林彪一伙迫害致死的消息，向杨成武表示慰问；并对自己1968年3月"杨、余、傅事件"时讲过的一些"过头话"表示内疚。总理对杨成武说：你出来工作的事，我写了三次报告都不行，最后一次，主席发了脾气，才让你出来的。同日，总理还出席国防部为庆祝中国人民解放军建军47周年举行的招待会。1994年9月1日，北京地坛小学举行开学典礼。杨成武、傅崇碧、王光美等应邀出席。我也应邀参加了这次活动。傅崇碧对我说，总理在"文革"中保护了很多干部，他是其中之一。如果不是周总理采取特殊方式保护他，他就会被"四人帮"整死。杨成武说，总理是我们的好总理，若不是他保护，我们哪还会有今天？

8月3日，应越南方面一再要求，总理会见越南副总理黎清毅等。谈到中国援越工作时，总理对客人说，从你们抗美救国战争开始以来，我们一直把援越摆在援外工作首位，至今仍是如此。有的属于贷款，但大部分是无偿的，援越经济、军事总金额占我们援外的百分之四十八，外汇、粮食都占我援外的首位。根据毛主席和我们党中央的精神，你们在打仗，不援助你们，就不是无产阶级国际主义者。在毛主席、党中央领导下，援越我是尽了自己责任的。现在，我身体不好，由李先念同志来尽这个责任。

任何病，都需要三分治、七分养。随着总理会见客人次数的增多，会见的时间或长或短，这些都影响着总理治病的疗效。果然，没等到三个月，出乎人们的意料，总理小便又大量出血。医疗组只好提前于8月10日又做了住院后的第二次膀胱手术，这次手术同样效果很好，止住了出血，医生们增加了治疗上的预防性措施，总理病情趋于稳定。我们既高兴又担心，怕出现第一次手术后的情况。

与病魔抢时间工作

周总理很清楚得癌症会是个什么结果，经他过问的病人——陈毅、陶铸、王进喜等都被癌症夺去了生命。谢富治患癌后总理一直关心着对他的治疗，明知他时而站在江青、林彪一边搞阴谋活动，但总理还是不断教育他、感化他，所以谢富治在弥留之际，对他的妻子刘湘屏、女儿谢小沁说："要照顾好总理！总理是好人。"

总理住院后，刘湘屏作为卫生部部长住在三〇五医院，便于及时解决医疗中的问题，不能不说是听了谢富治生前的话。

1974年8月10日第二次膀胱手术后，总理估计自己的病好转的可能性不大，但又有很多工作必须由他去做，他与病魔抗争，抢时间工作。

8月16日，总理约王海容、唐闻生谈话，了解王洪文借"批林批孔"煽动打倒一批老干部而主持召开中央军委会议的情况。18日，他交代秘书：凡有中央军委和中央送来的亲启件，要及时送阅。

8月30日，总理嘱工作人员转告国防科委有关部门，应了解太阳能的利用情况及其发展前景等问题。

9月20日，总理会见菲律宾总统马科斯的特别代表、马科斯总统夫人伊梅尔达·马科斯。在谈到中菲建交时，他指出：马科斯总统了解我们的政策。我们建交的原则是，建交国必须与台湾断交。

因为台湾是我们的一个省，解决建交必须要解决这个问题。我国与日本、马来西亚建交就是在这个基础上解决的。至于台湾在菲投资问题，可看作地区性的问题加以解决。中菲建交是两个国家之间的事，菲和台湾的关系是和中国一个地区的关系。

9月26日，总理会见毛里塔尼亚总统莫克塔·乌尔德·达达赫和夫人，对达达赫推动非洲许多国家同中国建交表示深切谢意；并赞扬达达赫有准备、逐步地摆脱殖民主义控制，堪为非洲国家楷模。

9月28日晚，总理审阅王洪文送来的出席国庆招待会人员名单，提议增加齐燕铭（建国后，曾任政务院副秘书长，总理办公室主任，时任中央统战部副部长）。

主持最后一次国庆招待会

1974年9月30日晚7时30分,周总理出席国庆25周年盛大招待会。

这是周总理住院后第一次在这样大的场合露面。

在这之前,周总理已做了两次大的手术,他的体质明显下降。临近国庆节,我们都在想,建国以来每年的国庆招待会,都是以周总理的名义宴请国内外宾客。今年总理能不能出席9月30日的国庆招待会,要看他身体恢复的情况,事先定不下来,只有到时候再说。人们都希望他出席,总理自己也想出席。临近国庆节前几天,他身体没出现异常,医疗组认为可以出席。

9月30日,出席国庆招待会,总理穿上了那套人们很熟悉的深灰色中山装,人已消瘦了很多,衣服显得不太合体,但是看上去气色不错。临走之前,总理吃了点心(他不准备在宴会上吃东西),7点钟就到了人民大会堂北京厅。总理见董必武同志已坐在那里,便急步过去,董老站起来两人握手相互问候。有些领导同志很久没有看到总理了,都走到总理面前握手问候,十分亲切。

7点30分宴会开始,与往年一样,总理和全体领导同志步入宴会厅。

周总理的出现,出乎人们意料。宴会厅内已坐满几千人的内外

1974年9月30日，周恩来在国庆招待会上致词。

宾客都站了起来，大家使劲鼓掌，情不自禁地喊道："周总理！周总理！"总理一边走一边向大家招手，站在席位旁向同志们举手示意，请大家坐下。后排的人们一下子拥到前边，都想离总理近点，再近点。是啊，这是总理住院四个月后首次在这样大的场合公开露面，人们都想多看一眼总理。不少人似乎忘记了这里是庄严的宴会厅，为了能看到总理，他们也顾不上礼节了，登上椅子，流着热泪呼喊着："周总理！周总理！"在周总理的一再示意下，人们才渐渐地平静下来。大家相互议论着：总理瘦了，总理的病可能好了。

主持人宣布：国庆25周年招待会开始，请周总理致词。全场又一次响起了雷鸣般的掌声。周总理是被掌声送上讲台的，他用那人们耳熟的清脆声音，代表毛泽东主席、中国共产党和中国政府致祝酒词，他说：

25年前，中华人民共和国诞生了，中国人民从此站起来了。25年来，全国各族人民在以毛主席为首的党中央领导下，沿着社会主义道路胜利前进。……

总理向全国各族人民致节日祝贺，向世界各国的朋友们表示感谢！他的讲话一次次被掌声打断。人们用掌声倾诉着对总理的敬仰，对总理的祝愿，对总理的热爱！他们是多么希望周总理早日恢复健康啊！这掌声是全场人们的心声，也代表了全国人民的心愿。此时此刻，我们百感交集，热泪盈眶。哪一个人不为这热烈的场面所感动呢？

我们时刻准备着总理提前退场，中间我也去提醒过，他没有听，一直坚持到招待会结束。

招待会于8点30分结束，全场起立，人们再次用掌声送别总理，周总理一边走一边向人们挥手告别，慢步走出宴会厅。

杨春霞和红线女来到周恩来身边，向总理敬酒。

　　回医院的路上，我特请护士许奉生坐在总理车上，她数着总理脉搏，问总理累吗？总理说"还好"。看得出总理出席今天的招待会很高兴。回到病房，医生们对总理作了心脏等部位的检查，都较正常，我们都放心了。邓大姐高兴地说，让他静一会儿吧！总理上床休息。邓大姐坐在床前，静静地看着总理。总理对大姐说，时间不早了，请大姐回去休息。

　　10月1日晚，北京市举行国庆25周年焰火晚会。

　　往年周总理都会登上天安门城楼观看绚丽的焰火，同北京的广大群众共同欢度节日的夜晚。今年他的身体状况已不允许他去天安门观看，我们很理解总理此时的心情。为了能让总理观看这次焰火，我们安排他到三〇五医院顶层的露天阳台上观看。

　　8点钟，焰火晚会正式开始。总理从东往西看，可以看到几处烟火,如天安门广场、天坛公园等处的焰火如花似锦、清晰可见,唯有石景山区的烟火,只能依稀看见一点亮光。总理若有所思地说:"我们现在还是发展中国家,北京污染很厉害,现在看不见烟花,是因为石景山钢厂的浓烟挡住了。我们要注意污染问题,要为人民的健康着想,要为子孙后代着想,从现在就要注意这个问题。"

在场的人听了总理的讲话,无不为之动容。总理病成这个样子了,他想着的仍然是人民和国家。10多分钟后,我们怕他着凉,劝他回到了病房。

四届人大"组阁"之争

随着党的十大召开完毕,四届人大召开的事宜被提上日程。"四人帮"在十大上收获颇丰,江青、张春桥、王洪文、姚文元都入选政治局。尝到了甜头,他们想在四届人大上,再分一块大蛋糕。这也就意味着总理、邓小平等老同志与"四人帮"的斗争将达到白热化程度。

鉴于总理的身体每况愈下,1974年10月4日,在武汉的毛主席电告王洪文,并要王洪文告诉周总理:由邓小平出任国务院第一副总理。主持中央日常工作的王洪文却将毛主席的电话内容先告知他的同伙江青、张春桥和姚文元,然后才告诉总理和邓小平。10月6日,总理同邓小平谈话。当晚,总理又与江青谈话,江青急不可待,先发制人,提出对四届人大人事安排及总参谋长人选的意见,总理未表态。

10月7日、9日、10日,总理先后与王洪文、邓小平、李先念谈话,商谈四届人大之事。

10月11日,中共中央发出关于准备召开四届人大的通知。通知中转述了毛主席的意见:"无产阶级文化大革命,已经八年。现在,以安定为好。全党全军要团结。"

"文革"搞了八年多,毛主席也厌倦了。早在1969年中共九大结束后,毛主席对周总理说,"文化大革命"再搞半年就差不多可

国产"风庆"号万吨轮船

以结束了。毛主席也希望安定团结。

虽然毛主席一再强调要安定团结，但"四人帮"对毛主席的话置若罔闻。在"四人帮"眼中，即将召开的四届人大是攫取权力的大好时机，他们觊觎已久，岂肯老老实实呆着？为了诬陷周总理和邓小平，"四人帮"又炮制了"风庆轮"事件。

"风庆轮"是上海江南造船厂制造的，载重量13500吨。当时，交通部远洋局曾担心国产主机和雷达等设备性能不适应远航，为了安全，规定"风庆轮"跑近洋。1974年初"批林批孔"时，江南造船厂提出"我们要革命，（风庆轮）要远航"。周总理知道后，查明了情况，同意这条船出海远航，并作了五条指示："一是要派工作组到船上，随船工作；二是配件要备足；三是干部、船员要配双套班子；四是要派一条技术条件好的船跟随'风庆轮'保'驾'；五是开船前要对船只进行全面检查。"

1974年"风庆轮"在出航罗马尼亚的过程中，主机不断发生故障，国庆前夕返回上海港。江青等利用此事指责国务院，说风庆轮早就该远航，就因为修正主义路线造成的阻力，致使风庆轮没有及早远航。同时，交通部派往风庆轮上工作的两名干部，拒绝将交通部作为"崇洋媚外""卖国主义"的典型加以批判，并对"四人帮"及其在上海的亲信表示不满。船到上海后，王洪文下令把交通部派往"风庆轮"任领导工作的一名干部扣留在上海，进行批斗，并责令交通部严厉处理。

1974年10月12日，在江青的主使下，《文汇报》《解放日报》和《人民日报》都在头版发表评论员文章，宣称："我国近代造船工业发展史，是一部尊孔崇洋与反孔爱国斗争的历史。"并说："不是国产船和国产船的主机有问题不能远航，而是有些人崇洋媚外，思想路线有问题。"

江青血口喷人，是有所指的。

早在1964年，为了尽快发展我国的远洋运输业，经毛主席同意，周总理作出造船与买船并举的决策。1973年2月，当时国际上船舶市场不景气，周总理对发展造船业作出指示：在积极发展国内造船工业的同时，利用中国银行的贷款，在有利的条件下，适当购买一批外国货船，包括仍可行驶的旧船，组成自己的远洋船队，力争在1975年基本改变主要依靠租用外轮的局面。周总理的这个正确决策，却被江青攻击为"从曾国藩、李鸿章、袁世凯、蒋介石一直到刘少奇、林彪奉行的都是'造船不如买船、买船不如租船'的洋奴哲学,推行一条'卖国主义路线'"。

1974年6月18日,王洪文在几封来信上写批语,称从国外买船是"迷信外国资产阶级的'假洋鬼子'",是"修正主义路线",把矛头对准周总理。

江青紧紧咬住"风庆轮"事件不放。1974年10月13日,她在《国内动态清样》有关"风庆轮"的报道上大笔一挥,称该报道"引起我满腔无产阶级义愤!试问:交通部是不是毛主席、党中央领导的一个部?"还说:"交通部确有少数崇洋媚外、买办资产阶级思想的人专了我们的政","政治局对这个问题应有个表态,而且应当采取必要的措施"。王洪文、张春桥、姚文元、康生随声附和,在江青的信上表示"完全同意",要求抓住"风庆轮"问题,"批判修正主义路线","对交通部进行彻底检查整顿"。邓小平同志圈阅了该信,周总理批了"已阅"二字。10月17日晚,江青等在中央政治局会上继续借"风庆轮"事件发难,有预谋地围攻邓小平,影射周总理,轮番逼迫主持会议的邓小平马上表态。邓小平就是不表态,强压怒火,反唇相讥道:"政治局讨论问题要平等嘛,你们怎么这种态度!"后来干脆说"我要调查",当场进行抵制,会议不欢而散。当晚,江青一伙紧急策划,决定派王洪文去长沙向毛主席告周总理和邓小平的状。

10月18日,王洪文背着中央政治局多数同志和周总理,只身飞抵长沙,借向毛主席汇报17日中央政治局会议情况,诬陷总理和邓小平,说:为"风庆轮"的事,江青和邓小平发生争吵,吵得很厉害。看来邓小平还是搞过去"造船不如买船,买船不如租船"那一套。又说:邓小平有那样大的情绪,是与最近酝酿总参谋长人选一事有关。北京现在大有1970年庐山会议的味道。周总理虽然有重病，但昼夜都忙着找人谈话，经常去总理那里的有邓小平、叶剑英、李先念等。他们来往这样频繁，是和四届人大的人事安排有关。王洪文还向毛主席吹捧江青、张春桥和姚文元。毛主席听后，当即批评王洪文：有意见当面谈，这么搞不好，要跟小平同志搞好团结。并要王洪文回京后多找周恩来、叶剑英同志谈，不要跟江青搞在一起，提醒王洪文要注意江青。王洪文偷鸡不成反蚀把米，状没告成，倒碰了一鼻子灰，还使毛主席更多地了解了"四人帮"。

10月19日，江青等将王洪文派往长沙后，并未闲着，继续策划诬告周总理、邓小平的活动。当江青得知王海容、唐闻生将随邓小平陪丹麦首相去长沙见毛主席后，两次召见王、唐二人，要她们向毛主席反映国务院"崇洋媚外"的问题，并攻击邓小平17日在中央政治局会议上是又一次"二月逆流"。这一天，总理与王海容、唐闻生谈话，指出："风庆轮"事件并不像江青他们所说的那样，而是他们预先计划好了要整小平同志，小平同志已经忍耐很久了。同时表示，还要继续做些工作，慢慢解决问题。10月20日，在长沙的毛主席听取王海容、唐闻生的反映后，对江青等人的做法表示不满。指出："风庆轮"的问题本来是一件小事，且李先念已在解决，但江青还这么闹。毛主席让王海容、唐闻生回京后向周总理、王洪文转达他的意见：总理还是总理，四届人大的筹备工作和人事安排由总理和王洪文主持，同各方面商量办理。毛主席还要王海容、唐闻生转告王洪文、张春桥、姚文元，不要跟在江青后面批东西。谈话中，毛主席赞扬了邓小平，并再次建议邓小平任国务院第一副总理兼中国人民解放军总参谋长。

"四人帮"搬起石头砸了自己的脚，他们所打的小算盘——落空。

一把特制的摇椅

1974年11月1日至3日，总理先后分三批约在京中央政治局成员开会，解决"四人帮"挑起的"风庆轮"事件问题。3日这一天，周总理约王洪文、邓小平、华国锋、吴德、陈锡联、陈永贵、倪志福、吴桂贤等政治局部分同志在医院召开政治局会议，解决"风庆轮"事件问题。

散会后，作为中央政治局候补委员的倪志福问我："周总理就坐这种沙发吗？有可摇动躺椅吗？"我回答说"没有"，他说给总理做一个送来。张树迎和我商量了一下，认为有一个好。请示总理并报告大姐同意后，告诉了倪志福同志。

几天后，倪志福约我一起去北京市"北郊木材厂"，叫来了与他一起设计的师傅。原来这几天，倪志福同志已与工厂的技术人员共同搞出了摇椅的图纸，并做了一个木制的样品，因不知尺寸，所以等我到了再做，我看样子很好，把尺寸给了他们。

一位师傅动情地说，是倪书记（倪志福当时是北京市委书记）亲自布置任务，说是周总理病了，住在医院，做一个摇椅便于他休息，对养病有好处。当我们得知是为周总理做的，都非常感谢书记把这样一个任务交给我们，这多光荣呀！我们几个人在倪书记的指导下，做了个木头的样品。

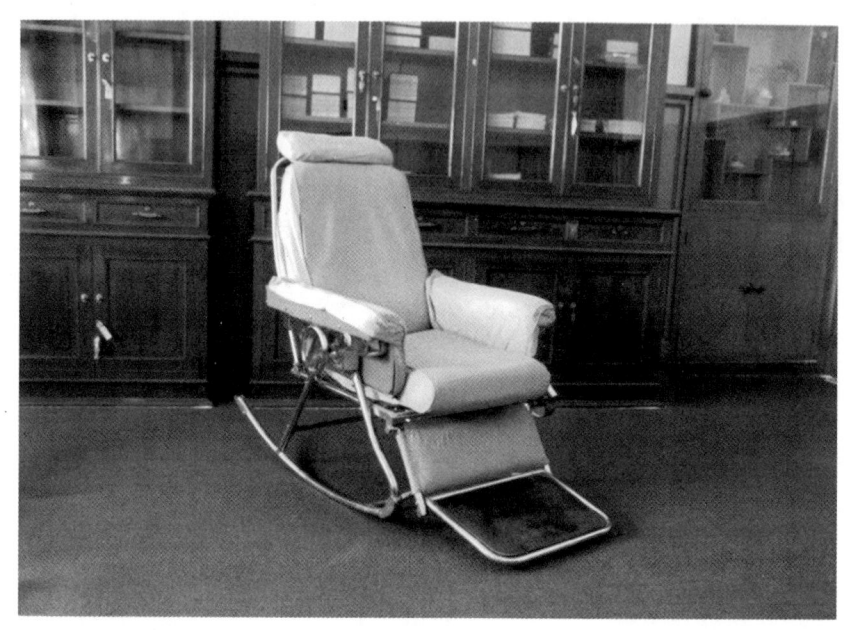

周恩来病中使用过的摇椅

　　我说谢谢你们,总理知道是倪志福同志为他设计制作,他才接受。并说抽时间做,不要影响工厂的正常生产,一定要付钱。

　　几天后,我去取已经做好的椅子,倪志福同志已先到了工厂。他问我椅子怎么样。我一看已把原先的木制架子,换成了不锈钢管的架子,并配好垫子,看上去就很舒服。我坐了坐,很好,当即付款。他们说钱不能收,材料都是我们厂的,也值不了几个钱,给总理做点事是我们一生的幸福,也是我们厂的光荣,要钱就没意义了。倪志福说他知道总理的规定,钱由他付,让先拉来试试,总理坐着舒服就行了。

　　我拉回摇椅,总理坐了坐,说是很舒服。并交代一定把钱交给倪志福,谢谢工人师傅。

这个摇椅坐了几个月后,总理因身体瘦了好多,人坐在里面,椅子显得宽大,两臂架在扶手上,时间久了,有些发酸。

我们报告邓大姐后,又花钱请厂子再做了一个同样的摇椅,只是小了点,坐着不至于太累。

周总理去世后,邓大姐去看望聂荣臻元帅,看他走动不便,就把总理坐过的宽大一点那个摇椅送给了聂荣臻元帅。

聂帅与周总理相识于20世纪20年代赴法勤工俭学之时。1923年2月,在巴黎举行的旅欧中国少年共产党临时代表大会上,两人第一次接触。聂荣臻回忆道:

"他(指周恩来)待人亲切,讲话精辟,思路敏捷,朝气蓬勃,给我留下了很深的印象。"

不久,聂荣臻放弃在比利时的学业,回到法国巴黎,在周恩来的领导下从事党团工作。建国后,聂帅作为周总理的得力助手,为新中国"两弹一星"的研制成功作出了重要贡献。

筹备四届人大

1974年10月，周恩来医疗组就周总理施行第二次手术后的身体恢复情况写报告给王洪文、叶剑英、张春桥、汪东兴，提出："恩来同志第二次手术后，于八月十六日开始会客，十月六日以后会客次数增多，最多时一天会客五次。谈话时间有时也较长，最长一次超过两个半小时。与此同时，批阅的文件也增多。连续会客、谈话及批阅文件后，影响白天休息及夜间睡眠。最近几天显得疲劳，恩来同志自己也感到精力不足。建议最近期间减少送阅文件及会客次数，并缩短谈话时间。"

然而，总理对自己的病情非常清楚。留给他的时间不多了，他必须抓紧时间，多做工作。

进入11月，总理全力以赴地投入到四届人大的筹备和人事安排上。

11月6日，总理致信毛主席，汇报四届人大各项准备工作及进展情况，提出："代表名单、宪法草案和报告，政府工作报告，均可在十一月搞出"；"人事名单估计十一月下旬可搞出几个比较满意人选"。关于病情，总理说："我的身体情况比七月十七日见主席时好多了，只是弱了些，如果十二月能开人大，定能吃得消"；"即使照膀胱镜下烧不成，我还受得起再开刀，务请主席放心"。

"我最希望主席健康日好，这一过渡时期，只有主席健在，才能领导好。"当日，毛主席看后批："同意。"同一天，总理与王海容、唐闻生谈话，托她们向在长沙的毛主席汇报病情及其他问题。

11月7日，总理与陪同外宾赴长沙见毛主席后回京的李先念长谈。当晚，总理又与由长沙回京的王海容、唐闻生谈话。王、唐转达了毛主席对江青的批评。8日，总理同李先念、纪登奎谈话。9日，总理与王洪文谈话。10日，总理同准备陪也门总统鲁巴伊去长沙见毛主席的邓小平谈话。后又同叶剑英、王洪义、张春桥谈话。

11月12日，邓小平在长沙向毛主席汇报10月17日中央政治局会议争论情况，认为政治局内生活不正常，并谈及自己同江青斗争之事。毛主席听后表示赞同邓小平的意见和做法，指出："她（指江青）强加于人哪，我也是不高兴的！"毛主席勉励邓小平继续努力，放手工作。同日，毛主席在江青一封要求"组阁"的来信上批示："不要多露面，不要批文件，不要由你组阁（当后台老板）。你积怨甚多，要团结多数。""人贵有自知之明。"

毛主席的多次批评，并未对江青起作用。11月19日，江青复信毛主席，名为"检讨"，实则要官。在信中她首先假惺惺地检讨，接着，撕去伪装，露出了真面目："自九大以后，我基本上是闲人，没有分配我什么工作，目前更甚。"毛主席回复道："你的职务就是研究国内外动态，这已经是大任务了。此事我对你说了多次，不要说没有工作。"之后，江青又托人向毛主席提出要王洪文当全国人大副委员长，排在朱德、董必武之后。毛主席识破了江青的诡计，当即指出："江青有野心。她是想叫王洪文做委员长，她自己做党的主席。"并让人转告周总理：朱德、董必武之后要安排宋庆龄，邓小平、张春桥、李先念为国务院副总理。其他由周总理主持安排。

经过长时间的酝酿，其间总理多次与人谈话，四届人大的准备工作有了眉目。

12月14日，总理审阅出席四届人大会议各类代表名额的分配方案后，致信王洪文和中央政治局，提议在现有名单基础上，再增加老干部、外事和体育等方面的名额，并提交政治局审议批准。

12月15日、16日，总理连续召集会议，王洪文、叶剑英、张春桥、纪登奎等参加。16日的会议增加了邓小平、李先念。

12月18日晚，总理在医院召开政治局会议，讨论和修改第四届人大《政府工作报告》草稿。

12月20日，总理全天修改由邓小平主持起草的《政府工作报告》和《关于国民经济计划的报告》。总理伏案修改近六个小时，中间没有休息。邓大姐提醒给总理吃几块巧克力、喝几口葡萄糖水，我们不敢过多地干扰他，因为这更会延长他的工作时间。当我送上热毛巾让他擦擦脸时，总理接过毛巾，一直举在手里而忘了擦，全神贯注地修改报告。

12月21日，总理召开有王洪文、叶剑英、邓小平、张春桥、李先念、江青、姚文元、纪登奎、吴德等参加的部分在京中央政治局成员会议，讨论四届人大人事安排问题。会上，江青、张春桥等人竭力将其亲信安插在文化、教育、体育等部门。散会后，李先念对总理说，整个文化部都给他们了，还不满意，还要争。总理说教育部部长就由周荣鑫来当，让他掌握整个教育部。文化部、体委可作些让步。

根据会议讨论酝酿情况，总理草拟出四届人大常委会委员长、副委员长和国务院副总理名单的第一、第二方案，并送叶剑英、邓小平及江青、张春桥等阅。同一天,总理审阅四届人大常委会委员长、副委员长名单第一方案,增加陈云、韦国清为副委员长。

12月22日,周总理召开有王洪文、叶剑英、张春桥、纪登奎、华国锋、陈永贵、陈锡联、倪志福、吴桂贤等参加的部分在京中央政治局成员会议,讨论21日所拟两个方案名单。经过协商,又拟出两项名单的第三方案。

四届人大的工作准备就绪后,一些重大问题要请示毛主席最后决定。

长沙之行

1974年12月22日的中央政治局会议决定由周恩来、王洪文二人共同去湖南长沙，向毛主席报告四届人大的准备情况，征求主席的意见。特别是一些关键性的重大问题和全国人大、国务院的人事安排，请毛主席最后拍板，再提交人民代表大会通过。

此时，总理已住院达半年之久，先后做过多次手术，身体已明显虚弱，加上最近又连续开会，如何保证总理这次外出的顺利，医务人员和工作人员要作充分准备。叶剑英在周总理住院期间，一直过问总理的治疗情况和身体状况。对这次去长沙，他更是不放心，指示医疗小组要充分准备，保证总理安全返回。我们认真研究了叶剑英副主席的指示，大家一致认为，总理这次去长沙，肩负着关系到国家最高利益的政治使命，保证总理不出意外，显得尤为重要。

我们清楚地意识到这次任务的艰巨性。医疗组全面分析了总理的病情，决定派心血管专家方圻、泌尿科专家吴德诚、普外科专家吴蔚然和保健医生张佐良、护士许奉生组成一个医疗小组随行，携带足够的药品和必要的医疗器械。张树迎和我从安全和生活服务方面也作了周密细致的安排。最后，邓大姐对各方面的安排逐项作了检查，明确指出，这次的任务重点是防病，要我们尽心尽力，保证总理健康地去，顺利地回来。邓大姐还语重心长地叮嘱我们，总理回来后还有中央全会、四届人大会议的工作等着他去做。

周总理与王洪文约定同乘一架飞机，12月23日中午12时起飞。但当天上午接王洪文秘书电话说中央有规定，两位中央常委不能同坐一架飞机，王洪文改乘另一架飞机。于是，总理于12月23日上午11时45分离开三〇五医院，驱车赴西郊空军机场，乘专机离京飞赴湖南长沙，于下午2点抵长沙，住省委招待所——榕园1号楼。这栋楼过去毛主席来长沙时住过，后来又盖了个"九所"，毛主席这次就住进了"九所"。

这次到机场迎接的除警卫和接待人员外，主管毛主席安全工作的张耀祠同志到机场，总理请他向毛主席报告，说他已到长沙，待王洪文到后，再请主席确定约见时间。

我们一直打听着王洪文由北京起飞的时间，谁也没给一个准确的消息。这种现象在"文化大革命"前是不会发生的。两个常委不能同坐一架飞机只是王洪文公开的借口，而真正的原因是这位年轻的中央副主席要等待江青、张春桥的最后召见。王洪文自己也不知道什么时间起飞，我们去哪里打听！下午5时30分，接毛主席处通知，请总理晚7时去开会。原来王洪文已到长沙，住在榕园3号楼。

1974年12月23日晚7时，总理去毛主席在长沙的住地——"九所"，与王洪文一起向毛主席汇报在京政治局会议研究的有关召开四届人大会议的相关事宜。王海容、唐闻生参加，并作谈话记录。

毛主席听了汇报，主要谈了以下五点：

1.批评以江青为首的"四人帮"，要王洪文不要搞"四人帮"，不要搞宗派，指出江青有野心。

2.高度评价邓小平，强调"邓小平政治思想强，人才难得"。建议由邓小平任国务院第一副总理、中央军委副主席兼总参谋长。

3.指出"总理还是我们的总理"。对总理说,你身体不好,四届人大之后,国务院的工作由邓小平去掌管。

4.四届人大前先开中央十届二中全会,增选邓小平同志为中央副主席兼政治局常委。张春桥为解放军总政治部主任。

5.关于国际形势问题,主席主张继续备战,苏联要谈可以来谈,但我方不主动请他。

这次汇报,大约进行了两个小时。

总理走出来,我迎上去接过他手中的皮包,轻声问:"累吗?"总理说:"不累。"上车后,张佐良大夫数了数总理的脉搏,稍快一点。总理说:"当然会快一点。"回到住地稍加休息后,护士许奉生为总理测血压,又数了脉搏,都已逐渐正常,我们才放下心来。总理对我们说,主席留他在长沙住几天,再休息一下。

我们观察,总理这次见了主席后,情绪很好,估计是在主席那里谈得比较顺利。我们后来才知道,主席同意了政治局的意见,对几个悬而未决的人事安排,作了历史性的决定:朱德仍然被提名为唯一的委员长候选人,周总理还是我们的总理,邓小平被排为第一副总理。毛主席和周总理共同作出的具有深远意义的"长沙决策",使"四人帮"组阁的阴谋破产。

24日下午,我们陪总理在楼道散步,总理问我们读了多少毛主席的诗词。我们说有的能熟练背诵,但有的不全理解。于是总理带我们一句一句背诵毛主席1956年6月作的词《水调歌头·游泳》。我们一边走,一边咀嚼品味。当总理背到"不管风吹浪打,胜似闲庭信步,今日得宽余"和"更立西江石壁,截断巫山云雨,高峡出平湖"的时候,他特别加重语气。看得出,总理是在借毛主席的词句，抒发自己的心情，也是为国家多年来蒙受灾难、饱经创伤，但最终会驱散阴霾、重现雄姿而高兴。

我们怕总理太累，提议到房内打扑克，休息一下，总理欣然同意。我们围坐在一张方桌旁打"百分"。这是扑克的一种玩法。说真的，总理也只会打"百分"和争上游，而且技术并不佳，但他打起来很认真，记牌很准。这样一边打扑克，一边聊天。总理问我们："去过韶山吗？"我们相互看了看，回答说："没去过。"总理说："这里距韶山不远。这两天我休息，你们可以轮班去看看。"我们不约而同地说："这次不去了，等总理什么时候去，我们一块去。"总理笑了笑说："那咱们就一块在这里轻松两天吧。"

12月26日上午，总理对我说："今天是毛主席的生日，晚上请大家吃顿饭，祝贺一下。"我们都知道，周总理从不为自己过生日，他也不提倡过生日。只有宋庆龄、何香凝等一些党外知名人士过生日，他才会去祝贺。为党内领导人过生日就很少了。我问他都要请哪些人，他说："就是这栋楼内警卫、服务等工作的同志，再请几位省委和军队里的负责人。"并让我打电话请王海容、唐闻生参加。王海容接电话时问我："有3号楼的（指王洪文）吗？如果有他，我们就不参加。"我说："王洪文已于24日取道韶山，不在长沙了。"王海容说："没有他，我们准时出席。"

晚上7时，周总理和省里的几位领导同志同坐一桌，我们北京来的随员和省里的几个工作人员坐在另一桌。二十几个人开始了庆祝毛主席生日的晚宴。毛主席虽不在场，但在座的都为主席的健康频频举杯。大家也都一一地到总理面前，祝愿总理早日康复。周总理与同志们谈笑风生。总理因病不能喝酒，为表示心意，叫我代表他向大家敬酒。我很高兴地斟满酒杯，代表总理感谢湖南的各位同志对总理的接待，以及他们对总理的良好祝愿。

餐后看电影纪录片。

深夜2时，也就是27日凌晨2时，我接毛主席秘书张玉凤同志打来电话，说主席请总理来一下。我叫醒熟睡中的总理，乘车去了主席住地。毛主席和周总理两个人单独谈话长达两个多小时。事后，王海容对我说，她和唐闻生都没参加，只是毛主席和周总理两人单独谈话。从中央文献的记载上看到，毛主席主要谈了理论问题，还提出要安定团结，把国民经济搞上去，最后确定了召开中共十届二中全会和四届人大的人事安排方案。总理走出会客室后，毛主席还站在门口挥手送别。

12月27日晚7时30分，总理飞回北京入住三〇五医院。下飞机前，总理看望了全体机组人员，对他们完成此次飞行任务表示感谢。

这是周总理最后一次乘飞机。

主持召开十届二中全会

1974年12月28日，总理召开有王洪文、叶剑英、邓小平、张春桥等参加的中共中央政治局常委会，研究传达毛主席在长沙的几次谈话内容事宜。12月29日，总理前往人民大会堂主持中共中央政治局会议，传达毛主席在长沙的几次谈话内容和关于理论问题等指示。到会政治局成员一致表示拥护毛主席的意见，并通过周总理起草、经毛主席审阅批准的四届人大常委会委员长、副委员长和国务院副总理两项名单。

1975年1月1日，周总理在人民大会堂主持中共中央政治局会议。讨论四届人大有关人事安排问题。根据毛主席一再提出的要安定团结的指示，会议确定了"基本不动，个别调整"的原则，讨论通过邓小平起草的关于国务院的部、委设置和各部部长、委员会主任、最高人民法院院长人选的报告。讨论中，将原报告拟定的交通、燃化、商业三个部的机构设置又作了调整，并决定仍设立文化、教育两部，以"避免国内外不必要的议论"。由此，国务院系统共计设置29个工作部门。4日，周总理和王洪文联名向毛主席报告会议情况，并送去讨论通过的人事安排方案。

1月3日，周总理主持有王洪文、叶剑英、邓小平、张春桥参加的中共中央政治局常委会，研究十届二中全会的各项准备工作，及

1975年1月，盼望已久的第四届全国人民代表大会在北京人民大会堂召开。

在会上传达毛主席关于理论问题指示要点等问题。会后，留叶剑英谈话。

1月5日，中共中央发出一号文件，任命邓小平为中央军委副主席兼中国人民解放军总参谋长；任命张春桥为中国人民解放军总政治部主任。

1月6日，周总理主持有王洪文、叶剑英、邓小平、张春桥参加的中共中央政治局常委会，继续研究十届二中全会各项议程。

1月8日至10日，中共十届二中全会在北京召开，周恩来主持了会议。会议讨论了第四届全国人民代表大会的准备工作，提议四届人大召开的时间。决定将《中华人民共和国宪法修改草案》《关于修改宪法的报告》《政府工作报告》和全国人民代表大会常务委员会、国务院成员的候选人名单，提请全国人民代表大会讨论。会

1975年1月，周恩来在四届人大作政府工作报告。

议追认邓小平为中共中央政治局委员，选举邓小平为中共中央副主席、中央政治局常委。10日，周恩来在会上讲话，说：二中全会闭幕前，请示毛主席有什么话要说，主席讲了八个字"还是安定团结为好"。最后，我还是说主席的话，"还是安定团结为好"。希望中央政治局的工作，各省、市、自治区的工作，解放军的工作，各级革命委员会一直到人民公社的工作，都要遵照主席的指示做好。1975年是安定团结的一年，是争取跃进胜利的一年。我相信，在毛主席的谆谆教导下，安定团结，一定会把各项工作做得更好。

全场响起雷鸣般的掌声，欢庆会议圆满结束。

1月12日，总理在人民大会堂主持中共中央政治局会议，研究四届人大会议各项议程。

1月13日晚8时至10时，全国人民代表大会第四届一次会议在人

朱德委员长致开幕词

民大会堂开幕,朱德委员长主持。周总理作《政府工作报告》,因体力不支,周总理只读了《政府工作报告》中的开头和结尾两个部分,中间由播音员代读。在这次会上,周总理再次重申实现四个现代化的宏伟目标。周总理曾于1954年第一届全国人大、1964年第三届全国人大提出实现四个现代化的蓝图。这是他最后一次提出,也是他留给全国人民的政治遗嘱。

17日,大会根据中共中央的提议,任命周恩来为国务院总理,邓小平等12人为国务院副总理。

1月30日,周总理主持有王洪文、叶剑英、邓小平、张春桥参加的中共中央政治局常委会,研究国务院副总理分工问题。2月1日,总理嘱吴庆彤转告邓小平,请邓将各副总理分工列出,有些话小平同志本人不好讲,由他来讲。

1975年1月，周恩来抱病参加第四届全国人民代表大会。

1975年1月，周恩来在四届全国人大上与叶剑英交换意见。

2月1日，周总理在人民大会堂主持有全体副总理出席和叶剑英、郭沫若列席的国务院常务会议，审定国务院12位副总理分工事。会议确定第一副总理邓小平"主管外事，在周恩来总理治病疗养期间，代总理主持会议和呈批主要文件"。会议还确定李先念、纪登奎、华国锋三名常务副总理"负责处理国务院日常事务"。会上，周总理说："我身体不行了，今后国务院的工作由小平同志主持。"次日，总理致信毛主席，汇报国务院各副总理分工情况，毛主席圈阅了此信。从这时起，邓小平实际上主持国务院的日常工作。

紧接着，周总理主持国务院各部、委负责人出席的会议，并讲话说：今天没有什么议事，就是同大家见一见。根据毛主席的指示和中央的决定，我们从今天开始来完成四届人大以后的工作，把国务院的组织健全起来。总理还传达了四届人大筹备期间毛主席所作人事问题和理论问题的指示内容，重申了毛主席关于邓小平"人才难得""政治思想强"的评价。最后总理说："今天是开始，恐怕我也只能够完成这个开始的任务"，"将来这样的会，请小平同志主持"。"希望新的国务院成立以后，出现新的气象，争取今年第四个五年计划能够完成而且超额完成。"总理把所有的希望寄托在了邓小平身上。

2月2日，周总理致信毛主席，汇报自1974年11月12日作膀胱镜检查和对发现的四处肿瘤进行电烧治疗以来病情发展的情况，说：一月下旬又出现可疑细胞一次，现病情较为平稳，起居亦无困难；下步检查治疗准备工作，均已就绪。检查后，不论有无病变，仍继续住院疗养。毛主席圈阅了此信。2月4日，总理再次作膀胱镜检查，并进行电烧处理。

一面之交，结下深厚友谊

1974年12月5日晚9时55分，周总理在医院接见了来华访问的日本创价学会会长池田大作先生。

这是他们第一次见面，也是唯一的一次会见。

池田大作，日本创价学会第三任会长（1960年～1979年）、名誉会长，国际创价学会会长，是著名的国际社会活动家、佛教思想家和教育家。

1974年5月30日，应中日友好协会的邀请，池田大作率领创价学会访华团第一次访华。由于周总理健康的原因，双方未能会见。但周总理特意委托李先念副总理代表他会见池田大作一行。

1974年12月5日，是池田大作和夫人率团第二次来华访问的最后一天。为了中日关系的发展和民间的友好往来，总理不顾已病多日的身体状况，决定会见池田大作先生。

池田大作先生在《难忘的会见》一文中记述了当时的情景：

"从车子里下来，一走进大门，如今已成为故人的周恩来总理早已等在那里迎接我们。后来才听说会见的地方是北京市内的一家医院。他的腰板挺得笔直，浓浓的眉毛说明他的意志坚强，他和人握手时的目光好像要射穿对方的心灵，但却洋溢着一种柔和的光芒。"

1974年12月5日，周恩来会见池田大作。

1918年，周恩来（中）在日本。

交谈中，周总理在谈到中日关系时，希望迅速缔结《中日和平友好条约》。他特别强调说，20世纪的最后25年是重要的时期，让我们在平等的立场上互相帮助、努力吧。

会见只有短短的30分钟。

临别时，总理特意把池田大作先生送到门口，边走边交谈说："我是50年前樱花盛开的时候离开日本的。"青年周恩来曾于1917年至1919年赴日留学。池田大作先生回应道："在樱花盛开的时候，请您一定来日本。"总理接着说："是有这个愿望。但恐怕很难实现了。"

总理知道自己来日无多。一年多以后，他与世长辞。

总理之所以坚持与池田大作先生会见，是因为他认为创价学会在日本民众中有广泛的基础。虽然1972年9月中日邦交已实现正常化，但他依然重视民间外交的力量，希望中日两国人民世世代代友好下去。

为了国家的利益，即使损害健康、缩短生命时长，总理也在所不惜。

周总理的人格魅力深深地感染了池田大作先生，他对周总理给予了高度评价：

"我一直说他是'20世纪的诸葛孔明'，是本世纪最具代表性的大政治家。他没有任最高领导，却身负重任、百折不挠，是一位外柔内刚的著名外交家，也是一位擅长实务的行政长官。这一切均形成了他对十亿人民的'责任感'。"

池田大作先生与周恩来虽只有一面之交，但他们之间的深厚情谊是不能以见面次数多少和时间长短来衡量的。池田大作先生回忆道：

1980年4月22日，邓颖超在西花厅会见池田大作一行。

"人生中有5小时的会见，也有仅仅5分钟的会见。我自己已年过50，也会见过无数的人。所有这些人都给我的今天带来了影响。影响的大小，恐怕是由彼此共鸣的程度来决定的。也可以说，人的相互理解，是超越见面时间长短的。"

此后，池田大作先生没有辜负周总理对其中日友好的重托，始终致力于中日两国友好交流事业。总理去世后，他多次来华访问，先后八次与邓颖超会见，增进了两国之间的友谊。

为了纪念周恩来和邓颖超，池田大作先生主持在创价学会总部庭院内，先后种上了"周樱""邓樱"两棵樱花树，以示对两位伟人的永久怀念和中日两国友谊之花永远绽放。

周总理与李富春

1975年1月15日下午4时至4时30分，周总理在人民大会堂西大厅主持李富春同志追悼会，邓小平致悼词。下午5时，回到医院。

20世纪20年代，在旅欧岁月中，周恩来与李富春相识，他们为中共早期组织在欧洲的建立和发展发挥了重要作用。在长期的国内革命战争年代，两人建立了深厚的友谊。建国后，周恩来作为总理负责国务院的全面工作，李富春作为国务院副总理，则一直担负着国家经济计划委员会的工作，掌管着国家经济建设的重要部门。李富春成为周恩来的得力助手之一，两人在工作中通力合作。

20世纪50年代我国在进行社会主义三大改造的过程中，人们头脑逐渐发热，随着"左"倾错误的步步发展，1958年"大跃进"的浪潮席卷全国，人们被冲昏了头脑，提出"超英赶美"的口号，工业上"以钢为纲"、农业上"以粮为纲"，特别是钢产量指标不断加码，导致全民大炼钢铁，小高炉遍地开花。面对无法实现的钢产量高指标，1960年7月21日周恩来致信李富春：

富春同志：

方才与几个主要部门的同志谈了一下，更觉得为力争完成2040

周恩来、邓颖超和李富春、蔡畅在一起。

万吨钢的指标,必须确保计划内的质量、品种和炼焦煤、生铁、钢材的分配数字,并且必须使钢的前后左右能够协同前进,不要造成寅吃卯粮、毫无余地,左支右绌、前后脱节的形势。为防止这一情况出现,既要保重点厂矿地区,又要瞻前顾后,为明后两年和第三个五年计划留有余地,打下新的基础。关于缩短战线,方才在会上已谈过,待回来后再谈文教和内外贸问题。

以上想法,请你酌定。

周恩来 七、廿一

面对国民经济各部门的比例严重失调、国民经济陷入困境的状

周恩来和李富春在一起

况,1960年8月中下旬,李富春对1961年国民经济计划控制数字进行研究时,根据上海会议和北戴河会议精神,特别是根据周恩来的意见,提出应以"调整、巩固、提高"的方针安排经济工作的意见。8月底,周恩来提出,应在"调整、巩固"后面加"充实"两字,这样形成了完整的"八字方针"。正是由于坚决贯彻执行了"八字方针",共和国渡过了难关。

然而,作为国家重要领导人的李富春也没能逃脱"文化大革命"的摧残,在失去为人民工作的权利的同时,连日常生活也得不到保障。李富春同志住在中南海。有一天,他的警卫员孔繁友同志在食堂吃饭时遇见我,我问他:"怎么样?"他理解我问的不只是他，他以有点生气的口吻回答我，"不怎么样！"我请他详细谈谈，他说："天气这么冷了，暖气不热，富春同志在屋里穿着棉大衣看书。找了管理部门，几天了没人来修。"

我把知道的这个情况告诉了周总理，总理气愤地说："怎么能这样！你去告诉杨德中，叫他去办。"杨德中知情后也很生气，他指令管理部门马上修理。第二天，孔繁友对我说："来工人修暖气了，是管道出了问题，要早一点跟你说就好了。"我说："我哪有这么大的能量，是总理过问了这事。"

周总理与西哈努克亲王

1975年2月24日，周总理会见了中国人民的老朋友西哈努克亲王。

之所以称为老朋友，是因为中国和柬埔寨是友好的邻邦，两国自1958年建交后，一直保持着友好往来。1960年周总理访问亚洲六国时，恰逢西哈努克的父亲诺罗敦·苏拉玛里特去世。周总理专程前往吊唁，为表达对柬治丧的真诚，周总理与前往吊唁的全体成员，每人临时赶制了一套白色西装，使西哈努克亲王深受感动。

以后，周总理与西哈努克多次交往，在两国关系日益加深的同时，两人间也建立了深厚的友谊。西哈努克及其家人每次到中国访问，周总理都会见他，他的两个儿子都曾在中国学习。

在反对侵略的斗争中，西哈努克支持经柬埔寨境内的"胡志明小道"将越南北方的物资运往越南南方。当然，我们对柬的援助，也是经这条小道。所以在当年的抗美援越的斗争中，西哈努克也给予了一定帮助。

1970年3月，柬埔寨首相兼国防大臣朗诺将军和副首相施里坞达趁西哈努克访问莫斯科期间发动政变，推翻了西哈努克元首。这次政变是由美国一手支持策划的。西哈努克这次要经北京返回金边，苏联领导人是在西哈努克离开莫斯科之前，把政变的消息告诉他

周恩来和西哈努克夫妇在一起

1960年，周恩来访问柬埔寨时，与西哈努克亲王合影。

的。在西哈努克处于这样困难的时期,中国支持西哈努克,北京欢迎他,迎接的规格没变。周恩来总理在19日上午亲赴机场,与叶剑英、李先念等几位领导同志亲自迎接已被废黜的西哈努克,还邀请46位驻华大使一同去机场迎接。周总理当面对西哈努克说:"热烈欢迎西哈努克亲王来华访问,您仍然是柬埔寨国家元首,我们永远承认您,决不认同别人。"西哈努克十分激动,与周总理热情拥抱。西哈努克被安排住进钓鱼台国宾馆18号楼,这是只有国家元首才可入住的。在西哈努克到达北京的前三天里,周总理就两次去会见他,代表中国政府支持亲王成立民族统一战线和联合政府的主张。

西哈努克一直住在北京。钓鱼台是当时中央文化革命小组的住地,江青、康生、张春桥、姚文元和王洪文都住在这里。因为安全问题,西哈努克的活动有些不便,他在钓鱼台院内的范围缩小不少。此情况反映到周总理那里后,总理指示外交部找一个合适的地方,请西哈努克一家搬出钓鱼台。外交部选择了东交民巷15号,这里是亲王过去来访时曾住过的宾馆,待修缮一新后,西哈努克一家搬到此处。周总理和邓大姐亲临看望,并说这里条件不错,独门独院,亲王接待客人也很方便,建议取名为"柬埔寨元首府"。西哈努克听后非常高兴,并说:"我选择住在中国,是因为中国支持我反对美国侵略。毛泽东主席、周恩来总理是我们尊重的朋友。"

在周总理的亲自关怀下,西哈努克在北京生活得很舒适。按照国家元首级别配备了整套的安全警卫班子,配备了中、西餐厨师以保证他的饮食。周总理还几次让自己的厨师做了几个淮扬菜,如狮子头、干丝汤、元宝肉之类的菜送给亲王。邓颖超大姐多次去看望西哈努克夫妇,并转达周总理的问候。

1979年4月,邓颖超在西花厅会见西哈努克夫妇。

周总理去世时,西哈努克要求参加周总理治丧活动,但当时以中国治丧改革为由拒绝了他。西哈努克特意致电邓颖超,表示周总理的去世,使他失去了一位尊敬朋友而悲哀,并对邓颖超表示慰问。

在以后的日子里,邓颖超延续着这种友谊,对西哈努克在京的居住、生活给予关照,多次去看望亲王,亲王和夫人也登门拜访邓颖超,双方为中柬两国的友谊发展作出了贡献。

周总理在病中依然关心他人

周总理虽然自己重病住院,但他还是像过去一样关心着别人。上自毛主席,下到普通群众,只要是他知道的他都要过问。

总理住进医院后,仍和过去一样,多次约见毛主席的保健医生,召集医疗小组开会,听取他们对毛主席眼病的治疗方案。

1975年2月19日至22日,总理在病重的情况下,在人民大会堂主持中共中央政治局会议,听取从杭州回京的汪东兴和毛主席医疗小组医生关于最近对毛主席所作体检情况及治疗意见的汇报。根据汇报,毛主席目前主要症状为因白内障导致视力下降。会议研究了对毛泽东病情的治疗方案,表示完全赞成毛主席本人提出的先治眼病的决定。22日,周恩来两次约负责毛主席医疗的医生谈话,进一步研究毛主席的病情及其治疗方案,增强了医生们的信心。当晚,受中共中央

1973年,周恩来看望病中的毛泽东,并与汪东兴及毛泽东身边的工作人员合影。

政治局委托，总理起草政治局常委给毛主席的报告，汇报政治局会议议定的治疗方案。

周总理对毛主席的关心是与党的事业、国家的政治紧密联系在一起的。因为有毛主席健在，"四人帮"不敢大张旗鼓地胡作非为。

1975年2月4日手术之后，总理躺在手术台上还牵挂着远在千里之外的多发肺癌的云南锡矿工人，指派为他治病的北京肿瘤医院院长李冰亲赴矿区研究防治措施。总理病成那个样子了，仍然惦念着工人的健康。

在病中，总理依然关心着各行各业的发展。

周总理病重住院后，我国首位女子跳高世界冠军的郑凤荣和乒乓球名将郑敏之写信给周总理，对病中的周总理表达关切之情，希望总理早日康复，也述说了她们在"文革"中所遭遇的不公正对待，担心体育事业的发展会受到部分人的干扰而受损。周总理让我看了她们的信，并说这些运动员都是为国争光的人呀！我现在身体不好，不可能再去看望她们，你们俩人也离不开，就叫警卫局的同志去看看她们，了解她们的生活。警卫局派两位同志去了解运动员集体居住和训练的地方，回来后经我向总理汇报，说她们住得还可以，只是吃饭的食堂座位不够，有人站着就餐，吃得也一般。由于周总理的过问，她们的生活条件有所改善。

总理对运动员的关心、对中国体育事业的关心可以追溯到建国初期的50年代。他主持通过了成立国家体育运动委员会，任命贺龙为主任，为中国体育事业的发展奠定了组织基础。在体育运动的发展上，周总理强调体育要面向广大的人民群众，确立了体育要为人民服务的大方向。

1957年10月,周恩来和打破国家纪录的跳高运动员郑凤荣交谈。

1971年5月1日,周恩来在天安门城楼上接见郑敏之。

建国初期，在参与的国际比赛项目中，我国几乎拿不到名次，得冠军就更谈不到。为改变这种落后的面貌，周总理倾注了心血，首先号召全民开展体育运动，要求体育系统要埋头苦干，生生不已，十年不鸣，一鸣惊人。他多次亲临现场，观看体育项目的训练比赛，并就训练、比赛提出指导性意见，对鼓励运动员、教练员以及从事体育事业的人们起到了极大的作用，总理也与运动员建立了深厚的感情。他对中国女子排球队和中国乒乓球队的关心是人所共知的。

1964年，总理观看了日本女子排球队的比赛后，非常赞赏。他还亲自去观看日本女排的训练，对日本女排的防守大加称赞。在与中国的运动员、教练员的交谈中，指出我们在训练和比赛中的差距，并提出如何向日本女排学习，提出了请日本教练——大松博文来中国帮助训练一段时间，以提高中国排球的水平。

大松博文来华后训练严格，一些队员接受不了其对体能的训练要求和训练方式，特别是大松博文在训练中，手打口骂，更是激起了运动员的不满，这就影响了训练效果。总理得知后，给双方做工作，首先要我们的运动员适应高强度的训练，也约见大松博文，说服他不要打骂运动员。有关大松博文的书，总理就摆在案旁，随时翻阅，以便更多地了解大松，从而有针对性地对其做工作。总理所做的这些工作，对中国女排和中国排球的发展、水平的提高都起到了积极的作用。

第25届世界乒乓球锦标赛容国团取得冠军，对中国乒乓球运动的普及、发展起到了推动作用。从此，乒乓球运动遍及全国广大的农村、工厂、机关、学校，真正成为一项群众性的体育运动。

1961年4月6日，在北京举行的第26届世界乒乓球锦标赛，中国取得了男子单打、女子单打和团体三项冠军，这就更加燃起了中国的乒乓球梦。周总理、贺龙副总理、陈毅副总理大力支持乒乓球这一运动。早在第25届世乒赛后，在周总理和贺龙副总理的指示下，体委就在原有的基础上，从广州、上海、北京抽调优秀的乒乓球运动员徐寅生、李富荣、庄则栋、邱钟惠等充实国家队。在他们的日常训练和比赛现场，周总理都曾多次前去观看，对组织训练也提出不少建议。对打乒乓球的技术动作，像推、拉、抽、吊，他都与运动员切磋研究。这种较多的交往，增加了国家领导人与普通运动员的情感，增进了友谊。在以后举办的国内大型比赛前和派团出国比赛前，周总埋都会接见全体运动员、教练员及工作人员，鼓励他们为国争光，促进与各国运动员的友谊。

周总理在观看第26届世乒赛后，对日本乒乓球选手星野、荻村、松崎君代等选手的技术也很赞赏，也曾多次会见他们，了解他们的家庭和个人生活。得知松崎的父亲很喜欢中国的白酒，周总理就送她一瓶茅台酒给她父亲喝。周总理送的这瓶酒，松崎的父亲舍不得喝，只是在家里遇到喜庆的事，他才喝上一杯，直到老人去

1961年4月20日，周恩来接见松崎君代并赠送给她一瓶茅台酒。

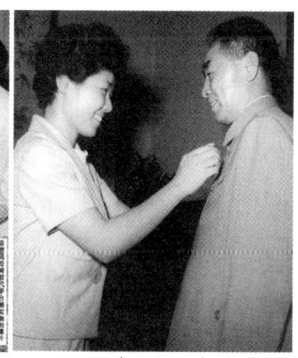

1961年，日本优秀乒乓球运动员松崎君代为周恩来佩戴纪念章。

2011年4月，高振普向松崎君代赠送照片。

世，这瓶酒也没喝完。2011年松崎来华访问，带来了这瓶没喝完的酒。在与我们的座谈会上，她回顾了周总理生前对她和她家庭的关心，特意转达了她的父亲生前对周恩来的崇敬心情。4月20日，在周总理送茅台酒给松崎君代50年后的同一天，她把带来的这瓶酒送给了贵州茅台酒厂，作为永久的纪念。我在与松崎相见之前，特意制作了松崎当年为周总理佩戴纪念章的照片，赠送给她，她高兴地连说："太好了！太好了！我没有这张照片，一定作为传家宝，把它珍藏起来。"

周总理对运动员的关心，对体育事业的关心，不仅是在生活上、竞技上，更主要还是在政治上的关怀和培养。根据当时的国际、国内形势，结合我国体育事业的发展需要，为增进国与国之

1915年5月，周恩来（左二）在南开学校上演的新剧《仇大娘》中饰演范蕙娘。

间、运动员之间的友好往来，周总理提出了"友谊第一，比赛第二"的口号，即比赛的最终目的不是输赢，而是在比赛中建立友谊。有一次，周总理亲临赛场观看国际乒乓球比赛，女子决赛是中国的张立对阵朝鲜选手。周总理叫体委的同志转告张立，这场比赛要让对方赢，张立接受了总理的建议，比赛中表现非常出色，从得分总数看，张立超出对方，但最后决胜局，仅以两分之差输给对方。赛后，总理去运动员休息室看望张立，赞扬她的出色表现为"友谊第一，比赛第二"的精神作出了贡献。

周总理是文艺界的老朋友。早在南开学校求学时期，由于周恩来长得俊秀，再加上该校没有女生，周恩来就"牺牲色相，粉墨登场"，出演多部新剧，一时轰动津门。在长期的革命和建设时期，

周恩来与艺术家们在一起

周总理把广大文艺界人士紧紧团结在党的周围，与文艺界的朋友结下了深厚友谊。杨秋玲是建国后培养出来的优秀京剧演员之一。她在《杨门女将》中演穆桂英，给观众留下深刻的印象。"文化大革命"开始，她被停止演戏，随后就销声匿迹了。1975年，杨秋玲在北京工人俱乐部演出的消息传到医院，总理知道后很高兴。他很想去看，但又不能去，当时也没有电视转播。我们几个人就与广播事业局机要处的同志协商，请他们将全剧录制下来，让总理看录像。人员器材都准备好了，突然有消息说，这戏不演了，要到西安去。很遗憾，总理最终也没能看到她的演出。总理并不单是为了看戏，他关心的是这一代文艺工作者，为他们被"解放"出来而高兴。

"四人帮"批"经验主义"

1974年底周总理长沙之行时，毛主席与其谈到理论问题："列宁为什么说对资产阶级专政，这个问题要搞清楚。这个问题不搞清楚，就会变修正主义。要使全国都知道。"如果不把资产阶级法权加以阐明和限制，林彪一类如上台，搞资本主义制度就很容易。

1975年2月9日，《人民日报》发表题为《学好无产阶级专政理论》的社论，公布了毛主席关于理论问题指示中的一段话。18日，中共中央发出关于学习毛主席对理论问题指示的通知，要求将毛主席指示发至基层党支部，口头传达到群众。22日，《人民日报》刊登《马克思、恩格斯、列宁论无产阶级专政》的33条语录。由此，全国开展学习"无产阶级专政理论"的运动。然而，"四人帮"利用毛主席关于理论问题的指示，反对周总理1972年前后批判极左思潮、纠正"左"的错误，反对邓小平对各方面工作进行整顿。

1975年3月1日，张春桥在全军各大单位政治部主任会议上讲话，借用毛主席1959年在庐山会议上关于"现在，主要危险是经验主义"一语，说："据我看，主席的话现在仍然有效。"大讲反对经验主义。

在"四人帮"含沙射影的攻击下，总理的病情频频告急。3月6日的大便检查发现潜血，连续作了三次肠镜检查，会诊的结果，决定施行结肠手术。3月20日，总理给主席写了一份关于病情的报告。

主席：

　　最近四年来，我的大便中偶有潜血出现，但因消化系统好，未进行肠胃检查。这两年又因膀胱癌出现，尿中有血，易于计量和检查，故医疗力量集中于治疗膀胱癌。现膀胱癌经过两次开刀，三次电烧，已能稍稍控制。去年十一月十二日经镜照电烧后，一个半月内仅尿血九个C.C.多；今年二月四日经镜照电烧后到现在一个半月内，亦仅尿血十个C.C.多，如待满三个月再行镜照检查，当在五月初或四月底。

　　今年开会后，大便中潜血每天都有，大便也不畅通。因此利用三月间隙，进行食钡和灌钡检查，始发现大肠内接近肝部位有一肿瘤，类似核桃大，食物成便经此肿瘤处蠕动甚慢，通过亦窄。若此肿瘤发展，可堵塞肠道。灌钡至横结肠，在肿瘤下，抽出钡液无血；灌钡至升结肠，在肿瘤上抽不出钡液，待与大便齐出有血。在食钡检查时，食道、胃和十二指肠、空肠、小肠均无病变，更无肿瘤。而这一大肠内的肿瘤位置，正好就是四十年前我在沙窝会议后得的肝脓疡病在那里穿肠成便治好的，也正是主席领导我们通过草地北上而活到现在的。由于病有内因，一说即明。好了的疮疤，现在生出了肿瘤，不管它良性或者恶性，除了开刀取出外，别无其他治疗方法。政治局常委四同志（王、叶、邓、张）（指王洪文、叶剑英、邓小平、张春桥——编者注）已听取了医疗组汇报，看了爱克斯光照片和录相电视，同意施行开刀手术，并将报请主席批准。

　　我因主席对我病状关怀备至，今又突然以新的病变报告主席，心实不安，故将病情经过及历史造因说清楚，务请主席放心。在去年两次开刀后，我曾托王、唐两同志（指王海容、唐闻生——编者注）转报主席，我决不应再逞雄了。但如需再次开刀，我还受得了。现在要好好地作此准备。

问主席好！

周恩来

一九七五·三·二十

3月26日，总理施行大手术。晚9时50分进手术室，第二天凌晨6点手术结束。手术时间长的原因是总理在手术麻醉前提出了很多治疗方案方面的问题。手术结束后，卜志强大夫拿着被切除的肿瘤和淋巴结以及连带的部分结肠给我们看，医生说这不是膀胱癌的转移，而是新生的。病理结果是结肠癌。周总理的生命又增加了新的威胁，病愈的可能性更小了。

医疗组结合中、外临床经验，全力以赴地给总理治病，他们不分白天、黑夜地组织会诊。参加会诊的专家多时达二三十人。只要认为有效的药和有用的器械都设法买到。我驻外使馆和驻外机构都大力支持，做了大量的工作，及时地送来药和器械。大家只有一个愿望：尽快把总理的病治好。然而，事与愿违，总理的病情还在不停地向坏处发展。这期间选用了国际上最有效的药，这种药用在协和医院的三位年龄与总理相仿患同样病的病人身上很有效，而在总理身上收效甚微。

总理的身体恶化加快，"四人帮"却并未放松对他的进攻。

1975年4月1日，张春桥的《论对资产阶级的全面专政》一文在《红旗》杂志发表。该文提出："应当清醒地看到，中国仍然存在变修的危险"，"林彪一类人物上台，资产阶级的复辟，仍然可能发生"。江青、王洪文还分别找中央政治局成员谈话，鼓吹"经验主义是当前大敌"。邓小平同志当时就表示反对，说："这是在政治局内一个一个动员反总理。"江青4月4日在接见工人代表讲话时称："现在我们的主要危险不是教条主义，而是经验主义"，"经验主义是修正主义的帮凶，是当前的大敌。"4月5日，江青对北大、清华两校大批判组人员又提出："党现在的主要危险不是教条主义，而是经验主义。"此后，在张春桥、姚文元的布置下，"四人帮"把持的一些报刊纷纷发表文章，批判"经验主义"，矛头对准周总理等老革命家、老干部。

1975年4月中旬，江青在中共中央政治局会议上一再提出反经验主义的问题，并要求政治局讨论，受到邓小平的抵制。11日、14日，周恩来两次同邓小平谈话。12日，与江青谈话。

4月18日，毛主席会见来访的金日成。邓小平借陪见机会，向毛主席反映了自3月初以来江青等人大反经验主义的问题，并表示不同意关于经验主义是当前主要危险的提法。毛主席表示同意邓小平的意见。

4月23日，毛主席对姚文元所送新华社《关于报道学习无产阶级专政理论问题的请示报告》批示："提法似应提反对修正主义，包括反对经验主义和教条主义，两者都是修正马列的，不要只提一项，放过另一项。"又提出："我党真懂马列的人不多，有些人自以为懂了，其实不大懂，自以为是，动不动就训人，这也是不懂马列的一种表现。"并告"此问题请提政治局一议。"

1975年4月27日，中央政治局开会，研究贯彻毛主席4月23日指示精神。会上，叶剑英、邓小平同志在发言中批评江青、张春桥等人，并对江青1973年12月中央政治局扩大会议上提出所谓"第十一次路线斗争"、在批林批孔运动中以个人名义送材料和进行其他"四人帮"宗派活动问题,提出尖锐质问。江青被迫作检讨。会后,王洪文以汇报政治局会议情况为名,致信毛主席,诬告周总理、叶剑英、邓小平同志总把形势说得一团漆黑,支持纵容社会上最凶的谣言,并称:"这场争论,实际上是总理想说而不好说的话,由叶、邓说出来,目的是翻前年十二月会议的案。"

1975年5月3日,毛主席召开中央政治局会议。会上,毛主席对江青等人反经验主义等"四人帮"的宗派活动问题,提出尖锐批评:"不要搞'四人帮',你们不要搞了,为什么照样搞呀?为什么不和二百多中央委员搞团结,搞少数人不好,历来不好。""这一次还是三条,要马列不要修正,要团结不要分裂,要光明正大不要搞阴谋诡计,就是不要搞宗派主义。"会上,毛主席还当面批评江青:"不要随便,要有纪律,要谨慎,不要个人自作主张,要跟政治局讨论,有意见要在政治局讨论,印成文件发下去,要以中央的名义,不要用个人的名义,比如也不要以我的名义,我是从来不送什么材料的。"

从旁人的角度看,毛主席敲打江青的话已经很重了,可江青怎听得进去?她仍然一意孤行。

此时,毛主席的身体状况也令人堪忧,他长期饱受眼疾——白内障的困扰。这是毛主席最后一次出席中央政治局会议。

5月21日,周总理就5月4日、8日两次中共中央政治局常委会讨论传达毛主席4月23日批示和5月3日讲话事,致信全体中央政治局成员。在介绍常委会所商意见后,着重对反经验主义的有关情况作出说明,指出:姚文元文章中提到,"现在,主要危险是经验主义";之后,《解放军报》《人民日报》的两篇社论也是根据姚文元的文章引用的。而小平同志向毛主席反映的,是指3月1日张春桥

和蔼可亲的周恩来

在总政召开的各大单位主任座谈会上的讲话,这在各大军区政治部向总政反映讨论情况的3、4月份电报中可以看出。现在政治局既开正式会讨论主席批示和指示,特补写如上说明,如大家同意,亦请将此信转主席一阅。22日,张春桥在传阅件上批道:"总理的信,有些话不确切。但我不反对报主席。"江青、姚文元也在批语中称,对一些情况"不了解"。

周总理一向和蔼可亲,很少发脾气。张春桥的批复激怒了温文尔雅的周总理。27日,周恩来再次致信张春桥,驳斥其所谓"不确切"的说法。在重述张春桥于批林整风中就已有批判经验主义的思想后,指出:"这次,主席指示要把列宁为什么说对资产阶级专政这个问题要搞清楚,才会防止变修正主义,如果不把资产阶级法权加以阐明和限制，林彪一类如上台，搞资本主义制度就很容易。因此，要多看点马列的书，还要你写文章。因此，你联系到十多年的思想，经验主义者由于不多读书，难于总结经验，易于上反党集团的当，甚至陷进去，故你在3月1日总政召开的各大单位主任座谈会上片面地强调经验主义的危险，这在三、四月中各政治部向总政来电反映讨论情况，也可看出。""我这段回忆的文字，不知是否较为确切；如果仍不确切，请你以同志的坦率勾掉重改或者批回重写，我决不会介意，因为我们是遵守主席实事求是和'三要三不要'的教导的。"同日，张春桥阅后写道："不再改了。"在接到退件后，周总理将21日信的原件送毛主席阅批。

5月27日、6月3日，根据毛主席5月3日讲话精神，中共中央政治局连续召开会议，邓小平、叶剑英、李先念等对"四人帮"进行了尖锐的批评；王洪文、江青被迫作了一些检讨。

6月16日，周总理就3月26日做第三次大手术后的病情及治疗情况致信毛主席，告知这一段时间"恢复好，消化正常，无潜血"，但"膀胱出血仍未断"，癌细胞屡有发现。经与中央常委四人研究后，决定提前进行膀胱镜电烧治疗。信中提出："我现在身体还经得起，体重还有六十一斤。一切正常，可保无虞，务请主席放心。"信中还请毛主席"早治眼病"，以利健康和工作。毛主席圈阅了此信。当晚至次日凌晨，总理做治疗手术。

6月28日，江青就毛主席1974年以来多次批评"四人帮"及其宗派活动等问题写出检讨。30日，周恩来将江青检讨信批给在京中央政治局委员，表示欢迎这一检讨，并指出："今后政治局同志凡遇大事都经过组织讨论，事先请示主席，遵照主席指示执行，认真深入学习，联系中国实际，在实践中多听同志好意见，坚决改正常犯的错误，政治局的团结就会搞得更好。"批示还建议将江青的检讨信送毛主席批阅。邓小平、叶剑英等阅后均表示"同意总理的建议"。毛主席圈阅了此件。

至此，"四人帮"想借批"经验主义"整总理的图谋，又一次落空。

会见突尼斯总理

1975年4月初，突尼斯共和国总理赫迪·努伊拉到访中国，强烈要求会见总理。总理于3月26日做了结肠肿瘤手术，伤口刚拆线。外交部电话报告说，突尼斯总理努伊拉要求见周总理。外交部已向客人讲了，总理因病不能接见，没对客人说已动手术，客人很不理解地说，来华访问的很重要的一项内容，就是要得到周总理的会见，从报上已知周总理因病在医院，而且多次会见来访的客人，为什么我不能见，如果见不到周总理就暂不回国。我外交部多次解释，客人就是坚持要见，并说，如果怕对治病不利或带去细菌，他要求只在医院病房外，透过玻璃窗看一眼也可以。

考虑到对方的迫切要求，又是非洲的小国朋友，外交部将此情况报告了周总理。总理虽因手术后体力虚弱，但考虑到对方的感受，决定会见。在总理眼中，国家不分大小、贫富，都一视同仁。"文革"前，我随总理多次出访，亲眼目睹了总理在与各国的交往中，都坚持了国家不论大小，一律平等相待，越是小国，越要尊重的原则。他特别注意照顾朋友的切身利益并帮助解决实际困难，从而使我们的朋友越来越多，遍天下。1964年，周总理访问加纳前夕，发生了一名哨兵行刺恩克鲁玛总统的事件，加纳国内局势动荡不安。为表示对非洲小国的尊重与信任，在困难的时候支持朋友，总理仍冒险按原计划访问加纳。这件事效果很好，影响非常大，进一步加深了我国同非洲各国的友好关系。如谚语所言，"患难时结交的朋友才是真正的朋友。"1971年中华人民共和国恢复在联合国的合法席位，非洲国家功不可没。毛主席曾动情地说："是非洲朋友把我们抬进联合国的。"

1975年4月3日，也就是总理手术后的第8天下午6时10分，总理在医院会见了这位突尼斯外宾。

我们把病房稍微整理了一下，总理躺在床上会见了努伊拉总理，谈话约15分钟，没有拍照，没有录像，只是发表了会见的文字报道。

外交部副部长王海容陪同会见。后来王海容回忆当时情况还说，没办法，又不能把总理的病情全告诉他，怎么说也说不通，才报告了总理。会见后，这位突尼斯总理相当满意，一再感谢外交部，并有些内疚地说，不知道总理病成这样。

与金日成的友谊

1975年4月19日下午5时，周总理在医院会见了朝鲜劳动党中央委员会总书记、朝鲜民主主义人民共和国主席金日成和由他率领的朝鲜民主主义人民共和国党政代表团一行。

金日成主席的这次来访是为加强两国关系，也出于同周总理的友谊。

周总理与金日成的交往始于建国之初。朝鲜战争期间，金日成多次来北京，与毛主席、周总理会晤，商讨对策，特别是有关具体问题，金日成与周总理有过多次长谈。

周总理第一次率团访问朝鲜是在1958年2月，此行是与金日成商谈中国人民志愿军撤出朝鲜的问题。经过协商，周恩来和金日成分别代表本国政府签署了联合声明，宣布：中国人民志愿军将在1958年年底以前分批全部撤出朝鲜。

随后，在金日成陪同下，周恩来率代表团先后参观了朝鲜祖国解放纪念馆、平壤纺织厂；访问了咸兴、元山，参观了兴南化肥厂、人民军阵地、黄海南道的黄海制铁所等。每到一地，"朝鲜人民的欢迎热情特别令人感奋"。随行人员乔晓光后来回忆道：

"代表团每到一处，都受到热烈欢迎。欢迎人群载歌载舞的热

1958年2月，周恩来在金日成陪同下参观朝鲜兴南化肥厂。

烈场面，使周总理和代表团的同志们都情不自禁地卷入了舞圈，同欢迎的市民们一道欢乐地跳起了朝鲜的民间集体舞。一位曾慈母般地救护过志愿军伤员的老妈妈，听说周总理要到黄海制铁所参观，不远百里从自己的家乡赶到那里表示欢迎和敬意。她拉着周总理的手，把用红绸包着的一双银筷和一个银碗献给他。"

此后，两人多次互访。

这次金日成访华的一项重要日程是看望久病的周总理。会见是在总理做结肠肿瘤手术后的第24天进行的。当时周总理身体没有恢复好，双脚浮肿得厉害。张树迎和我让总理在18日上午试穿了一下原有的皮鞋和布鞋，都穿不进去。经与总理商量后，只好做一双布鞋。

1975年4月19日，周恩来会见金日成。

因为不能让做鞋的师傅到医院来，只能由我量了总理脚的尺寸，带上旧布鞋，约上北京友谊商店专为中央领导人做皮鞋的王凤德师傅，由他带我去找专做布鞋的韩师傅。当时还有另外一位师傅在场。我把要做的新鞋的尺码和要求一说，韩师傅接过旧鞋，看了看说："这鞋是我做的，你不用说了，我全明白了。只是在报上看到总理在医院见外宾的消息，知道总理生病，没想到已病到这个样子。"他边说边流下眼泪。我连忙嘱咐："我明天中午12点准时来取鞋，鞋底就不要纳得像往常那么密了，简单纳一卜就可以了，千万不要做小了，因为没时间再修改了。"他说："你放心吧，我们明天准时做好。"

第二天取鞋时，我看到一双新的布鞋已摆放在鞋案上。这鞋做

因双脚浮肿，周恩来只能穿上临时为他做的这双布鞋会见金日成。

得很好，底子纳得和正常鞋一样，我很感动。韩师傅说："我俩一夜没睡觉，一人纳一只鞋底，怎么也不能让总理穿着一双不合格的鞋去见外宾，那我们就对不住总理了。"

这双布鞋，饱含着人民群众对总理深深的爱。我为两位师傅对总理的深情所感动，强忍着泪水，把钱交给他们。韩师傅说什么也不收，我说总理是不会答应的，咱们不要破了总理的规矩。他收下了为总理做的最后一双鞋钱。

取回的鞋子，先让总理试穿了一下，大了很多，请护士许奉生在鞋里垫了厚厚的纱布。总理就穿着这双不合脚的布鞋，拖着病重的身体与邓小平同志一起，会见了金日成和代表团成员。

会见全体成员后，周总理、邓小平副总理同金日成、朴成哲举行单独会谈。他们没用翻译，因为金日成、朴成哲都能说一口流利的汉语，双方会谈一小时。会谈结束后，周总理和金日成打破了东

周恩来与来访的金日成手挽着手步出走廊

方人只握手告别的习惯，两人长时间拥抱。他们俩人手挽着手步出走廊，总理送别金日成。

这是最后的相见，最后的送别。在场的所有人为这热情的场面所感动。

1979年,邓颖超在朝鲜咸兴为周恩来铜像揭幕。

朝鲜兴南化肥厂内的周恩来铜像

金日成知道周总理1月8日去世的消息后，他是最早要求来北京参加葬礼的外国领导人之一。当时中国以礼宾改革为由，谢绝了所有要求参加葬礼的外国人。金日成哭肿了双眼，为失去这样一位伟大的朋友而悲痛。他定做了一个特别大的花圈，派专机由平壤送往北京，由朝鲜驻华大使馆代表他和朝鲜人民去太庙吊唁周总理。

　　1979年，金日成决定在朝鲜建立一座周恩来总理铜像，地址选在周总理1958年访问过的兴南化肥工厂广场。在朝鲜，这是唯一一座外国人铜像。这年5月，周总理铜像落成。金日成特别邀请邓颖超副委员长访问朝鲜，他对邓大姐说："见到你，就像见到为朝中友谊作出杰出贡献的周总理一样，感到特别亲切。"之后，金日成陪同邓颖超前往咸兴，参加了周恩来铜像揭幕仪式。

　　1989年10月7日，金日成的儿子金正日来华访问。金日成嘱咐金正日专程到北京西花厅拜见邓颖超大姐，转达金日成对周总理的思念，并赠送邓大姐一件精致的礼品。

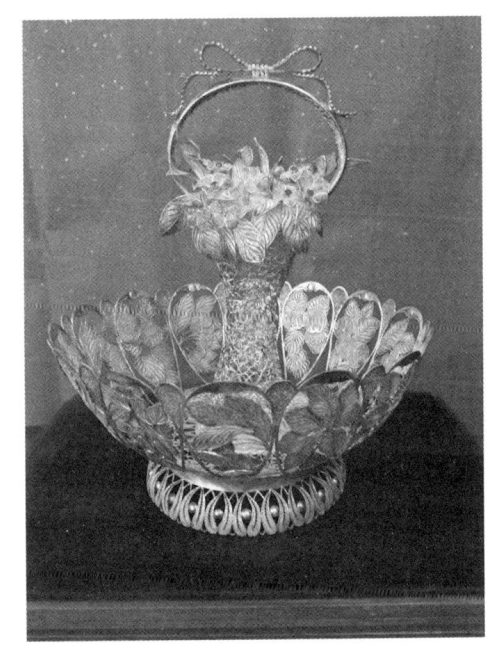

1989年，金日成委托儿子金正日赠送给邓颖超的礼品——银花篮。

看望谭震林

得知谭震林有病住院后，1975年5月7日下午，重病中的周总理去北京医院看望他。谭震林是中共八届中央政治局委员、国务院副总理，长期在周总理的领导下，分管农林口的工作。因为共事多年，在交谈中，总理向谭震林倾诉了肺腑之言：

"死我并不怕，我已是七十七岁多的人了，也算得上是高寿了。可是这二十几年的时间，总应该把国家建设得好点，人民的生活多改善一些，去马克思那里报到，才感到安心。现在这种状况去报到，总感到内疚、羞愧。"

谭震林听了，百感交集。他不会忘记"文革"中总理操碎了心，总理像一棵参天大树护英华，保护着许多老干部，其中也包括他。

"文化大革命"中，谭震林也是被冲击的重点人物。1967年1月8日午夜，我们接到报告，说农林口的造反派已冲进中南海西门，但被挡在门内十多米处，他们高喊着要揪出谭震林。周总理正在国务院会议厅开会，接到这一消息，中止了会议，马上乘车去西大门。因为走得太急，他没穿大衣就上了车。

到了中南海西门，只见冲进来的造反派被八三四一部队的战士们围在那里，双方僵持着。

1966年9月，周恩来和陶铸、谭震林接见来北京串联的各界群众和红卫兵代表。

周总理下了车。造反派发现后，虚张声势地喊了几声口号，无非是"打倒谭震林""与谭震林血战到底"等。他们喊口号的劲头比在大街上或批斗会上小得多。这也许是因为冲了中南海自感理亏，或是因为人少形不成气候。

周总理站在那儿对造反派讲，说他们冲进中南海是极端错误的。中南海是毛主席、党中央的所在地。要他们马上退出去。

周恩来，这位身经百战的老革命，指挥过千军万马，但在"文革"那个无法无天的年代，他的话对这些乳臭未干的毛孩子竟失去了作用。尽管总理非常严肃地批评了造反派，但他们一副天不怕地不怕的样子，把总理的话当作耳旁风，谁都不动。造反派似乎感到冲进来很不容易，不能就这么轻易地退出去。

局势就这样僵持着，二十多分钟过去了。

多年来总理养成了在冬天不穿毛衣、毛裤的习惯。在零下十几度的大冷天里，他又没穿大衣。我几次劝他穿上大衣，都被他推开了。

隆冬的漆黑夜晚，凛冽的寒风吹透了我。我这个身强力壮的小伙子穿着毛衣还上下牙"打架"，冻得浑身直哆嗦。

怒火在总理的胸膛燃烧。他已经感觉不到寒冷了。

经总理费尽口舌一再做工作，造反派才答应选出代表谈退出中南海的条件。我们才借此劝说周总理走进西门警卫室，在那里会见造反派代表。房间内有暖气，千万不能让总理冻出病来，还有多少事情等着他去做呢！

周总理进了警卫室，值班的警卫战士给总理送来一杯开水。总理接过水杯，暖着手。

不多时间，造反派的几个代表，左臂上带着"红卫兵"袖章，气呼呼地进来，看到周总理才有所收敛。因为此时的造反派、红卫兵还不敢对周总理怎么样。周总理主动与他们一一握手，招呼他们坐下。

总理又一次指出他们冲击中南海是错误的，冲进来更不对，揪斗谭震林是错误的。指出谭震林在毛主席身边做实际工作，怎么能随便揪斗呢？必须马上退出中南海。

红卫兵虽说气焰很凶，但没有更多的理由呆在这里，只是提出他们自己也认为达不到的要求——把谭震林交出来。

周总理提出两条意见：第一要他们承认冲中南海是错误的；第二是把所有的人集中去人民大会堂大礼堂，请谭震林同志到现场与大家见个面。

开始红卫兵与总理讨价还价，不答应第一条。周总理说不承认第一条，就不存在第二条，围在西门内的造反派就难以退出。情况的确如此。因为在总理会见造反派的同时，八三四一部队又充实了人员，把那些冲进来的造反派围得更紧，现在不是他们冲的问题，而是部队不开个口子，他们难以离去。

造反派的几个头头退出警卫室，开了个小会，内部达成协议。他们还死要面子，不讲错误，敷衍着说接受总理批评，不该冲中南海。周总理看他们已接受批评，为了中南海的安全，命令部队闪开一个口子，放他们出去。

稍事休息，周总理首先肯定西门的警卫工作布置是严密的，处理与造反派的关系也合情合理。同时指出，预防措施欠周到，今后无论如何，不能让任何人冲进中南海来。如果形势紧张，靠人挡不住，可以把大门关上。当然，关大门是在不得已的情况下。总理派人通知谭震林同志，请他去人民大会堂。总理说完也乘车去人民大会堂。

约凌晨2时许，周总理来到人民大会堂118厅。大礼堂里已坐满人。周总理等谭震林到后，一同走向礼堂的主席台。刚一入台口，台下口号声此起彼伏，声势逼人。

就座后，由农林口的造反派主持发言，主题是批判谭震林，内容大致是说"谭震林是刘少奇在农林口的代理人，是执行资产阶级路线的代表"等。

时至凌晨4时，大会才宣告结束。虽然没能缓解造反派对谭震林的反对情绪，但是，在周总理的亲自安排和陪同下，谭震林与农林口的群众总算见了一面。如果说这对谭震林是一次批斗，那么周总理则是以"陪斗"的身份出场，大大地缓解了造反派揪斗谭震林的气焰，从而间接保护了谭震林。

1967年2月，在中共中央政治局碰头会（即"怀仁堂会议"）上，谭震林、陈毅、叶剑英、李富春、李先念、徐向前、聂荣臻等，对"文化大革命"的错误做法提出了强烈批评，同林彪、江青一伙进行了激烈的斗争，即所谓"大闹怀仁堂"。谭震林等人的正义之举却被林彪、江青诬为"二月逆流"。林彪、江青对此事一直怀恨在心，伺机寻求报复。

1969年，随着"战备疏散"的一声令下，在北京靠边站和被打倒的老同志都被转移出京，谭震林也是其中之一，被下放至广西桂林。1972年，谭震林向毛主席写信，请求回京治病，毛主席当即批示同意。1972年12月18日，周总理致信纪登奎、汪东兴，提出应该让谭震林同志回来：

登奎、东兴同志：

　　昨晚主席面示，谭震林同志虽有一时错误（现在看来，当时大闹怀仁堂是林彪故意造成打倒一批老同志的局势所激成的），但还是好同志，应该让他回来。

　　此事请你们二人商办。他在桂林摔伤了骨头，曾请韦国清同志注意帮他治好。王良恩同志了解其情况，可问他关于震林同志一家的近情。

1973年，在毛主席和周总理的关心下，谭震林回到北京，并恢复了党和国家领导人的生活待遇。

出席贺龙骨灰安放仪式

1975年6月9日下午4时,周总理出席在八宝山革命公墓礼堂举行的贺龙骨灰安放仪式。5时,仪式结束后,总理回到三〇五医院,在病房久久不能平静。

贺龙,早年以两把菜刀(实际上为柴刀)闹革命声震湘西。在护国战争和护法战争中,东征西讨,屡建奇功,但他厌倦了军阀之间的混战。第一次国共合作时期,通过接触共产党人,贺龙看到了中国的希望。

1927年8月1日,震惊中外的南昌起义爆发。南昌起义打响了武装反抗国民党的第一枪,人民军队在这次起义中诞生。作为国民革命军军长的贺龙被推举为南昌起义的总指挥,周恩来则担任前敌委员会总书记。从此,贺龙与周恩来并肩站在了一起。

南昌起义后,在部队南下途中,贺龙多次向周恩来提出入党请求。

此时大革命正处于低潮,国民党蒋介石、汪精卫先后发动了"四一二"反革命政变和"七一五"反革命政变,大肆屠杀共产党人,全国处于一片血雨腥风之中。一些意志不坚定的共产党员被吓破了胆,有的当了可耻的叛徒,有的宣布脱党。

就在这危难时刻,贺龙却抛弃高官厚禄、荣华富贵,一心跟着共产党走。

贺龙的女儿贺捷生撰文回忆父亲——《与党患难与共 不离不散》，文中记述了贺龙入党时的情景：

这天，部队驻在群山丛中的一座破旧的学校里，周恩来把发展父亲入党的任务交给谭平山和周逸群。这当然是一件神圣的事情，尽管是非常时期。谭平山和周逸群对像学生那样虔诚地坐在一条板凳上的父亲说：贺龙同志，此刻我们代表党向你问话，你必须如实回答，不得隐瞒。请问你的动产、不动产、现金等，还剩多少？

父亲淡然一笑，摊开双手说：我什么都没有了。

谭平山和周逸群又问：那么你的社会关系呢？你在工农军政各界有什么社会关系？他们对待革命的态度怎样呢？

父亲说：以前的社会关系，参加革命后都不来往了。

这些情况都被记录在贺龙一直保存的入党登记表上。难以想象，在漫长的战火纷飞的革命年代，贺龙是怎么保存下这份入党登记表的？他一定是把这份入党登记表视作比自己的生命还重要。

如今，这份珍贵的入党登记表被南昌"八一"起义纪念馆所收藏。它向世人述说着贺龙对共产党的无比忠诚。

然而，就是这样一位对党无比忠诚的人，在"文革"中却被林彪视为"眼中钉""肉中刺"。

"文化大革命"开始后，贺龙就成为林彪、江青的打击对象。他们鼓动着造反派大反贺龙。

周总理为了贺老总的安全，把他从东交民巷15号的家请进新六所。新六所归中直机关直接管理，这个地方比较保密，应该说比较

1957年2月，周恩来、贺龙在昆明。

安全。50年代，新六所曾接待过苏联、东欧国家领导人。

贺龙曾担任国家体委主任，他住进新六所不久，体委等单位的造反派就知道了，多次冲向这个地方。虽然有部队保护新六所，但贺老总不能外出，弄得他日夜不得安宁。紧接着，贺老总东交民巷的家也被抄了。"文革"使赫赫有名的南昌起义总指挥、解放军缔造者之一的贺龙元帅有家不能归。周总理得知后，非常担心贺老总的安全。

1967年1月11日，由贺龙的儿子贺鹏飞驾车，载着贺老总和夫人薛明、警卫参谋杨青成进了中南海，直达西花厅。周总理没有睡觉，马上到客厅，见了贺老总夫妇。贺老总见到总理，声音洪亮地说："总理，我的家实在住不下去了，只好到你这里来了。"总理双手握住贺龙的手，说了声："我懂你的意思，你大概一夜没睡吧，我也没睡，咱们先休息，住在这里你可以放心了。"

我们在一旁听着他们的谈话，还不能完全吃透这里面的含义。事后才知道，当时贺老总受到冲击，总理亲自安排他的住处，还不能保证他有个安静的地方，只好请他到自己家来住。

进西花厅是总理当天夜里安排的。邓大姐事先也不知道，难怪中南海的门卫报告说："贺鹏飞驾车冲进中南海。"总理亲自安排，请贺老总夫妇住在西花厅前厅，即总理经常会见外宾和开会的客厅。

为了避免让更多人知道贺老总在西花厅，贺老总夫妇的饭由总理的厨师做，贺鹏飞、杨青成也不去食堂吃饭，而是指定专人给他们从食堂打饭，也不让他们随便出去。

贺老总住在西花厅，环境好了，但他的心情很不平静。正像薛明在回忆时讲的那样，看着总理天天为国家操劳，工作那么紧张，还要照顾他们，心里很不是滋味。

中南海的大墙也挡不住"文化大革命"的风浪，中南海机关也分成了派别，有各种不同的观点。贺老总住在西花厅的事，很快被人发觉。社会上揪斗贺老总的声势更高了，这后面当然有人挑动，有人支持。贺老总继续住在西花厅，就困难了。

1967年1月19日，总理约李富春一起，来到贺老总面前，告诉他中南海也不是世外桃源，不是久住之地，再给他安排一个更秘密的地方去住。贺老总、薛明理解总理的难处，同意总理的安排，搬出去住。谈话结束后，总理紧紧握着贺老总的手，依依不舍地说："你先走吧，到秋天时我去接你。"周总理和贺老总怎会想到，这

1959年10月,周恩来和贺龙元帅接见参加国庆十周年大典阅兵式的解放军各兵种代表。

一别竟是永别！八年后，总理与贺老总再次"重逢"，只是此时已阴阳两隔，他再也见不到贺老总了，见到的只是装有贺老总骨灰的冰冷骨灰盒！

总理事先选定了地处北京西郊的象鼻子沟，在玉泉山西边的山脚下。这是属国务院管理局管辖的房子，也是为领导同志度假休息准备的，由于几栋房子刚刚落成，一般人是不知道这一住处的。总理亲自去象鼻子沟挑选了条件比较好的一栋房子给贺老总住，并当场让我把该处的管理负责人叫来，交代管理人员搞好伙食，保障供暖。

1967年1月20日凌晨3时，由中央警卫局副局长杨德中护送贺老总和薛明转移出西花厅，先是进了玉泉山，再换车秘密地住进象鼻子沟。

从此以后，周总理与贺老总的联系，都是由杨德中负责。杨德中多次代表周总理去看望贺老总夫妇，关心他们的生活和身体情况。

贺老总住在象鼻子沟，就与外界失去了联系。造反派也不知道他住在哪里。他们到处找，几次冲到玉泉山，要抓贺龙。这说明贺龙住在象鼻子沟的消息没有传出去。

然而，林彪欲置贺龙于死地，他绝不会善罢甘休。后来，林彪指使成立了贺龙专案组。至此，贺龙的一切都交该专案组，不让总理再过问贺龙的事，杨德中也不能再去看望贺老总了。总理与贺龙的联系从此中断。

从1927年8月1日南昌起义开始，到建国后共同掌管国务院工作，贺龙与周总理是共同战斗了几十年的老战友、老同志。"文化大革命"无情地剥夺了他们相互联系的权利。这对周恩来总理是多么沉重的打击啊！

1969年6月9日，贺老总被迫害致死。他死后，没有追悼会，没有花圈，没有同志和战友为他送别，就被悄无声息地火化了。

1971年林彪摔死后，周总理派人找回了薛明，委托邓大姐去看望她，并告诉薛明，要为贺老总平反，为他举行骨灰安放仪式。

1974年9月14日，周总理约华国锋、纪登奎两位副总理来医院谈话，两人根据毛主席关于尽快解决贺龙同志问题的指示，向总理递交了受中央政治局委托起草的代表中央为贺龙恢复名誉的通知稿。15日，总理对该稿进行修改和审定，把通知稿中"贺龙同志在几十年为党为人民的革命事业曾作出重要贡献"的"重要"改为"重大"。此外，根据周恩来的指示，公安部有关部门对林彪等人用作贺龙"通敌""证据"的材料进行技术鉴定，证明系伪造，蓄意陷害。29日，经毛主席批准，《关于为贺龙同志恢复名誉的通知》正式向全党发布。

1975年6月9日，是贺老总去世整整六周年的日子，党中央特意选定这一天在八宝山举行不公开的贺龙骨灰安放仪式，为贺龙平反昭雪。预定的方案中，因毛主席、周总理的身体不好，没有列入参加人员名单。但总理说一定要去参加这个仪式。

周总理是在动过多次大手术的情况下去参加追悼会的。他身体很虚弱，复杂的心情又使他一夜没有睡觉。

走进八宝山，他喊着薛明的名字进了休息室。他拉着薛明的手，说出他埋在心里多年的话："我对不起你，我没有保护好贺龙同志。"是啊，总理怎能想到，他给贺龙三移住所，也没能保住贺龙！总理哭了，薛明和孩子们围抱着总理，也放声大哭。整个休息室，整个八宝山都在哭。这哭声是对死者的怀念，是活着的人们吐出的多年的冤屈，是对林彪、"四人帮"的控诉！

1975年6月,周恩来在贺龙逝世六周年举行的骨灰安放仪式上致悼词。

薛明和孩子们多么想对多年未见的周总理诉说内心的苦痛啊!可今天,见到大病未愈的周总理,他们只能劝总理保重,注意身体。总理说:"我的时间也不长了!"全场的人都发出悲泣的声音。

骨灰安放仪式开始,由叶剑英元帅主持。当主持人宣布向贺龙致哀时,总理带头向贺龙的遗像连续七鞠躬!至今所有人都不明白为什么他不是三鞠躬,而是七鞠躬。这成了永远的谜。随后,周总理代表党中央致悼词,他说:"贺龙同志是个好同志,在毛主席、党中央领导下,几十年来为党为人民的革命事业曾作出重大贡献,在他的一生中无论是在战争年代,或在全国解放后,他是忠于党、忠于人民、忠于毛主席革命路线、忠于社会主义事业的。""他的逝世,是我党、我军的重大损失。"总理号召全党、全国人民学习贺龙一生奉献的革命精神。贺老总若能听到老战友对他的这个高度评价,定会含笑九泉。

参加仪式的还有邓小平、李先念、纪登奎、徐向前元帅、聂荣臻元帅、王震，在京的大将、上将、中将全部参加，以及在京的各大机关单位和群众代表约1500人。毛主席、党中央、全国人大、全国政协、国务院、中央军委、军队各大单位都送了花圈。这个仪式已成为高规格的追悼会，是对林彪、"四人帮"迫害贺龙致死的愤怒声讨！

这是周总理最后一次参加悼念活动。让我们永远记住周总理的这七鞠躬，记住这段不寻常的历史。

朱德的最后一个军礼

1975年7月11日下午，周总理午睡起床后，在病房内做操。这是他坚持多年的"八段锦"运动，只要身体条件允许，他是不会停止锻炼的。

总理边运动边对我说："你打电话问一下朱老总的身体怎么样了，他现在有没有时间，前些日子他想来看我，因为我当时身体不太好，没能请他来。今天可以了，看老总能不能来。"我答应马上去打电话。总理又说："现在是4点多钟，如果朱老总可以来，5点钟到这儿，大约谈上半个小时，5点半离开，6点钟他可以回到家吃饭。按时吃饭是朱老总多年来的习惯。他有糖尿病，年岁又大，不要影响他吃饭。如果今天不能来，请他去北戴河之前来一趟。"总理想事情总是那么周到，处处为他人着想。

我把总理想见朱老总的事报告了邓大姐，她指示我直接找康大姐。我要通了康克清大姐的电话，转告了总理请朱德委员长来医院的意思。康大姐说："请报告总理，老总的身体挺好，这几天没有安排别的事。他想去看总理，一直在等你们的电话。他是要见了总理后再去北戴河的。"我把朱老总可以来的消息报告了总理，同时转达了康大姐对总理的问候。

总理在病房里踱着步，思忖片刻说："换上衣服，到客厅去见

1950年，周恩来与朱德在全国政协会议休息时交谈。

老总，不要让他看到我穿着病号衣服。"

5时50分，朱老总来了。周总理起身迎向朱老总，两人同时伸出了双手。朱老总用颤抖的声音关切地问："你好吗？"总理回答："还好，咱们坐下来谈吧。"

朱老总已是89岁高龄，动作有些迟缓。我们扶他坐到沙发上。总理示意关上客厅门，我们都退了出来。

客厅里，只有两位叱咤风云的伟人在交谈。

朱德同周恩来有着半个多世纪的深厚情谊。他们相识于20世纪20年代的德国柏林。1920年11月，为了进一步探求救国真理，周恩来赴欧留学。同样，为了寻求救国救民真理，1922年8月，已近中年的朱德远涉重洋，抵达欧洲。朱德早年先后参加过讨袁战争和护法

周恩来与朱德在首都机场

战争，担任过滇军旅长等职。在赴欧前，他去上海拜见了我党负责人陈独秀，表达了其加入共产党的迫切愿望。但陈独秀却以他曾在军阀队伍中任职为由，婉拒了他入党的请求。

朱德抵欧后，几经辗转，找到了已担任中共旅欧支部负责人的周恩来。1922年11月，朱德在德国由张申府、周恩来介绍加入中国共产党。

多年以后，已成为八路军总司令的朱德，向美国女作家史沫特莱谈到周恩来介绍他入党这件事。史沫特莱在她的《伟大的道路》一书中，记述了当时的情景：

"朱德……端端正正地站在这个比他年轻10岁的青年面前，用平稳的语调，说明自己的身份和经历……"

从此，朱德与周恩来一起度过了无数个生死与共的日日夜夜。

6时15分谈话结束。总理送朱老总走出客厅，两人紧紧地握手告别。总理看着朱老总坐上汽车开走后，才转身回到病房。

谁曾想，这竟是共和国两位领袖的最后一次交谈！谁又能想到，这次相见，竟是两位老战友的诀别！

这是最后的相见！最后的握手！

1976年1月8日，周总理去世。朱老总知道后，泪流不止，口中不停念叨着"总理……恩来……总理"。他回想起了总理在"文革"中对他的保护。1967年，中南海也不平静。住在中南海的机关单位分了派别，中办秘书局一派贴出了朱德是"黑司令"的大字报。朱老总散步时看到了这张大字报，老人边看边用拐杖猛击地面，气得浑身颤抖说不出话来。我听说后，专门去看了这张大字报，回来后，向总理报告了此事。总理也很生气，当即给造反派头头打电话，批评他们的错误做法，勒令他们撤掉大字报。随后，总理马上去了朱老总的住地——中南海丙楼，看望朱老总和康大姐，劝说他们去玉泉山住一住，离开这个恼人的环境。朱老总听从了总理的劝说，回到了玉泉山四号楼，过着较为平静的生活。

康大姐也同样为失去总理而悲痛，她日夜守在朱老总身边，观察着90岁高龄的老总的情况，唯恐出现不测。

1月10日，是周总理遗体告别的日子，朱老总执意要去。到了北京医院的告别室，难以抑制悲伤情绪的朱老总由两人搀扶着，他缓缓地抬起颤抖的右臂，向周总理行了一个庄严的军礼。

这是朱老总的最后一个军礼。这是一个不寻常的军礼，一位开国元帅的军礼。这一军礼显示了朱老总对老战友的敬、对老战友的爱、对老战友的怀念。它代表了千百万解放军官兵的心……

几天来，高龄的朱老总一直沉浸在痛苦中，精神和体力有些不支。在医务人员和康克清的劝说下，他才勉强不去参加周总理1月15日的追悼大会。

自此以后，朱老总的身体状况不佳，睡觉很少，食欲减退，本已患有多年的糖尿病也很难控制住，这些更加影响了朱老总的正常生活。人们为朱老总担心。

朱老总说，总理去世了，毛主席身体也不太好，我还可以，我应该多做一些工作。朱老总作为全国人大常委会委员长，担负着会见外宾等很多外事活动，他还时刻关心着国内经济发展状况。90岁高龄的老人，怎么能承受住这么大的压力？

1976年7月，朱老总因感冒一病不起，于7月6日不幸去世。邓大姐参加了7月11日朱老总的追悼会。她拥抱着康克清大姐，共同缅怀朱老总和周总理。

周总理与宋庆龄

宋庆龄得知病重中的周总理经常受到"四人帮"的干扰，十分气愤，对总理的处境深感忧虑。

宋庆龄，伟大的民主革命先行者孙中山先生的夫人，被周恩来亲切地誉为"国之瑰宝"。

周恩来与宋庆龄相识于大革命时期的广州。1924年周恩来担任黄埔军校政治部主任后曾特邀宋庆龄到校讲演，对师生进行革命教育，鼓舞大家的士气。宋庆龄的讲演，给周恩来留下了深刻印象，而年轻能干的周恩来，也给宋庆龄留下了极好的印象：

"他当时很年轻，但已经俨然是一位革命立场坚定、旗帜鲜明、多才多艺、久经锻炼的领导人了。"

从此，两人开始了长达半个多世纪的交往。

1925年孙中山逝世后，宋庆龄忠实执行孙中山先生的三大政策，与共产党并肩战斗，迎来中国革命的胜利。

1949年新中国即将成立之际，民主人士齐聚北平，与中国共产党共商建国人计。在这重大历史时刻，威望甚重的宋庆龄怎能缺席呢？

宋庆龄久居上海。她多次流露出不愿在北平居住的想法，原因是北平容易勾起她悲伤的回忆——她的丈夫孙中山先生病逝于北平。

为了邀请宋庆龄北上，党中央派出了最佳人选——邓颖超。

邓颖超第一次见到宋庆龄可以追溯至1924年的天津。邓颖超曾撰文回忆道：

"记得一九二四年冬，你和孙中山先生北上路过天津。你们出现在轮船的甲板上，同欢迎的群众见面。我在欢迎行列中，看到为推翻清朝帝制，为中国独立、自由、民主而奋斗不息的伟大的革命先行者——孙中山先生，坚定沉着，虽显得年迈，面带病容，仍然热情地向欢迎的人群挥帽致意，同时看到亭亭玉立在孙先生右侧的你。你那样年轻、美貌、端庄、安详而又有明确的革命信念。你，一位青年革命女战士的形象，从那时就深深印入我的脑际，至今仍然清晰如初。"

1925年3月12日，孙中山因肝癌在北京逝世。宋庆龄在西山碧云寺为孙中山守灵。已是"女界著名分子"的邓颖超代表天津妇女国民会议促成会到北京参加孙中山追悼活动并守灵，期间与宋庆龄多有接触。宋庆龄坚毅、果敢的面容给邓颖超留下了深刻印象。

此后，在漫长的革命征途中，两位女中豪杰建立了深厚友情。

1949年6月，邓颖超受中共中央委托专程前往上海，迎接宋庆龄北上。南下前，她携带了毛主席、周恩来致宋庆龄的亲笔信：

庆龄先生：

重庆违教，忽近四年。仰望之诚，与日俱积。兹者全国革命胜利在即，建设大计，亟待商筹，特派邓颖超同志趋前致候，专诚欢迎先生北上。敬希命驾莅平，以便就近请教。至祈勿却为盼！专此敬颂

1949年8月,毛泽东、周恩来、张治中在北平火车站迎候宋庆龄。

1963年,周恩来夫妇与陈毅、宋庆龄、聂荣臻在一起。

大安

　　　　　　　　　　　　　　　　毛泽东
　　　　　　　　　　　　　一九四九年六月十九日

庆龄先生：

　　沪滨告别，瞬近三年。每当蒋贼肆虐之际，辄以先生安全为念。今幸解放迅速，先生从此永脱险境，诚人民之大喜，私心亦为之大慰。现全国胜利在即，新中国建设有待于先生指教者正多，敢藉颖超专程迎迓之便，谨陈渴望先生北上之情。敬希早日命驾，实为至幸。上。敬颂

　　大安

　　　　　　　　　　　　　　　　周恩来
　　　　　　　　　　　　　一九四九年六月二十一日

　　6月25日，在廖梦醒的陪同下，邓颖超拜见宋庆龄。

　　宋庆龄一直在犹豫中。

　　为了等待宋庆龄的决定，邓颖超在上海住了两个多月。

　　最终，宋庆龄同意赴京。

　　8月26日，在邓颖超、廖梦醒等人的陪同下，宋庆龄从上海乘火车前往北平。28日，宋庆龄抵达古城北平。毛泽东、周恩来亲赴火车站迎候。宋庆龄受到了隆重热烈的欢迎。

　　1949年9月21日，在中国人民政治协商会议第一届全体会议上，宋庆龄当选为中华人民共和国中央人民政府副主席。作为政务院总理的周恩来非常尊重宋庆龄，与宋庆龄合作共事时，均首先征求她的意见。宋庆龄深受感动，为新中国各方面建设出谋划策、尽

1976年1月10日，宋庆龄在北京医院向周恩来遗体告别。

心尽力。

宋庆龄初到北京时，曾经更换了几次寓所，但都不合适。为了使宋庆龄在北京住得舒心，周恩来千方百计为她寻找住处，最后勘定后海北沿的一套住宅，并派人修葺、整理，他还多次到该处去检查是否适合宋庆龄居住。考虑到宋庆龄与国际友人交往比较频繁，总理建议为她修建一个较大的会客厅，宋庆龄日后在这里会见了不少外宾及海外朋友。

1966年"文革"爆发后，打砸抢夺遍布北京城，周恩来亲自写下一份应予保护的干部名单，排在第一位的即为宋庆龄。

得知红卫兵要冲击宋庆龄住地，总理立即指示国务院管理局派人前去保护，由一位副局长负责那里的工作并命令北京卫戍区派兵加强警戒，保证了宋庆龄的安全和住地环境的安静。

然而谁也没有料到的事情还是发生了，安葬于上海的宋庆龄父母的墓地被狂热的人们挖了。宋庆龄伤心地流下了眼泪。周恩来得知后指示上海有关部门妥善处理此事。1967年，宋氏墓地被重新修复。仅此一件事，即令宋庆龄对周恩来感激不尽。

总理病重期间，为了使他早日康复，宋庆龄把寓所养的鸽子下的蛋一个个攒起来，派人给总理送去。有一次她寓所的南湖池塘打捞上一条二十多斤的胖头鱼，她也叮嘱立即送给总理。

1976年1月8日，周总理逝世，宋庆龄无限哀痛。15日，她抱病到人民大会堂参加追悼会，并献花圈，请邓颖超节哀保重。两位均已痛失心上人的伟大女性互相安慰，紧紧地拥抱在一起。

周总理与大庆油田

1975年7月27日，周总理在一份内参上看到了一部新摄制电影《创业》，这是由张天民编制、于彦夫导演的新片，片子送审时被当时的"权威人物"定了十条错误。总理让我们把此片调来，我们了解到这个影片要用近两个小时才能看完，有些担心，怕总理吃不消。总理说，分两次看。

此片是描写石油工人的，以大庆人的创业精神为背景、以王进喜这位先进人物的事迹为主线。王进喜为使我国甩掉贫油国的帽子，主动申请从玉门油田到条件更差的大庆开发新油田，他克服设备简陋和技术落后的难关，以"哪怕少活20年，也要拿下大油田"的豪言壮语，激励着大庆石油工人战胜一个又一个困难，为大庆一年产原油5000万吨作出了惊人的贡献，人们称赞王进喜是"铁人"。从此，"王铁人"这个名字为世人所熟知。

对"铁人"王进喜，总理多次接见过，对他是了解的。每次接见，总理都会听取王铁人关于大庆工人对油田建设、发展的意见与建议。总理多次号召石油工人要向王铁人同志学习，要发扬王铁人艰苦创业、敢于向困难斗争的精神。

由于积劳成疾，王进喜于1970年病故，年仅47岁。在王进喜病重住院期间，总理指示要为王进喜积极治疗；得知王进喜去世，总

周恩来与铁人王进喜握手

理赶到医院，走进病房，看了铁人最后一眼，安慰守在病房的王进喜夫人和孩子们，并交代在场有关部门的领导，要照顾好家属，生活上要给予关照。

周总理十分关心大庆油田的建设，曾三次去大庆。

1962年，周总理在结束了对沈阳、大连、鞍山、长春、齐齐哈尔、哈尔滨的访问后，于6月21日中午抵达大庆油田。周总理和邓大姐走下火车，受到了大庆人的热烈欢迎。周总理和邓大姐与欢迎的人们紧紧握手。总理观察着他们的衣着，连声说，你们辛苦了！邓大姐不停地与欢迎的人们说话，特别是对一些女同志说，要保护身体，支持第一线的男同志，为他们当好后勤！

1966年5月,周恩来第三次视察大庆时在王进喜陪同下观看职工家属生产的大南瓜。

陪同来访大庆的余秋里、康世恩等同志请总理、邓大姐先去招待所休息一下,再去油田。但总理急切地想了解油田的生产情况,便说,不用了。一行人便直接去了正在作业的1202、1203钻井队。

已是64岁的周总理,健步走在坑坑洼洼的土路上。他登上钻井台,紧握着钻井工人沾满油污的手。工人不好意思地说:"我的手太脏了。"总理却说:"工人阶级的手是最干净的。"当了解到钻工需要日夜坚守在露天的平台上,总理环顾四周,看到无遮无盖的平台,关切地向工人师傅们问了一连串问题:天下大雨怎么办?晴天出太阳怎么办?最冷的天怎么办?他转身对余秋里同志说:"一定要有挡风遮阳的措施。"工人们异口同声地回答:"我们都不怕!"

1962年6月,周恩来视察大庆油田职工宿舍。

总理对石油工人讲话,为他们鼓劲,希望工人们多打井、打好井、多产油!

来到生活区,总理走进职工食堂,看到冒着热气的大锅,他伸手去揭锅盖,想了解工人平时都吃什么。旁边的一位师傅急忙帮着把锅盖掀开,锅里煮的是高粱面粥,总理尝了尝说:"味道不错。我在东北上学时,吃惯了高粱米。今天你们很辛苦,你们在创业,以后会好的。"

在矮小的干打垒房前,总理弯腰走进去,坐在炕上,与职工们面对面交谈。他说,我们现在是困难时期,只要我们上下团结一致,一定能够战胜自然灾害和国际上人为的困难,有大庆人"石油工人一声吼，能让地球抖三抖"的精神，我们的生活会好起来，大庆人的日子会好起来。

由于时间关系，周总理、邓大姐这次来大庆，只参观了一部分。可这振奋人心的消息已传遍整个油田，人们为共和国总理亲临油田而倍感高兴，表明了党中央对油田的重视。油田工人表示一定要克服一切困难，打出更多合格的油井，生产出高质量的原油。

当晚，周总理、邓大姐乘火车离开大庆。大庆的职工、家属纷纷前来欢送，在去往火车站的两侧形成了夹道欢送总理的热烈场面。总理、大姐向人们挥手致意。人们高喊着："请总理再来大庆！"总理、邓大姐回应说："我们以后会再来大庆看望你们。"

这次来大庆，是周总理第一次亲临现场看大庆的发展、变化。总理高兴地说，全国人民都要有大庆的实干精神，我们主要依靠自己的力量，就会较快地改变经济现状，把经济搞好，人民的日子会好过一些。

1963年6月19日，周总理和陈毅副总理陪同到访的朝鲜民主主义人民共和国委员长崔庸健去大庆访问。时隔一年，周总理第二次到大庆，看到大庆已有了很大变化，非常高兴。总理仍然关心着油田的生产、生活。当他得知一个钻井队立下每年要打井10万米的目标时，高兴地与石油代表一一握手，称赞他们的大干精神。工人们表示，等以后总理再来，我们会有更多的10万米队向总理汇报。此时大庆的原油年产量已达430万吨，使我国的石油基本可以实现自给，北京的公交汽车已摘下"大气包"，用上大庆的油了。

周总理、陈毅副总理此次陪客人来大庆，是由哈尔滨乘火车来的。一下火车，总理与客人直奔油田。他们听着油田负责人的沿途介绍，总理不时地向崔庸健讲述大庆的变化。

1963年6月，周恩来在大庆油田视察时和积极响应计划生育号召的职工李英（前右一）合影。

总理登上四米多高的栈桥时，关切地问工人："冬天和下雨怎么办？"工人说，总理你放心，我们值班工人是"坏天气和好天气一个样，坚守工作岗位。"这个问题总理第一次来大庆时提过，他还一直惦记着工人的安危冷暖。大庆一位负责人说，我们按照总理去年的指示，采取了措施，安装了防风、防雨的设备。

在参观的路上，总理看到一位女同志抱着小孩，便走过去和蔼地问那位女同志："几个孩子？"对方答："一个！"总理说："还要吗？"那位女同志回答："现在不要，这女娃才1岁多。"总理说："一个好，要计划生育。"在与指挥部的李英同志交谈时，得知她已有两个孩子，与丈夫商量好不再生了，并已做了绝育手术，总理表扬他们的计划生育做得好，应该在大庆提倡、宣传。

总理向职工们介绍陈老总，说他40岁才结婚，年轻人要晚婚。陈老总风趣地说，总理要你们向我学习，要晚婚，但娃不要太多，两个就可以了。我就超了，生了仨。大家哄堂大笑。

1966年5月3日，周总理、李富春副总理和宋任穷同志陪同来访的阿尔巴尼亚部长会议主席谢胡参观大庆。这次由北京乘专机飞哈尔滨，然后换乘直升机直飞大庆，下机后已是中午12时30分，宾主双方都住在一排简洁的平房里，总理简单地洗一下手，就叫安排午饭。总理、李富春、宋任穷和谢胡坐在一张餐桌，服务员端上一盆大烩菜：白菜、萝卜、土豆和粉条合在一起，真正的东北乱炖。我看着总理津津有味地吃着高粱米饭、喝着玉米碴粥，不禁想起总理常说的一句话："我身体好，都是因为小时候在东北那几年上学时吃高粱米的关系。"周恩来在12岁那年随伯父去东北，先在铁岭的银冈书院入了小学，读了半年书，后来转学至沈阳的东关模范学校念了两年。他对东北有深厚的感情。

总理一边吃一边对谢胡说，今天是用大庆饭来欢迎您和阿尔巴尼亚的同志们。总理请大庆的负责人致欢迎词，王铁人代表大庆工人讲述了大庆油田的开发、建设、发展的过程以及大庆工人敢于在恶劣的自然环境中自力更生的精神。谢胡也发表了热情的讲话，他讲到，今天吃了大庆饭，我们也是大庆人了，表示要学习大庆精神，把经验带回阿尔巴尼亚，这些一定会在建设阿尔巴尼亚的道路上发挥作用。为了表示友谊，谢胡幽默地说，中国有八亿人口，今后你们可以说有八亿一百万，阿尔巴尼亚的全国一百万人，会与伟大的八亿中国人共同战斗。整个宴会洋溢着兄弟般的友好气氛。

午饭后稍事休息，由康世恩、徐今强等同志向总理和外宾介

1962年6月，周恩来在大庆1202钻井队现场参观。

绍大庆的发展过程和未来的规划。总理陪同谢胡参观了1202钻井队和1205钻井队，当听到今年这两个队都可以达到钻井10万米的目标时，总理高兴地说，你们原计划用五年的时间达到这个指标，今年刚4年就双双达到了，应该表扬你们、祝贺你们。工人们响亮地说，我们会有更多的10万米队！

当时中国实验话剧团团长孙维世带领一个剧组驻扎在大庆，通过实地体验大庆人的生活，写出了关于石油工人的剧本，给大庆的石油工人和家属鼓劲、加油。总理对孙维世说，剧组人员要深入生活，要到钻井平台上亲自体验一下才能真实地表现出大庆人，要深入到家属群体中参加生产劳动、洗衣服、做饭，这样才能写出真正的大庆精神的好戏。孙维世向总理保证说，我们照总理的指示，深入到生产生活中去，写出真实的大庆人，并对总理说，你看我们今天都是从一线赶过来见您的，穿的是油田工人的衣服。围观的人们都说，孙团长她们真好，没有大演员的架子，跟我们生活在一起，打成一片。总理勉励孙维世：你们不要骄傲，要继续努力。

后来，孙维世领导下的话剧团写出了《初升的太阳》话剧，还到国务院小礼堂演给中央领导同志看。总理也去看了，称赞剧本写得好，演得也好，演出了真正的大庆人。

周总理三次去大庆，先后参观了大庆油田的多个单位，两次登上钻井平台，试着要握司钻的刹把子，体验工人们的操作。工人说这把太重，不能握，总理才只好放弃。他还深入生活区，走进食堂亲口尝尝饭菜。当看到他们技术改革，把手摊煎饼改为机器转动的方法，做出可口的煎饼时，总理鼓励工作人员要不断革新，做出可口的饭菜支援一线生产多产石油，为国家多做贡献。三次算下来，总理走遍了大庆的二十多个单位，谁也数不清总理与多少工人、家属握手。但有一点大家都记住了，他号召人们向大庆学习，学习大庆人的艰苦创业精神。

当总理听闻所谓"权威人物"对《创业》电影的非议后，他完全不顾自己身体十分虚弱的情况，调整了片子。一天下午，没有治疗安排，总理利用这段时间，看完了电影的上半部。原定第二天再看下半部。但晚饭后，他休息了一会儿，又看了下半部。看完后他说，片子拍得很好，真正写出了大庆人为找石油所付出的辛苦，表现出了大庆精神，怎么说有那么多错误呢？大庆的发展是用毛主席的"两论"（即《实践论》《矛盾论》）起家嘛！不能责备求全！应该公演，应该宣传。

批《水浒》和投降派

　　1975年8月14日，毛主席对陪读人员就中国古典小说《水浒》一书发表看法。他说："《水浒》这部书，好就好在投降，做反面教材，使人们都知道投降派。"又称：书中农民起义军领袖宋江屏晁盖于108人之外，搞修正主义，让人招安了。毛主席的这段话随性而发，本来无可厚非，但"四人帮"却动起了歪脑筋。

　　当天，姚文元得知后致信毛主席，他借题发挥，吹捧毛主席关于《水浒》的评论很重要，对现在和将来、本世纪和下世纪、坚持马克思主义、反对修正主义，都有重大的、深刻的意义，建议将毛主席的评论印发政治局在京成员和有关宣传、出版部门，以"组织或转载讨论文章"。

　　"四人帮"利用这个机会对周总理等人进行恶毒攻击。8月下旬，江青召集亲信于会泳等人开会说："主席对《水浒》的批示有现实意义，评论《水浒》的要害是架空晁盖，现在政治局有些人要架空主席。"8月28日和9月4日，《红旗》杂志和《人民日报》先后发表关于开展对《水浒》评论的社论，提出开展对《水浒》的评论："这是我国政治思想战线上的又一次重大斗争，是贯彻执行毛主席学习理论、反修防修重要指示的组成部分"；"要从《水浒》这部反面教材中吸取教训，总结历史经验，学会在复杂的斗争中识别正确路线和错误路线,知道什么是投降派。"

1975年9月15日,周总理在与人谈话中,就近期报刊宣传上开展对《水浒》评论指出:他们那些人(指"四人帮")有些事做得太过分了!最近评《水浒》,批投降派,矛头所指,是很清楚的。

1975年9月15日,全国农业学大寨会议在山西省昔阳县召开,邓小平代表中共中央在开幕式上讲话,指出不仅军队要整顿,地方也要整顿,包括工业、农业、商业、文化教育、科学技术、文艺政策等。江青却在会议期间大讲评论《水浒》的所谓"现实意义",提出评《水浒》是有所指的,要联系实际,"《水浒》里的宋江架空晁盖,现在有没有人架空主席呀?我看是有的。"事后,毛主席严厉斥责江青的讲话是"文不对题",指示"稿子不要发,录音不要放,讲话不要印。"

"四人帮"借评《水浒》污蔑攻击周总理的阴谋又失败了,只好草草收场。

举荐邓小平

1975年8月27日，周总理感到自己想要康复怕是很困难了。国内、国际、党内、党外有那么多事需要去做。小平同志虽已掌管着日常工作，可他仍为副总理，党内排名在王洪文之后。周总理从国家、党的最高利益出发，毅然举荐邓小平。

总理叫我拿来纸和笔，半靠在病床头，请医生和护士们退到病房外，室内只剩下邓大姐和我。我帮总理坐稳后，知道他要写东西。一般情况下，他不会叫医务人员退出的，所以我也想转身退出。总理叫住我，说不用出去。周总理一手托着放好纸的木板，便开始写了。邓大姐见总理托着板，写字很费劲，便说："你口述，我代你写吧。"总理说："不用了，还是我亲自写。"我站在总理的右侧，看着他给毛主席写信，向毛主席提议，由邓小平代替他现任的国家和党内的职务。虽然没明确地写上"总理""第一副主席"，但职务位置已明确由小平同志顶替。他写完交给了邓大姐。邓大姐向小平同志通报了这封信的内容。据说此信已上报，始终杳无音讯。

后期，周总理的病情加重。邓小平、张春桥、王洪文、叶剑英、李先念等一同来到病榻前，看望他。周总理对张春桥、王洪文说："你们要帮助小平工作。"小平同志因耳聋，可能没听清楚，

1975年9月，周恩来会见罗马尼亚党政代表团团长伊利耶·维尔德茨。

退至病房门口，问张春桥："总理说的什么？"张春桥说："总理叫咱们好好工作。"他没把总理的原话告诉小平同志。我听后很惊奇：他怎么没出门，就变了。当然，张春桥是"四人帮"的"智多星"，他为什么这样讲的目的就不言而喻了。

由此可以看出邓小平同志当时主持中央日常工作的难度，周总理明察了这一点，所以致信毛主席，让小平同志以第一副主席和国务院总理的职务主持工作，这样能顺理成章地排除工作中遇到的困难，足以看出周总理对党的事业费尽心血。

此信是否到了毛主席手里，我们不知道，只是听一位大夫私下对我们说：一位当时能接近主席的中央领导人放言："有毛主席健在，他就在医院好好养病吧！"一直到周总理去世，邓小平同志的职务并无变化，足以说明总理的建议未被采纳。

1975年9月7日，周总理最后一次会见外宾——伊利耶·维尔德茨团长率领的罗马尼亚党政代表团。交谈中，客人问起周总理病情时，周总理坦然地说，马克思的"请帖"我已收到，这没什么，这是不以人的意志为转移的自然规律。我在病中，国务院的工作都由邓小平同志主持，邓小平同志很有才能，他会按照我们党的内外方针去工作。

周总理力挺邓小平，说明他十分担忧小平同志的政治处境。

周总理去世后的"四五"运动，邓小平同志再一次被打倒，更加说明局势的复杂，总理的担心，不是没有根据的。这是后话。

关心西藏的发展

新中国成立后，周总理像关心全国各族人民一样关心着西藏人民的生产和生活。总理在病重的时候，依然惦念着西藏的建设、发展。

1975年是西藏自治区成立10周年。8月29日，周总理同准备参加西藏自治区成立10周年庆祝活动的中央代表团团长华国锋谈话，请华国锋转达他对西藏人民的问候，并说：你们到了西藏，要多鼓励在藏工作的各族干部、解放军指战员，他们在那里很辛苦，这些年工作是有成绩的。又嘱咐华国锋：告诉在那里工作的同志们，要特别注意执行党的民族宗教政策，注意培养民族干部，使大批民族干部尽快成长起来。要搞统一，搞民族大团结，军政、军民和各民族之间，要互相支持、互相学习、互相尊重。只有增强各方面的团结，才能有一个安定的政治局面，才能发展经济，改善和提高广大人民物质文化生活条件。在发展经济的同时，还要注意保护好森林和各种自然资源，要造福于我们的子孙后代。

华国锋离开医院回家后，总理又打电话给他，说：我看了一部电影科教片《养蜂促农》，你把它带到西藏去，给那里的同志们看看。不要说是我周恩来送的，就说是国务院送的。《养蜂促农》这一纪录片主要介绍如何用蜜蜂传播花粉的方法使农业增产。总理让华国锋把这个片子带到西藏去，目的是让西藏人民通过看这个片子增长知识，提高农业产量。

自1949年周恩来担任中华人民共和国总理后，他的足迹遍及祖国的江河大地，只有西藏等少有的几个地方他没有去过。他是多么想去看看西藏发生的巨大变化啊！可如今他的身体状况一步步恶化，去西藏的愿望已成泡影。

其实早在10年前，总理有一次去西藏的机会。但由于种种原因，未能成行，成为总理的一大遗憾。

那是1965年9月9日，西藏自治区成立的日子。周总理准备率中央代表团出席这个具有历史意义的庆典，我们工作人员得知这一消息，十分兴奋，因为西藏对我们来说是既神秘又向往的地方。那时我很年轻，身体又很好，能到西藏去，是多么令人高兴的一件事啊！西藏人民也都盼望着总理去。

但去西藏不是一个简单的举动，拉萨海拔3600多米，要到那里首先必须具备良好的身体条件，可以说这是决定性的前提，身体不好是去不成的。

赴西藏之前，所有人都一一进行了体检：准备跟随周总理去西藏的我们几个人全部合格，没有人因身体不合格而被刷下来；周总理当年的身体条件也没什么大的问题，没有心脏病，血压也正常。不过，作为一国总理，又是67岁高龄的老人，不能不特别注意。

为了慎重起见，在周总理进藏之前，国务院组成了一个由公安部、中央警卫局、民政部等单位参加的先遣小组，中央警卫局特意选派了原任周总理卫士长的成元功和警卫局的孙勇、刘岚荪等参加先遣组。先行的目的是全面了解一下西藏的各项准备工作，特别是在高原气候条件下内地人的反应，这些同志赴藏前都检查了身体。

先遣组到拉萨后，把他们身体反应的情况不断汇报给北京。客观地讲，有几个人比较适应，有几个人稍有高原反应，也有人住进了医院，其中一个人到西藏的当天晚上就喘不过气来，一直住院到先遣队回来，他才跟回来。

对周总理能否去西藏，先遣组暂时拿不出具体意见，电报只是汇报情况，不敢讲去还是不去：总理要是去，身体不适怎么办？不让总理去，谁也不敢说。因为他们没有具体意见，中央很难下决心。于是中央复电先遣组，就周总理到底能不能去西藏这一问题，请他们提出具体意见。先遣组经认真研究提出两种意见：一是可以去，成元功是持这种意见的人。他身体好，到了西藏他还跑步；第二种意见是不能去，持这种意见的人较多，所以在电报中把不适应的例子讲得多一些，这就带有倾向性，成为不明确表态的表态。

恰恰在这个时候，民航一架飞机在西藏的当雄机场降落时冲出跑道，机翼一侧栽入泥土里。所幸的是，飞机没有起火，没有发生爆炸，也没有造成人员重大伤亡，只是三十多位乘客中有几人受轻伤。

事故发生后，中央决定由谢富治担任代表团团长赴西藏参加自治区成立大会。周总理没有实现去西藏的愿望。我们这些工作人员也很遗憾，错过了这一良机。周总理虽然没能出席西藏自治区成立大会，但是他亲自过问大会的日程细节，亲笔修改代表团团长在大会上的讲话稿。

1966年"文化大革命"开始后，周总理由于操劳过度，心脏供血严重不足，1967年便被查出患有心脏病，去西藏的可能性再没有了。

认真处理"伍豪"事件

1975年9月20日下午,总理施行大手术治疗。邓小平、张春桥、李先念、汪东兴和邓颖超等在医院守候。

进入手术室前,总理要工作人员找来自己于1972年6月23日在中央批林整风汇报会上所作《关于国民党造谣污蔑地登载所谓"伍豪启事"问题的报告》录音记录稿。

此时的总理已服下了镇静药。医生、护士和我们这些工作人员都不知怎么回事。邓大姐也不解其意,便说存在保险柜里,要看,手术后再看吧。总理坚持说在病房等着,一定要派人去取。

究竟是什么让总理这么放心不下?事情还得从头说起。

1967年"文化大革命"进入第二个年头时,幕后指挥者又推出新的"革命"内容,在全国掀起抓叛徒风潮。主要目标当然还是老干部,重点又是那些原在国民党统治区出生入死从事党的地下工作的同志。国家主席刘少奇已被扣上"党内最大的叛徒"的帽子;薄一波等61名被从国民党监狱中营救出来的同志,统统被扣上"叛徒"的帽子;当年打入敌人内部搞地下工作并作出卓越贡献的同志都被打成"叛徒""特务"。

周恩来因长期在国统区工作,也未能幸免于难,被暗箭射中。有个红卫兵组织在原国民党统治时期的上海报纸上,找到"伍豪等脱离共产党启事"这一消息，如获至宝，马上呈报"中央文革"。江青如果去问一下毛主席，就会清楚了。因为国民党造谣诬蔑周恩来的这件事早在1942年延安整风时就已搞清楚。她没这样做，却直接来找周恩来。周总理看出了江青的险恶用心，他必须认真对待这件事。

"伍豪"是周总理的曾用名。五四运动时期，周恩来等20人在天津创办"觉悟社"时，以阿拉伯数字作为自己的代号，采用抽签的方法，确定谁是几号。周恩来抽到的是五号，五号的谐音即"伍豪"。当年周恩来曾用"伍豪"署名，起草过文件，发表过文章，为机要通讯编制的密码，就被称为"豪密"。

30年代初国民党用卑劣手段制造"伍豪等脱离共产党启事"，妄图通过这则"启事"，达到诬蔑周恩来，以瓦解共产党在白区的革命力量的目的。当时，国民党反动派对革命根据地发动的三次"围剿"，都在红军的反"围剿"中遭到惨败。1931年"九一八"事变，国家民族处于危难之际，国民党不仅不全力抗日，反而集中力量企图消灭共产党和红军，积极准备向红军根据地发动第四次"围剿"。同时，阴谋破坏设在上海的共产党中央机关。此时的周恩来是共产党的中央政治局常委、中央军委书记、中央组织部部长兼管中央情报工作。他的工作和他本人对国民党的威胁很大。敌人抓不到周恩来，就采用造谣的方式，由国民党中央党部调查科情报股总干事张冲和国民党中统特务黄凯合谋，伪造了"伍豪等脱离共产党启事"，送上海各大报纸登载，企图打击和搞乱共产党的力量。

1932年2月15日，由黄凯派人将这一伪造的"启事"送上海申报馆广告门市部。广告处律师看后认为，这一"启事"称伍豪等人脱离共产党，而通篇文内只具名伍豪一人，有明显漏洞，暂没登出。但16日、17日、18日，在《时报》《新闻报》先后登出这篇"启事"。《申报》在国民党上海新闻检查处的压力下，于2月20日也登出这一启事。

其实在国民党登出这一则消息时，周恩来早于1931年12月上旬离开上海，12月下旬已在中央苏区的瑞金参与组织指挥作战。谣言不攻自破。虽是这样，上海的地下党和苏区的毛泽东都给国民党以有力驳斥。陈云同志亲自主持在上海的我党中央采取果断措施揭穿国民党的阴谋。毛泽东就此发出布告说，"伍豪脱离共产党"一事显然是屠杀工农兵士而出卖中国于帝国主义的国民党党徒的造谣诬蔑。

今天，江青又把这已有历史定论的事提到周恩来面前。周恩来没有简单地处理这件事。他把这事告诉邓大姐，他们看出，30年代国民党的阴谋没有得逞，而今天，60年代的江青想利用国民党的这个办法来达到他们加害的阴谋。周总理、邓大姐认为有必要借这个机会把这件事再次搞清楚，给历史留下真实结论。

这件事在1942年延安整风时虽已搞清，作过结论，但没有文件材料。周总理委托邓大姐把办公室的秘书和卫士组的同志约到一起，具体交代了做法：由赵茂峰去北京图书馆借来1931年和1932年在上海出版的《申报》《新闻报》《时报》等报纸，由卫士组的警卫、司机、厨师、服务员等查找。后来，医生、护士也参加进来。因报纸种类较多，我们这些人对当时的事情又不清楚，查找起来得花一定时间。我们查遍1931年的各报，没有查到，再查1932年的。

经过几天的查找，司机杨金明找到了，是2月20日在《申报》登出的。张树迎先拿给邓大姐看，邓大姐叫马上送总理。周总理仔细

1972年6月23日，周恩来《关于国民党造谣污蔑地登载所谓"伍豪启事"问题的报告》录音记录稿第1页。

地看了这条"伍豪等脱离共产党启事"的消息。

看完这条消息，总理当即说："还有一条消息是当时在上海的党中央反驳国民党的。"叫我们再查。我们主观地认为不会登在《申报》上。于是又把其他报纸翻遍了，也没找到。我们还奇怪，怎么没有呢？周总理肯定地说："会有的，陈云同志在延安的时候说过，是登了报的。"我们又开始查找，细心的乔金旺查到了。就在2月22日《申报》的广告栏内登出：

伍豪先生鉴：承于本月十八日送来广告启事一则，因福昌床公司否认担保，手续不合，致未刊出。申报馆广告处启。

同是一个《申报》两天之内登出不同的两则消息，明眼人不难看出这第二条消息是否定第一条的。周总理看到第二条消息时说："这就清楚了。"他让我们请新华社的摄影师钱嗣杰，把这两则消息翻拍下来。后来的事，周总理就不叫我们管了，只是嘱咐把图书馆的报纸保存好，暂不退回。我们把借来的报纸摞在一起，足有一米多高。

1967年5月19日，周总理就"伍豪启事"专门给毛主席写报告。

1972年6月13日，陈云在批林整风汇报会小组会上就所谓"伍豪启事"问题发言："我当时在上海临时中央。知道这件事的是康生同志和我。对这样历史上的重要问题，共产党员要负责任，需要向全党、全世界共产主义运动采取负责的态度，讲清楚。这件事完全是国民党的阴谋。"同日，他又写了书面发言。指出："我现再书面说明，这件事我完全记得，这是国民党的阴谋。"

6月23日，周总理在中央批林整风汇报会最后一次全体会议上，作《关于国民党造谣诬蔑地登载所谓"伍豪启事"问题的报告》，对1932年国民党特务伪造"伍豪启事"的情况作了详细说明。同时，在会上，还公布了毛主席1968年1月16日在北京大学一位学生反映1932年2月上海各大报纸登载《伍豪等脱离共产党启事》的来信上批示："此事早已弄清，是国民党造谣污蔑。"同时宣布毛主席的意见和政治局的决定：会后将把报告录音、录音记录稿以及其他有关文献资料存入中央档案，并发给各省、市、自治区存档。周总理写好的这份报告，因工作原因，一直没有下发，被总理存放在了办公室的保险柜里。

这次周总理在进入手术室前，又想起了这件事，要把这份尘封已久的文件，拿出来看看。邓大姐就叫她的秘书赵炜去取。医院与中南海只一路之隔，十几分钟后赵炜便取了回来，交到总理手里。

报告共二十多页。周总理躺在进手术室的平车上，戴上老花镜，翻看了几页，就在首页的标题下侧，郑重地签上"周恩来"三个字，又写了1975年9月20日，并注明是在入手术室前。签完后，亲自交给邓大姐。接着，在通往手术室的走廊里，总理躺在平车上大声询问：小平同志来了没有？邓小平即上前俯身问候。他握住邓小平的手，用力说道："你这一年干得很好，比我强得多的多！"总理的这句话是对邓小平说的，也是说给在场的所有人听的，特别是"四人帮"成员张春桥。之后，总理闭上双眼，很平静地被推进手术室。

这是总理最后一次大手术。总理就这次手术作两手准备，他怕自己挺不过来，将该说的话说了，该做的事情提前作了交代。

周总理与新疆

1975年9月28日，周总理在病床上接见前往参加新疆维吾尔自治区成立20周年庆祝活动的中央代表团成员，请他们转达对新疆各族人民的祝贺。总理说：我很想念新疆人民，可是已经不能再去新疆亲眼看看了；请你们多带回些照片，以便能看到今日的新疆和新疆各族人民。

周总理曾多次去过新疆。

1965年7月5日，周恩来总理和陈毅副总理率团出国访问回国至乌鲁木齐时，他不顾长途旅行的疲惫，风尘仆仆地乘车来到新疆生产建设兵团石河子垦区视察。当得知敬爱的周总理要来石河子的消息时，这个小城沸腾了。全城男女老幼大约10万人夹道欢迎周总理的到来。中午时分，直至总理住进了第一招待所，欢迎的人群才慢慢散去。

下午，总理首先视察了葡萄园，看到葡萄长势喜人，他十分欣慰。在葡萄园参观了大约一个钟头，总理又来到青年林，特意接见12名上海支边知识青年。

20世纪60年代，成千上万的城市青年放弃优越条件，响应毛主席发出的"农村是一个广阔的天地，到那里是可以大有作为的"、"知识青年到农村去，接受贫下中农的再教育，很有必要"的号

1965年7月，周恩来和陈毅在赛福鼎·艾则孜（左二）等陪同下视察石河子农垦区。

召，掀起到农村和边疆垦荒的热潮。

总理十分惦记知青的工作和生活。到石河子视察时，他特意看望这些上海知青。知青们围在总理跟前，总理像拉家常似的与她们聊天，嘘寒问暖。总理特别想了解知青们的家庭出身和文化程度，他首先问知青杨永青："你家里是做什么的？"杨永青有些不好意思地说："我父母在香港，父亲在一家轮船公司当职员。"总理马上说："噢，你来得不容易呀，他们在香港，你在这里照样可以独立生活。"杨永青没想到，她的家庭出身有些复杂，总理却这样鼓励她。总理又问杨永青文化程度，她回答道："高中毕业，因身体不好，没有考大学。"陈毅副总理爽朗地说："这里就是大学嘛，

1965年，周恩来视察新疆石河子垦区时与上海知青交谈。

是劳动大学。"

周总理又问知青卓爱玲的出身是什么情况。卓爱玲说："我家是资本家。"说完后还很不好意思。当时有不少青年的家庭都是这样的情况。针对出身不好的青年普遍存在的压抑感，周总理深有感触地说："我的出身和历史比你们都复杂。出身于剥削阶级家庭和有复杂社会关系的人，都要看他们现在的表现和立场。一个人的出身不能选择，但前途是可以自己选择的嘛！"总理的这番讲话后来被概括为"出身不由己，道路可选择"。

总理现身说法，敢于把自己的出身问题向知青们"晒"一下，给予了知青们莫大的鼓舞和支持。周总理自己就是一个"出身不由己，道路可选择"的生动例子。周恩来1898年生于江苏淮安，祖籍浙江绍兴。到了祖代,他的祖父、外祖父搬到江苏淮阴、淮安当县官。但到了父辈,周家家道中落。周恩来曾说:"我的家庭是一个破产的封建家庭。"后来,周恩来"背叛"了自己的家庭,走上了革命道路。

当时全国正在搞"四清"运动,"老子革命儿好汉,老子反动儿混蛋"等出身论、血统论甚嚣尘上,周总理关于"出身不由己、道路可选择"的重要讲话,道出了全国无数家庭出身不好的子女的心声,使他们甩掉了沉重的心理包袱,轻松上阵,满腔热情地为祖国建设奉献了自己的青春和热血!

周总理与大寨

1975年12月19日，时任中央政治局委员、国务院副总理的陈永贵同志，来医院看望周总理。此次，他是以山西省昔阳县大寨村村支书的身份，代表大寨人来看望总理。

大寨是20世纪六七十年代全国农业战线的新星，不仅是中国人心目中的农村发展典型，而且也为许多外国领导人和国际友人所瞩目。周总理曾三次陪同外宾到大寨，大寨人对周总理有着非同寻常的感情。

1965年5月21日，周总理和李先念、罗瑞卿陪同以阿尔巴尼亚劳动党中央政治局委员、部长会议第一副主席斯皮罗·科列加率领的阿尔巴尼亚经济代表团访问大寨。

20世纪60年代，中苏关系恶化，社会主义阵营分裂，东欧的几个社会主义国家都倒向苏联一边，只有阿尔巴尼亚与苏联的政治观点不一致，因而遭到苏联的制裁。苏联停止了对阿的援助，使阿的经济发展困难重重，阿尔巴尼亚把目光转向中国。中国的困难不比阿方少，但中国还是勒紧裤腰带，对阿给予有力的支持，使我国在经济上负担很重。我记得1963年12月31日至1964年1月9日，随周总理访问阿尔巴尼亚期间，我们几个随访工作人员，去了阿首都地拉那的一家商店，我们惊奇地发现，商店的货架上几乎都是中国货，

1965年，周恩来、李先念、罗瑞卿视察大寨时，在郭凤莲家做客。

可见我国援阿的物品之多，援助项目之广。听我国远洋货轮的同志向总理介绍说，他们这艘万吨级的货轮，每年要向阿方运送三次，主要任务是向阿运送我国的援助物资。这次周总理特意请阿尔巴尼亚政府代表团访问大寨是有目的的，就是让他们看看我们中国人是怎样生活的，是怎样在苏联撤走专家、中断对我国技术援助的情况下，依靠自力更生，动员全国人民战胜困难而没垮下来。

这是周总理第一次去大寨。他陪同客人走在崎岖不平的土路上，由大寨党支部书记陈永贵介绍大寨的发展过程，着重向客人讲述大寨人自力更生、战胜困难的过程，让阿尔巴尼亚的客人亲眼看看大寨的"七沟八梁一面坡"。

总理和外宾兴高采烈地登上虎头山，总理指着对面山头上的一片树林，问陈永贵那是什么地方？靠近总理身旁的大寨党支部成员贾承让说是武家坪大队的。总理说，那个山头可以种树，为什么大寨的山上没有种树呢？你们介绍了先进的一面，也要向客人介绍不足的地方，说明你们还有发展的空间，继续努力！总理对陪同参观的干部们说，你们也要多种树，水果树、干果树、木材树都要种。你们要想尽一切办法，动员广大社员防止水土流失，自己动手修水渠、修水库，这样就会把仅有的雨水留住，确保旱涝保收。

周总理和李先念、罗瑞卿副总理陪同外宾先后参观了大寨的展览馆、虎头山、狼窝掌、麻黄沟和"教育沟"。这一圈下来，足足步行了4公里，它不是平平坦坦的4公里，而是坑坑洼洼的4公里。已是67岁的周总理在参观的过程中谈笑风生、精神抖擞。大寨人高兴地相互称赞说：看，咱们的总理身体多好呀！一点没有累的样子。

山西省接待部门对周总理陪同外宾视察大寨非常重视，专门从省里调来了厨师、服务员。总理得知后，交代陈永贵，这次招待就按照大寨人待客的习惯，体现我们艰苦创业的精神，让客人吃到"大寨饭"。所以，在参观后的午饭上，客人们吃的是家常便饭：玉米面窝窝头、小米稀饭、四菜一汤，喝的是大寨高粱白酒。

饭后，总理没有休息，陪客人参观大寨的新石窑。去了几户人家，当参观到"铁姑娘"郭凤莲家时，郭凤莲的姥姥拿出了刚出锅的玉米面窝窝头给总理，总理接过来分一半给科利加，科利加又分给了其他客人，大家一边吃一边交谈。总理连声说，很香！很香！比在北京吃的味道好。客人们也点头称赞。

周总理这次陪同一位副总理级别的外宾访问大寨是破规格的，本来由李先念副总理陪同就可以了，又增加了罗瑞卿副总理兼总参谋长，这体现了中国对友好国家的重视。更重要的是让他们看看我们是靠什么发展的，我们的援助是真诚的，让阿方接受实际教育。在整个参观的过程中，周总理抓住每个环节，用事实向客人介绍中国人民艰苦奋斗的精神，使他们知道我国的对外援助是勒紧了腰带才可以做到的，使他们懂得国家的建设要以自力更生为主、接受外援为辅的道理。阿方贵宾也表示，阿尔巴尼亚劳动党一定要学习中国共产党领导中国人民艰苦奋斗、自力更生的精神和宝贵的经验。

虽然阿尔巴尼亚依赖外援的心理短时间内难以去除，我想，阿尔巴尼亚客人看了大寨后，会有所思考的，会起到一定作用的。1966年5月3日，周总理陪同阿尔巴尼亚部长会议主席谢胡访问人庆时，谢胡就直言，你们中国人每人节俭一斤粮食，就够阿尔巴尼亚人吃一年的了。你们的经济计划不只是八亿人，而应该计划成八亿一百万。虽然我们当时认为这是句表达友好关系的玩笑话，但可以看出当时阿方真实的依赖思想。

1967年4月9日，周总理和陈毅副总理陪同越南总理范文同访问大寨。当时"文化大革命"已到了如火如荼的地步，总理虽然整日忙于接见红卫兵，与红卫兵谈话，搞得他疲惫不堪，但他到了大寨还是显得精神抖擞。看到大寨的山坡长出的树木，梯田修整得更加平整，还修了蓄水池，总理兴奋地对陈永贵说："同第一次来时大不一样了，你们的变化真大呀！"陈永贵说，您上次走了以后，我们召开社员大会，把您要我们种树的指示传达给社员，动员大家起来平整土地，种植各种树木，这两年长得不错。我们支部认为还不够，还要继续努力，多种树，苹果树、枣树、核桃树都要种……到时候总理再来看看。

1973年4月，墨西哥总统路易斯·埃切维里亚·阿尔瓦雷斯访

1973年，周恩来、陈永贵与墨西哥总统阿尔瓦雷斯握手。

1973年，周恩来陪同墨西哥总统阿尔瓦雷斯视察大寨。

1973年，邓颖超陪同外宾视察大寨。

华，总理在北京接见了他。应墨方请求，总理于4月22日陪同外宾访问大寨。这是在周总理3月10日施行膀胱手术后四十多天，也是4月2日进行药物化疗后二十天的情况下进行的，他的体质比较虚弱。

因总统夫人随访，特请邓颖超同志陪同访问。在一般情况下，邓大姐是不参加这种访问的。这次邓大姐同意随同访问，我想有两个原因：第一是周总理患病在治疗恢复期，她有点不放心；第二是邓大姐没去过大寨，她借机可以具体地了解大寨的情况。应该说第一条原因是主要的。周总理考虑到邓大姐的身体，担心她陪同总统夫人走在大寨的山路上身体吃不消，特提议请李先念副总理的夫人林佳楣一同前往陪总统夫人参观，这样邓大姐可以减轻点负担。

周总理患病，只有邓大姐和我们这些身边工作人员知道，大寨人和外宾是不知道内情的。得知总理要陪同外宾来访的消息后，整

1973年，邓颖超在大寨。

个大寨洋溢着节日的气氛。因访问当天就要离开，所以活动日程较紧凑。抵达后，总理稍事休息，就陪客人参观。走在这"七沟八梁一面坡"的山路上，看得出总理不像前两次来时那样步履矫健。张树迎和我虽在他左右相随，只是在跨沟、上坡时扶一下。总理对陈永贵说："我不是几年前的体质了。过去走在这样的路上是不用扶的，今天就需要他们帮一下了。"说话间，走到了小石坡，陈永贵转过身来，拉着总理的手登上小石坡。总理叫陈永贵走慢点，在较平坦的地方停一下，让外宾看看全貌，总理也借机休息一下。总理不停地向埃切维里亚介绍大寨的变化、大寨的发展、大寨人的艰苦创业过程和大寨人自力更生的精神。外宾也赞扬大寨的老百姓了不起。邓大姐走上来了，她说，我边走边听着恩来向客人介绍大寨，你都成了解说员了。总理说，我这是第三次来大寨，他们的变化太

1973年4月,周恩来第三次视察大寨时在虎头山。

1973年，周恩来在大寨。右三为陈永贵，左四为高振普。

大了，我都为他们的发展而感动。陈永贵同志说："是总理关心我们、支持我们大寨，我们才有今天……"

　　登上虎头山顶，看到了蓄水池，总理夸奖修得好，不至于水土流失，天旱时可以用上。总理沿着排水沟向下走，边走边向陈永贵等了解每年的雨水情况对农作物的影响，表扬他们这些年的植树，使整个大寨绿树成荫。总理同时语重心长地对陈永贵说，应继续努力，加大进取的尺度，要大寨再上一个台阶，社员的生活再好一些。不仅大寨富裕，还要带动周围各村的农民都过上好日子。陈永贵告诉总理，武家坪现在发展很快，很多指标都与大寨差不多，有的已超过大寨。总理说，超过了你们，我也高兴，说明大寨的经验已发挥作用。你们大寨要努力呀！不然就会落到后面了。

参观结束后，总理送走客人，转向前来送行的大寨村领导成员和广大社员，与他们握手告别。陈永贵代表广大村民请总理五年后再来看看大寨，看看昔阳的变化。村民们则高声呼喊着"总理，再来！总理，再来！"

总理返回北京后，于4月29日又做膀胱灌药治疗（化疗）。

1975年1月，周总理在四届全国人大的《政府工作报告》中还提到深入开展工业学大庆、农业学大寨的群众运动。

这次陈永贵看望病重的总理时，带来了大寨的大枣、核桃和新培育出来的苹果，带来了大寨人对总理的爱戴。周总理看到陈永贵，很高兴地拉着他的手说起曾三次去大寨，最后说："我曾经对大寨人说过，几年后，你们变化了，我再第四次来大寨。现在看来已很难实现了。"总理请陈永贵代表他问候大寨的乡亲们。想到总理以前视察大寨时健步如飞，再看看现在总理卧病在床、瘦弱不堪，陈永贵这个能叫虎头山低头的硬汉子，禁不住潸然泪下，依依不舍地离开了病房。

最后的惦念——台湾

新中国成立后，毛主席、周总理等党和国家领导人，为解决台湾问题，实现祖国统一作了不懈努力。周总理说："我们这一代只要播好种，把路开对就行了。"

周总理对台湾问题倾注了大量心血。

1956年1月30日，周总理代表中共中央在政协二届二次会议上正式宣布我党争取和平解放台湾的主张。

从1959年起，大陆开始特赦在押的国民党战犯。1960年10月，周总理、邓大姐在张治中、邵力子、陈赓等陪同下，在颐和园宴请被特赦释放的原黄埔军校学生、国民党的高级将领。此后，周总理对他们的生活还给予了极大关心。这些对台湾当局触动很大。

为把中共的诚意传递到台湾，周总理还委托张治中、傅作义多次致信蒋家父子和陈诚，转达对台方针政策。对于每一封信，周总理都认真阅读。1963年，周总理请张治中和傅作义再次致信蒋介石、陈诚，信中阐明了由毛主席率先提出、周总理归纳总结的对台政策——"一纲四目"方针：

一纲："只要台湾归还祖国，其他一切问题悉尊重总裁（指蒋介石）与兄（指陈诚）意见妥善处理。"

四目：一、台湾归回祖国后，除外交必须统一于中央外，所有

1960年10月,周恩来夫妇和邵力子、张治中、陈赓在颐和园宴请被特赦的原黄埔军校学生、国民党高级将领。这是宴后合影。

军政大权,人事安排等悉由总裁与兄全权处理;

二、所有军政及建设费用不足之数,悉由中央拨付;

三、台湾之社会改革可以从缓,必俟条件成熟并尊重总裁与兄意见协商决定然后进行;

四、双方互约不派人进行破坏对方团结之事。

同时,周总理还在信的背面写下了这四句话:

"局促东隅,三位一体,寥廓海天,不归何待。"

他期盼祖国统一的热切心情跃然纸上。

在周总理的精心安排下,1965年7月20日,原国民党政府代总统李宗仁和夫人郭德洁叶落归根,终于回到祖国。周总理亲赴首都机

1965年7月,周恩来赴机场迎接从美国回到祖国的原国民党政府代总统李宗仁和夫人郭德洁。

场欢迎李宗仁夫妇从海外归来。

1974年9月4日,周总理就3日《参考消息》转载香港《七十年代》编辑部专稿《访蒋经国旧部蔡省三》一文,在病榻上作出批示,请罗青长、钱嘉东将情况调查清楚。最后总理用颤抖的手写下四个"托"字,把祖国统一的大任托付给后来人。

进入1975年12月,总理病情加重,时而清醒,时而糊涂,有时进入昏睡状态。

12月20日晨5时,总理让我请罗青长来医院。罗青长时任中央调查部部长,他一直兼任周总理办公室副主任。1965年,周总理办公室撤销,改为总理值班室,罗青长虽不再是副主任,但因工作关系,与总理还是有联系。1974年6月总理住院后,一直没有见到罗青长。

总理的声音微弱，嘴里念叨着罗青长的名字。核准后，我要通了罗青长的专线电话，罗青长听我说是周总理请他来，感到非常突然。自从总理住院后，他很想来看望，但一直没有机会。因为仅仅为探视，是不会被批准的。当他听我说，让他马上来三〇五医院时，他不太相信自己的耳朵，反复问了几次以确认消息是否属实，最后才问我三〇五医院的具体位置，说是马上就来。

我回到病房准备向总理报告已通知到罗青长。但当我靠近病床时，总理已经睡着了，所以只好等他醒来。我站在床边，一直等到他醒来，他睁开眼便问我："通知到罗青长了吗？"这次吐字特别清楚，我听得真真切切。我说已告诉他本人。总理说："他一到就让他马上进来。"

罗青长住在北京的西郊，离三〇五医院较远，7点多钟他才到医院。等罗青长进了病房，总理又睡着了。他只好退出病房，在我们值班室等着。

罗青长向我们询问了总理的病情，他边流泪边说："总理都病成这个样子，怎么不让我们这些人来看看？原在总理身边工作的同志都想来，但又不敢来，也打听不到总理的病情。过去在报纸上还能看到他会见外宾的消息，这几个月连消息都没了，我们更着急了。"

我对罗青长说："你是咱们总理办公室第一个被约见的人。"

总理醒了。此时是8点55分。张树迎说："高（这是他对我习惯的叫法），还是你带罗主任去吧。"

张树迎和我是一人一天的班，今天是张树迎当班。总理病重后，我们几个人都守在医院，很少回自己家，家里有事也只是白天回去看看，晚上都住在医院。

罗青长疾步走近病床，握着总理的手，只叫了一声"总理"，就哽咽了。总理示意他坐在床边的一把椅子上，开始与他谈话。总理说话声音很低，但吐字还清楚。

罗青长看着总理消瘦的面容，难过和激动的感觉一齐涌上心头，同时又有些紧张，他说听不清总理在讲什么。总理声音细若游丝，所以我把耳朵贴近总理嘴边，听清总理的讲话后再说给罗青长，有些事情我懂，有些事我也搞不清楚怎么回事，只是原话照传。我问罗青长："你知道怎么回事吗？"他说："懂，你就照传吧。"我记得总理说了两个方面问题 。在谈到台湾问题时，总理说要做好台湾工作，不要忘记台湾的老朋友；总理还谈到了153简报的事。

谈话进行了近20分钟。

最后，罗青长握着总理的手说："请总理放心，台湾方面的工作会继续做，按照总理的交代多做工作。简报的事会更加细心，不会犯同样的错误。"总理点点头，说："我要休息一会儿了。"罗青长恋恋不舍地走出病房。

罗青长从病房出来后，并没有马上离开医院，他要等着见邓大姐。大姐9点多钟来医院，这是邓大姐每天来医院的时间。罗青长要来医院的事，我们事先已报告了她.所以，邓大姐一到医院就把罗青长约在她的房间，谈话进行了很长时间。

在邓大姐的挽留下，罗青长在医院吃完午饭才离开。

这是罗青长在总理病重住院后首次来医院，也是最后的约见。

总理所谈简报的事，我一直不清楚是怎么回事。直到1996年我有机会随一位领导出国访问，与外交部的一位司长交谈时，才真正

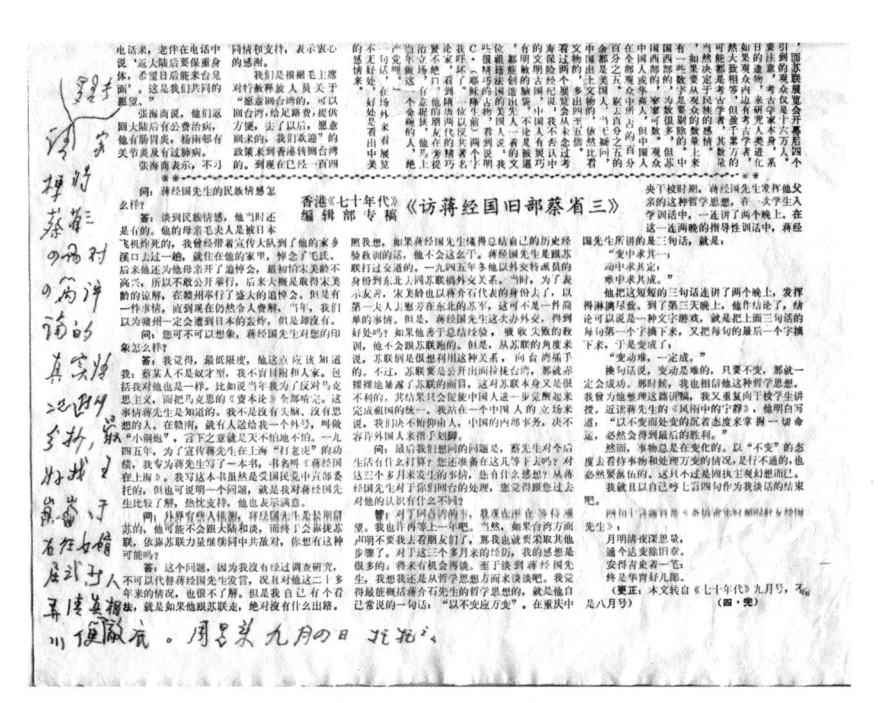

1975年9月4日，周恩来用颤抖的手写下关于台湾问题的批示。

了解了事情的来龙去脉。原来是1973年7月3日，总理得知毛主席对外交部1973年第153期《新情况》刊登的一篇文章，对美、苏关系的认识提出批评意见，便在致外交部的信中承担责任，说："这个错误主要责任在我。"要外交部撤回这期《新情况》。时隔一天，7月5日，总理把外交部致周恩来并报毛主席的检讨一并呈送毛主席，并再次附信承担责任。毛主席阅后批示："此种顽症，各处都有，非个别人所独有，宜研究改正方法。"两年多后的1975年12月20日，病重到时而神智不清的周恩来，仍然想着工作，想着爱护同志，才把罗青长叫来当面嘱托。

总理为了使中央调查部不要再出现类似的错误，在谈台湾问题

1976年1月14日晚,周总理的骨灰在人民大会堂台湾厅停放了一夜,以了周总理盼望祖国统一的心愿。

的同时,提醒罗青长要加倍小心。

此时的周总理,已是病痛到常人难以忍受的程度,但他仍然想着台湾,想着祖国统一。

台湾问题,成了总理最后的惦念与牵挂。

18天后,周总理逝世。

邓大姐最了解周总理,最理解周总理的心。周总理去世后,在举行总理追悼会的前一天晚上,即1月14日晚,邓大姐特意把装有总理骨灰的骨灰盒在人民大会堂台湾厅摆放了一晚。

值得欣慰的是,今天海峡两岸的交流日益增多,让我们两岸的中华儿女齐心协力,早日实现祖国的统一,以告慰周总理的在天之灵。

积极锻炼，与病魔顽强斗争

党的事业的需要，人民事业的需要，使已住进医院的周总理并不能完全放弃工作而专心治病。病魔不停地向他进攻，威胁着他的生命。拼命地抢时间工作是他与病魔斗争的方式，而为了有更多的时间工作，配合医生治疗也是他与病魔抢时间的积极行动。在住院的日子里，总理不停利用时间锻炼身体，提高与疾病斗争的免疫力。

总理也清楚配合治疗能延长生命，多活一天，就能多为党、为人民做一天工作。所以，他总是以科学的态度对待疾病。他尊重医疗组的同志和他们的意见，按照医生们的治疗方案治病、吃药、打针、手术。只要是医疗组决定的，他都能听从治疗，还随时向医生们提供他自身的感觉、变化，包括心理上的反映。在病情变化大、治疗最困难、最紧急的时候，他还叮嘱医生们不要紧张。医生、护士都被周总理的这种态度所感动。

为增强对疾病的抵抗能力，周总理住进医院，只要身体条件允许，他都坚持锻炼，经常做操、散步。能去室外，他决不呆在室内；能多走几步，他决不少走。

1974年8月10日第二次手术后，我们看他体质恢复得不错，为配合治疗和有利于身体的康复，经与医疗组商定，给总理提供一些活

1961年4月,周恩来祝贺第二十六届世乒赛运动员取得好成绩。

动的条件,以调剂生活,也有利于提高自身的免疫力。

我们首选了乒乓球。这项运动是总理多年来喜欢的运动,住院前,在工作之余,总理经常以打乒乓球来调剂生活,作为长时间工作中间休息的举措。1961年4月,第26届世界乒乓球锦标赛在北京举行,中国首次夺得男团、男单、女单三项世界冠军。比赛结束后,总理的外事秘书马列联系到了时任国家体委副主任的荣高棠同志,想找他们要一张比赛换下来的球台。转天荣高棠送来了一张男子单打决赛时使用的球台。周总理无论如何不肯接受这张球台,他认为不能随便拿用体委的财产。后来大家表示:按照惯例,比赛时用过

工作间隙，周总理打乒乓球休息一下。

的球台都会存入仓库或者处理掉；况且这张球台意义重大，希望能给总理留作纪念，算是借给西花厅的同志们使用。他这才同意留下，放在总理办公室隔壁的活动室。从此，周总理更加喜欢打乒乓球了，多年来他都利用办公的空隙打打乒乓球休息一下脑子，活动活动腿脚。西花厅所有工作人员还曾举行乒乓球比赛，总理亲自给冠军颁奖。我至今还保存着一件总理颁发给我的奖品——总理从莫斯科带回来的有克里姆林宫图案的温度计。1964年总理出访非洲，还与加纳总统恩克鲁玛交过手。徐寅生、庄则栋、李富荣、邱钟惠和郑敏之等乒乓名将不止一次陪总理打球。

现在总理住院了，我们在病房外的门厅里摆了一张乒乓球台子，在总理散步时，叫他试着打一打。每天打一两次，每次5分钟到10分钟。由我们和医生、护士陪他打，他已不像过去在西花厅那样又抽又吊地打了，我们给他的都是和平球。

第二项是钓鱼玩具。我们看总理身体恢复得还可以，我和警卫局的同志去中山公园，向公园借来了群众游园时为儿童们设置的钓鱼玩具：一个大水盆，里面放满了水，上面撒放多个彩色的塑料小鱼。我们把大盆摆在医院走廊里，总理看见后，拿上钓鱼竿聚精会神地钓鱼。总理说这个不错，锻炼眼睛，两眼只能看着小鱼头上的小钩子，钓上一条鱼还真的挺费劲。我们站在一旁，看着总理专注的样子，发自内心地高兴。

再就是看电影。"文化大革命"开始以来，总理很少有时间去看电影。有时江青在钓鱼台看电影，也请总理去看，可总理的活动日程安排得满满的，哪有时间去看呢！只是在钓鱼台开会结束后，江青留总理和几位领导人看电影，总理也不得不应酬一下。有一次，我记得是看的美国影片《出水芙蓉》，总理没看完，说有事提前退场了。还有就是江青叫她的秘书来电话，请去看电影，总理多以有事为由而拒绝。现在总理住在医院，确实是有了时间，我们就选他喜欢看的电影，如《女篮5号》《女跳水队员》《红楼梦》等，像儿童片《小叮当》也给他看。后来我们也选了一些国外的影片，如《百万英镑》和卓别林演的喜剧片。有些不熟悉的影片，我们会事先请医疗组的同志们一起看一遍，经过挑选，才建议总理看。武打片等太刺激的影片就被排除在外。一个半小时的影片，总理要分两次或者三次看完，每次也就是看半个小时左右，以达到他休息的目的。

即使总理偶尔看个电影，也会遭到江青的干扰。1975年2月上旬，总理调看故事影片《海霞》，看后给予肯定，并通过邓颖超、耿飚建议文化部在春节期间以该片招待外宾。江青一伙安插在文化部的亲信得知后，一面向北京电影制片厂追问总理办公室调片渠道，一面派人调查总理等调看该片的情况，并写材料报告江青。

看字画也是调剂总理生活的一个不错的办法。张树迎和我回想起1963年周总理赴杭州治病，住在杭州饭店，还驱车去刘庄看陈列的字画。现在，我们也可以借几幅字画来给总理看看。报总理同意后，我们请赵茂峰去办这件事。赵茂峰找到文物局局长王冶秋去故宫博物院借来五六幅字画。我们把字画挂在走廊的墙壁上。总理仔细地欣赏，很有兴致，还向陪在一旁的人夫们解说其意。他交代赵茂峰借的时候先写借条，看完清还，并嘱我们保护好，不要有损伤。我们先后借过三次，每次五六幅，总理看后，如数归还。

医院环境虽好，但终究是医院，时间久了，总理也想出去走一走，换换环境。医疗组看总理身体恢复得不错，也同意换个环境。三〇五医院地处北海公园西侧，北海公园自1972年以整修内部为由一直关闭至今。经我们建议，总理同意去那里散散步。北海公园的管理人员知道总理想来，表示非常欢迎。1975年5月，正是春暖花开的季节，由我们和医生、护士陪同，周总理来到北海公园散步。由于体弱，他只能在走廊内漫步，最后到仿膳休息。在那里，他与公园的领导、职工接触，了解他们的工作、生活情况。当谈到公园为什么不开放时，他们回答是按上级指示。周总理也不去追问什么原因，知道他们也说不清楚。

5月23日下午2时，总理照例去北海公园散步。在仿膳饭庄吃饭，总理吃了传统的肉末烧饼，夸师傅厨艺高超，保持了原有的味道，叮嘱我们买几个烧饼给邓大姐吃。同时要我们多买几个带回去请医生们尝尝，并让他的厨师桂焕云也学着做。

总理吃饭时，问我们为什么不与他一起吃。我们说已是下午两点多了，我们午饭吃过了，又不到吃晚饭时间，带回去再吃吧！总理说刚出炉的味道可是好吃，你们还是先吃一个吧，我们和同去的大夫、护士，每人吃了一个。

我们与总理相处多年，日日夜夜，形影不离。他为党为国家工作，我们为他工作，养成了程序化的工作关系。他养病、散步，我们相随左右；他看报纸，我们低声闲聊。有一天，他见我们聊得挺热闹，要我们与他聊天，这就打乱了以往形成的那种工作程序，聊什么，我们一下选不准内容，倒真难住了我们。总理风趣地说："刚才你们有说有笑，怎么一下子都变哑了？"以后我们商定了一个办法，每天推出一个人事先准备好，讲点故事，当然还要引起总理的兴趣。开始难度较大，因为谁也没给总理讲过故事。后来经过有准备地搜集材料，打开了思路，内容越来越丰富，大部分是收集社会上的笑话。

一次，我大胆地讲了一个坐公共汽车的笑话：有一个人坐公共汽车，因车上人多，他嫌太挤。别人对他说，八亿人看八个样板戏都不怕挤，车上这几个人你就怕挤了？说完以后，引起大家的哄笑。我不知道对总理讲这话是否恰当，总理却一笑了之。

说到样板戏，总理问北海公园的几位同志谁会唱样板戏。他们推荐一位姓马的女同志，20多岁，人称"小马"。小马同志很高兴地唱了当时比较流行的《红灯记》中李铁梅唱的一段。她唱得确实不错，有腔有调。总理边听边有节奏地打着拍子，随声唱着，气氛一下子活跃了许多。

到北海公园散步，改变一下环境，确实有助于总理养病。他先

1959年3月,周恩来审查人民大会堂设计模型。

后到过北海公园21次。

随着天气转热,我们建议总理去人民大会堂。

人民大会堂,是总理非常熟悉的地方,这里留下了他开会、接见外宾的忙碌身影。人民大会堂建于1959年,是为了庆祝建国十周年而建的北京的十大建筑之一。

周总理对包括人民大会堂在内的十大建设倾注了大量心血,从图纸设计到建设过程,他都亲自过问。人民大会堂在短短十个多月的时间里就落成完工,令世人瞩目。通过使用证明,人民大会堂的设计是科学的,其中万人礼堂和可容纳五千人就座的宴会厅,更是使人望而敬之。宴会厅的附属建筑分别为上海厅、北京厅和东、西厨房。在上海厅和北京厅的一旁,各有一个可供几十人同时使用的厕所，这是为在宴会厅搞大型活动提供方便而设计的，它曾发挥了重要作用。有一次召开群英会，八千人在宴会厅同时用餐，即使两个这样大规模的厕所，人们还要排队。可见当时的设计师是费了心思的，不然的话，人们会为上厕所犯难的。

人民大会堂建成后，总理经常在这里会见外宾、召开会议，人民大会堂中以31个省市自治区冠名的厅室总理都到过。他熟悉这里的每一个角落，任何微小的变动都逃不过他的"火眼金睛"。有一次总理到大会堂的上海厅会客。去厕所时发现厕所比原来小了许多，被割去了一大块另作它用。总理问当时大会堂的一位负责人，是谁的主意？了解不了解为什么当时修这样一个大的厕所？你们割去的那一块干什么用了？那位负责人只听不说。总理看他很为难的样子，肯定地说：不是你们决定的，你们也不敢轻易地改建。不过，你们想想看，如果开会或宴会，休息时间只有十几分钟，几千人中有几百人会上厕所，怎么办？当时的设计是有根据的，设计师很有经验。你们做事要讲科学，要有群众观点。最后总理说，已经割开了，花了钱，不要因他一过问，再恢复原样，浪费国家财产。那位负责人说了一声："我们接受教训。"

1975年7月19日，身染沉疴的周总理来到人民大会堂。这一次，他不是像以前来这里会见中外来宾或召开会议，而是在我们的提议下，来人民大会堂看看。总理去了福建厅、东大厅和河北厅，并与大会堂的部分工作人员聊家常，关心他们的生活、工作和成长。"文革"开始后，人民大会堂的工作人员也分成两派，周总理在百忙之中给这两派人员调解矛盾，提出了"保卫毛主席、保卫党中央、保卫人民大会堂"的"三保卫"方针，遏制了人民大会堂内部的混乱状态。这次总理来到大会堂以后，欣慰地对他们说，现在都挺好的了，大家都团结了。总理向大会堂的工作人员提出：将来你们就是大会堂的元老了，对后来的新同志要搞好传帮带，把大会堂的好思想、好作风、好传统教给他们。

20日、22日总理又去了新疆厅、江苏厅和西藏厅。在西藏厅的雪山画前，总理伫足良久，向大会堂的同志说起他1965年准备参加西藏自治区成立活动，后因地势高、缺氧，没同意他去，总理很惋惜地表示以后就很难有机会再去西藏了，并对在座的同志们说，你们年轻可以去，了解一下西藏，看看西藏人民的生活变化，多知道一些其他民族的习惯，对你们的工作也有帮助。大家都说，等总理病好了一定能去，并祝总理早日康复。23日总理去了安徽厅和接待厅。这是他最后一次去人民大会堂。

1975年9月20日，总理接受了第四次膀胱部分切除手术。15个月的时间做四次这样大的手术，特别是结肠癌手术后，要进行放疗和化疗，对身体的损伤就更为严重。总理的体质明显下降，人瘦了很多。这次手术后总理没有再像过去那样下床活动，去户外更不可能了，而只能在床边坐一坐或搀扶着走一走了。

到了总理生命倒计时的最后一个多月，总理瘦成了皮包骨，疼痛使他难以入睡。为了让他睡觉，医生们的办法是用安眠药或者注射杜冷丁。每次只注射半针的量，止痛后，总理可以睡觉。药的作用一过，他马上又疼醒了。杜冷丁这种止痛药也不能过量。总理提出用听音乐的办法分散注意力。这办法我们也想过，看总理病痛的样子，谁也没好意思提。见他提出听音乐，于是我们找出他平时喜欢听的京剧、轻音乐、曲艺、相声等。听音乐效果不错，轻音乐的效果最好；相声他很爱听，但不易入睡，发笑时，伤口会痛。总理叫我们找些昆曲。广播事业局机要处的同志为总理录制了南昆、北

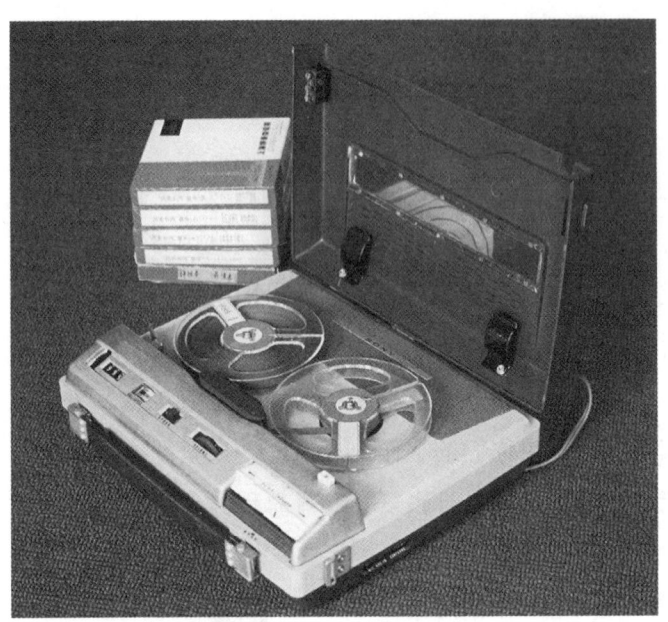

为病中的周恩来播放音乐、戏曲的机器

昆各几盒带子，每盘二三分钟，最长的也就五分钟。总理对曲词都很熟，有时跟着哼几声，都是想睡觉的时候听曲，一边听一边睡。有时他睡得很香，曲子放完了，机器一停，他便醒了。为了让他睡得长一点，我们把几盘带子上的曲子合录在一盘上，不换带，不停机，这样总理能多睡一会儿，效果确实不错。开始我们对总理一次能睡半小时，不因停机吵醒而高兴，继而想再搞长一点，30分钟带子放完，他还在睡。我们又出一招，即一盘正常运转30分钟的带子，采用慢速录制，可连续录制两小时的曲子。在那个时候，如果总理一次能睡两个小时不醒，对我们来说，那真是天大的喜事。带子录成了，总理在听的过程中发现了，说你们的主意挺好，但他不太适应，所以又改回了每三五分钟换一次带子。

我们参与了周总理的护理工作

住院后的医疗护理工作，理应由护士负责，可是周总理的日常生活习惯，还是我们卫士熟悉，所以有些事情由我们卫士去做，这在总理住院的后期显得更加突出。总理得的是膀胱癌，有些下身的治疗是由大夫去做，他不让护士清理他的下身。如手术后的几天，因体虚出汗过多，需要擦洗身体，护士负责擦上身，我们负责擦下身。

1975年9月20日第四次手术后，特别是进入12月，总理生活不能自理，大小便全在床上解决，大小便的清理工作都由我们卫士来做。大夫们一再交代，总理经不起风寒。为使总理不因大小便时受凉，我们就跪在床边，头伸进被窝，借助手电筒的微光，为总理清理大小便。总理真是瘦成皮包骨了，他两条腿上的肉很少，只剩两张皮了。每次清理完毕，我们都用毛巾给总理热敷一下，每次用时5～10分钟。看着总理脸上轻松的表情，表明他已舒服了很多，有时总理对我们点点头，我们才会松一口气。

总理在日常生活中很注重仪表。每天起床后，他在卫生间自己刮脸或者去北京饭店刮脸，这是每天必做的事。有时感冒了，几天不去开会、不去见外宾，他也不会几天不刮胡子。记得1973年底，在政治局会议上被重点批评的时期，虽然心情不好，但他每天去开会，仍然穿戴整洁、仪表端庄。

　　住院的日子里，除了手术后的几天不能下床洗漱外，只要自己能去卫生间，总理都会一项不落地做好清理。卧床后的两个多月，总理已不能下床，只好由护士帮他洗漱。张树迎、乔金旺和我看着总理的胡子慢慢长长了，总理不同意再请北京饭店的朱殿华师傅来刮脸，他不想让朱师傅看到他病成这个样子，怕朱师傅难过。我们也不能任由总理的胡子这样长下去，我们不会刮，我们可以用剪刀剪呀！

　　于是，我们同护士许奉生商量此事。经总理同意后，我们开始给总理剪胡子。张树迎、乔金旺都比我年长10岁，他俩说当助手，我和许奉生负责剪。刚开始剪时，总理还幽默地说，你们别剪破了脸。我剪了两下，觉得总理不太放心，改由护士许奉生剪。她胆大心细，手也轻巧，我只能当助手。剪的虽然没有刮的那么好，看上去还过得去，不会因为胡子而影响吃饭了。同时，也能使总理保持仪表整洁的习惯。就这样，我们剪过两次，始终不让总理的胡子长得过长。最后一个月，总理无法进食，改为鼻饲，没能再为总理剪胡子了。病中周总理的胡子也没长得像在延安时期的"美髯公"那样。所以，总理去世后，我们把他送到北京医院的太平间，请来了朱殿华师傅。朱师傅哭着说，你们两个多月没让我去看总理、没给总理刮脸，他的胡子也不是长得很长。我们说中间给剪过两次。他很细致地为总理最后一次刮净胡须。

周总理病重期间的饮食

周总理住院后的饮食，是由他的厨师桂焕云同志依据总理的饮食习惯列出菜单，再由医生们参照总理身体状况的需要加以调整、共同协商，为总理做出可口的饭菜，以保证总理的营养。这期间，我们也会推荐一些总理可以接受的饭菜。

1975年11月16日下午4时，经我们提议，与大夫们协商并报告邓大姐，为总理在人民大会堂花钱定做一份红烧鱼翅。鱼翅这种高级菜，在总理、大姐的日常生活中，是很少吃的，只有总理在宴请重要外宾时才会吃到。这次给总理吃，是我们为总理补充营养和增加食欲的措施。

由于总理已多日不能下床吃饭，就躺在床上把枕头稍微垫高一点，由护士许奉生喂着吃。第一勺，总理点头表示可以吃，于是许奉生开始一勺饭一勺鱼翅交替地喂。毕竟总理卧床多日，他吞咽很费力，头上冒出了汗珠。总理说："小高喂我吃。"于是我改为把米饭和鱼翅混合在一起，这样吃味道会好一些。总理边吃，边数着数，一共八口饭。

八口饭，对身体健康的人来说，耗时也就一二分钟，但对已步入癌症晚期的周总理来说，却是一项异常艰巨的任务，他竟足足吃了半个小时，是依仗强大的意志力才完成了这项艰巨的任务。在总理看来，为了党和国家的前途命运，他必须活下去，哪怕只延长一天、一个小时、一分、一秒，"四人帮"就不敢明目张胆地兴风作浪，所以再苦再难他也得扛着。最后，总理说不吃了，并说要不是为了治病，真是不想吃这饭。虽是这样，张树迎和我以及大夫们看总理能吃上这些饭还是高兴。

张树迎和我向邓颖超大姐汇报了此事，邓大姐说："你们为恩来的生活、治疗用尽了心思，想一切办法让他多活一些时间。"这是邓大姐对我们这样做法的肯定。

有一天，听医疗组负责肠胃消化方面的专家陈敏章介绍，说北京饭店有一种汤做得很好，营养丰富。我们如获至宝。因为在当时，只要对总理治病有利，我们都会采纳。

我开车到北京饭店去定制这个汤。饭店的领导早已知道总理生病，听说要做个汤，他们发自内心地高兴，因为能为总理的康复尽点力。汤的用料比较多，我只记得有海参丝、鱿鱼条、香菇等，用鸡汤炖。做好后取回来给总理吃，总理觉得不错，喝起来比较容易。总理询问了汤是哪儿做的，并一再叮嘱一定要付钱。我说总理放心吧，我已付了钱。

后来，北京饭店又为总理做了同样的一碗汤，取回来的当天，总理因改用鼻饲，已不能进食，拿回来的汤总理也没喝上。我们取汤时付钱给北京饭店。他们说，总理吃得好，以后还会要，最后一块算吧！我们也觉得这办法可以。因忙于照顾病情逐步加重的总理，我们把汤钱的事给忘了。

周总理去世后，张树迎和我想到了这件事，便打电话找到了北京饭店的齐经理。他哭着说："总理都不在了，你们怎还想着这件事，这钱不能收，不能收。"他连说了几个不能收，悲痛得连话也说不出来了。张树迎对我说，那就算了吧。这碗汤钱就没交成。

钱没交，当时我们是想通了。可今天想来，仍觉得对不起周总理。这是我们的过错，我们的失误。

天天要看报纸

周总理的政治生涯决定了他对国际、国内形势的关心，从报纸上得到的消息，有助于他对形势的分析。邓大姐不止一次地对我们讲过，在"国统区"，即当年国民党统治区，周恩来和她就靠看国民党报纸分析局势的发展。从国民党报上登出的内容，可分析出我军如何生存和发展。邓大姐还对我们讲过这样一段经历：1928年，周恩来和她出席在莫斯科召开的党的第六次代表大会，从上海乘轮船出发，以商人的身份作掩护，买的是头等舱席位。上船前，从上海买了一大堆报纸。这一举动引起了船上的特务怀疑，对他们二人盯梢。所以他们到大连下船时，就被扣留，后经一番周折，才幸免于难。建国后，总理仍然坚持把每天的《人民日报》《解放军报》《北京日报》《光明日报》《参考消息》等翻阅一遍。他起床后的第一件事就是看报纸，大部分是利用起床后在卫生间方便时看。这种多年养成的习惯，直到最后住进医院也没改变。

1975年底，也就是在他1976年1月8日去世前一个月左右的时间，他被病魔缠身，时而清醒，时而昏迷，但只要醒过来，就要报纸看。他当时生命已经垂危，为什么还那样坚持要报纸？我们把这个情况向邓大姐报告，于是大姐约张树迎和我，还有赵炜、张佐良作了分析。大家认为：总理已昏迷了几天，所以没有要报。这几天

周恩来使用过的报刊架

又提出要报，一是说明他较为清醒，二是与"四人帮"的斗争形势较为激烈，总理是出于对小平的担心。再一个原因是巧合，康生已经去世。分析了这些原因，最后还是邓大姐作出决定，为了不增加总理的思想负担，不给他看当时的报纸，而把过期的报纸修改为当天的日期，由邓大姐带到医院给总理看。

我们虽然这样做，但很不忍心。张树迎和我还有乔金旺私下也议论过，在总理身边几十年，没对总理说过假话，在他生命的最后时刻这样做，这不是骗总理吗？心里总也不是滋味，但为不让总理在病中更多担忧，就只能这样办了。这也是善意的作假吧。我们确实一直提心吊胆，一旦总理清醒过来，看出破绽，我们怎么交代？

总理坚持要看报，是什么原因，是不是我们分析的那样？至今我们并没有找出合理的答案，这成了永远的悬念。

弥留之际

进入1975年底，总理经常陷入昏迷状态。

1976年1月5日凌晨2时30分，总理突然休克，医生们在病房内就地进行抢救治疗。

张树迎和我按照预定的方案实施——总理情况危急时，由他电话报告中央办公厅，我负责向邓大姐报告。中央领导王洪文、邓小平、张春桥、李先念、汪东兴先后到了医院。李先念到后就去看了对总理的抢救，其他领导为不干扰抢救都在休息室，已在医院守护多日的邓大姐知道后，到病房观看抢救。凌晨4时总理醒过来后，她到休息室与看望的领导交谈。

1976年1月5日下午，看总理的病情恶化得很快，张树迎、我、乔金旺三人共同商量：人民大会堂的同志早就想来看望总理，我们原来想等总理病好些再请他们来，现在看来，不能再等了，通知他们派代表来吧。于是我们派总理的司机杨金明去人民大会堂把王颖、金耀玲、刘桂兰和崔守才四位同志作为大会堂工作人员的代表接来。在进入病房前，向他们交代："你们看总理时，站在床头屏风的一侧，只可以你们看到总理，千万不要让总理看到你们。"他们理解是什么意思，四个人站在病床一侧看着总理，忍不住内心的痛苦，几乎哭出声来，我们赶紧把他们请出去。走出病房，他们号啕大哭，诉说我们为什么不早点叫他们来，连声哭喊着总理，离开了医院。

今天，他们回忆起当年看见总理的难过心情，也感谢我们给他们见总理最后一面的机会。

1月7日，张树迎对我们说，赵炜每天陪邓大姐来医院，多次看到过总理，坚守在西花厅的钱嘉东、纪东和赵茂峰三人已有几个月没来医院了，叫他们也来看看总理吧，怕是以后的机会不多了。我电话通知了他们三位，他们很快到了医院，我们同样交代只能在屏风一侧看看总理，而不要让总理发现。三人走进病房，此时总理已睡着，三人并排地站在床前，看着总理面容清癯，他们强忍着悲痛，泪流满面，迟迟不愿离去。这是钱嘉东、纪东和赵茂峰三人第一次同来医院看总理，也是最后一次看总理。

我们也通知了在总理住院后一年多来陪伴总理、默默无闻地担负着警卫安全和服务的刘岚荪、康海群、王培成、张宝昌等同志，他们为周总理住院的安全保卫和后勤服务做了大量工作，他们昼夜值班，不辞辛苦。自总理病重不能在走廊散步后，他们就很少有机会看到总理了，他们严守纪律，很少到病房来。今天也想让他们到病房见一见总理。我们也是考虑不要让总理看到来探视他的人，等总理睡着了，再请他们过来。不巧得很，总理从晚上8点后一直没睡，睁着眼睛，看来看去。11点左右，总理声音微弱地对医护人员说："我这里没有什么事了，你们还是去照顾别的生病的同志，那里更需要你们……"这是周总理生前说的最后一句话。

就这样，一直等到深夜12点，总理还是没睡，只好通知这些同志明天再来看总理，没想到第二天总理便去世了。这些同志没能在总理活着的时候再见总理一面，成为终生的遗憾。

周总理逝世

　　1976年1月8日这一天，和往常一样，早晨7时30分，张树迎向我简单地交班后，我让他回去睡觉，他已是整夜没合眼了。这一段时间我们都是深夜两三点钟才休息，靠服用安眠药才能入睡。

　　当我走进病房时，总理转过脸来看看我。我习惯性地对总理点点头。他没有说话。几天来总理都是这样，说话已很困难。我轻轻地抚摸着总理干瘦的左臂。在总理卧床后的日子里，我养成了这样的习惯。今天他的手臂发热，我比较放心。我站在床前，难过地看着总理清瘦的脸庞，思绪万千。

　　约半小时后，乔金旺走进病房，示意我休息一会儿。我会意地离开病房，轻轻往外走，回到值班室。黄宛、方圻、吴蔚然都守在那里。忽然铃声大作，这不是平时的电铃，而是为遇紧急情况专设的电铃。不好！大家快步跑向病房，几乎同时看到监护器上的心跳显示，为七十几次。陈在嘉大夫说，一直是一百多次，忽然掉到七十几次。她急得说不出话来。总理的心跳在继续下跌，六十次、五十次、三十次……

　　中央领导人接到在抢救总理的消息，李先念第一个走进病房，他弯下身子，双手紧握着总理的手，只叫了一声"总理……"便再也说不出话了，泪水一下涌了出来。他悲痛得双手发抖，站都站不稳了。我们赶快把他扶到沙发上。他坐在那里双眼盯着总理，无言地抽泣着。

邓大姐守在病房，看着医生们抢救，她多么希望像前几天那样，总理会醒过来。

医生们按照原定的抢救方案，采用了所有措施，呼唤、人工呼吸……都不起作用。陈在嘉哭了，她在监视器前坚持不住了，方圻大夫替她守着。陶寿淇大夫在按压心脏，荧光屏上时而显示一次心跳，但渐渐地看不到心跳了，只见一条直线。医生们用尽了各种抢救措施，总理，人民的好总理，为人民奋斗了60多个春秋的伟人，带着全国人民的敬仰，离去了。跳动了78年的心脏于1976年1月8日上午9时57分停止了。他去得那么突然，走得太快了，太早了。

全体医务人员、工作人员都站在总理的周围。病房里一片哭喊声。谁也承受不住这如同天崩地裂般的痛苦，忍不住放声大哭，哭声中包含着对总理的爱，对总理的敬，对国家的忧。

邓小平、叶剑英等中央领导同志陆续地都来了。他们都怔怔地站在总理床前，深深地向总理鞠躬。

11时05分，由邓小平带领，叶剑英、李先念、华国锋、陈锡联、纪登奎、吴德、汪东兴、陈永贵、倪志福、吴桂贤、王洪文、张春桥、姚文元等走进总理病房，围在总理遗体前肃立。小平同志说："恩来同志，安息吧！"然后向总理三鞠躬，目视着总理，缓缓地退出了病房。

邓颖超留全体领导到会客室向他们提出周总理生前提出的三个要求：

第一，死后要火化；

第二，不开追悼会，不搞遗体告别；

第三，骨灰撒掉，不保留。

大姐请他们向毛主席报告。大姐讲完，李先念立刻站起来说，要搞改革不能从总理开始，不搞追悼会，我们无法向全国人民交代！

全体医务人员和我们工作人员放声大哭，哭喊着："总理！""总理！"

想到日夜相守的总理离我而去，我承受不住这突如其来的打击，一下子扑跪在总理身旁，手抚摸着总理的额头和头发，哭叫着！此时，我听吴蔚然大声地叫我，快起来！快起来！首长来了！我抬头一看，是江青！她没走近总理，只是喊着要见"小超"，要见"大姐"。江青没有对总理作任何表示，喊着去看大姐，可她走出病房没跟任何人打招呼，更没去看邓大姐，而是登上汽车就走了！

江青为什么对躺在床上的已故周总理毫无任何表示？带着这个谜，1976年10月6日粉碎"四人帮"后的几个月，我问到了当时给江青担任秘书的刘玉庭。他说，那天接到中央办公厅的电话，就向江青报告了周总理病危，请她去医院。江青说不是已告别过了吗？（指1月5日那天她去了）怎么还去？她按部就班地做完她的事才去医院，没赶上同其他领导人共同向总理告别。仅此可见江青对周总理是何等的态度！难怪在北京医院向总理遗体告别时她没脱帽，遭到全国人民的唾弃！

医生们开始整理周总理的遗体，取下身上的几根管子，盖上一块洁白的白布。

中午12时，总理遗体将被转送至北京医院，邓大姐抚摸着总理，大声呼喊着："恩来！你安息吧！我们继续跟随毛主席干革

1976年1月8日,周恩来与世长辞。

命！"

我们几个身边工作人员和部分医生、护士送总理到了北京医院太平间，哭别总理。北京医院副院长韩宗琦止住我们的哭声，带领我们全体向总理作简单的告别。

总理逝世前曾交代医务人员解剖他的遗体。他说："现在对癌症的治疗还没有好办法，我死后，你们要彻底解剖一下，好好研究研究，能为国家的医学发展作一点贡献，我是很高兴的。"遵照总理遗嘱，由北京医院的专科大夫对他的遗体实施解剖。解剖的结果显示，总理体内癌细胞大面积扩散，在肝脏、肺和大脑都已形成恶性肿瘤。

把总理的遗体交给北京医院后，张树迎、乔金旺、曾庆林和我几个人仍住在三〇五医院，一直到深夜，谁也睡不着，同时等着广播总理去世的消息。这段时间内，我开始回想总理去世的那一瞬间，我抚摸总理左臂时还是热的呀！怎么一下子就不行了呢？1月5日，总理曾在那一天告急过，中央领导同志也都来了，在抢救的过程中，我摸着总理的胳膊是冷的，都抢救过来了，他的胳膊逐渐变热。以后，我每次进病房，都要摸一摸总理的胳膊，已成习惯，今天是热的呀！怎么那么快就不行了呢？我百思不得其解。

为周总理准备火化的衣服

周总理病重后期，我们仍然抱着他能病愈出院的一丝希望，谁也没提出后事的准备。对总理1976年1月8日病故，我们仍感突然。

遗体送去北京医院的当天，要求我们把衣服送去。我们去问邓大姐，她明确告诉我们，不做新衣服，要选他平时最喜欢穿的现有最好的衣服。我们选了总理冬天穿的灰色法兰绒中山装，这一套相对较好，虽说旧些，可没补补丁；一件布衬衣，这是一件比较好的衬衣，也已穿过多年，不过没有更换领子和袖子；一条布衬裤和一件西装背心。这几件衣服，有的穿过几年，有的穿过十几年。总之，没给总理赶做一件新衣服。

周总理一生十分节俭。衬衣的领子和袖口容易磨损，总理就换上备用的领子和袖口，这样就能接着穿。总理所穿的中山装，摩擦最多的部位是衣服的右手肘，破了洞，他不让花钱做新的，说补一补还可以穿，会见外宾时外宾不会看后面。拗不过总理，我们只好请红都服装店的师傅用同样面料修补上，为了对称，索性把左边袖子同样挖上一个洞，补上一块。他就穿着这样的衣服会见外宾。实际上稍一留意，谁都会看到这两个补丁。有一次外交部的韩叙同志问我，怎么不给总理做套新的？我说，谁能说服总理做新衣服，我们会十二万分地感谢他。

邓大姐看过为总理准备好的衣服后，含着眼泪对我们说："这是恩来的作风，你们最了解他，平时为他添一件衣服都很困难。他死后，咱们还是要尊重他，不为他而浪费人民的钱。新的旧的都一样，都会一把火烧掉。你们会理解吧？以后不会有人怪你们。如果有人不理解，也是暂时的。"

张树迎和我把准备好的衣服，用一块使用多年的紫色布包好，送到北京医院。多年为周总理和邓颖超大姐看病的牙科医生韩宗琦打开包时，看到的是一包旧衣服，大为光火，冲着我们喊道："你们想干什么？怎么拿来这样的衣服？为什么不做新的，是来不及吗？我自己出钱给总理做。你们跟周总理那么多年，你们对得起他老人家吗？"听着他的一番指责，我们谁也没说什么。我们理解他，他对周总理怀有很深的感情。他的父亲是国内有名的牙科专家，早年周总理在上海做地下工作时，老人家曾支持过周总理、支持过革命。建国后，周总理每到上海，只要有机会，总要去看望这位老人。老牙医的后代——当今的牙科专家，对周总理、邓大姐有着至深的感情，他一直叫邓大姐"邓姨"。面对着他的训斥，我们不怪他。我们又何尝不是同样的心情呢？只是我们更了解总理，铭记总理的言传身教，为总理写下廉洁奉公的最后一页。

邓大姐去世后，我们也是按照她生前的交代，延续对周总理的做法，同赵炜一起，选了她平时最喜欢穿的较好的几件衣服，给她穿上，随她一起火化了。

我同韩宗琦在以后的多次交往中，谈话的内容多是对以往的回顾，对周总理、邓大姐的思念。在谈到给总理送终穿的那几件衣服时，他深有感触地对我说，当时看到给总理他老人家穿的旧衣服，我就火了，只是想到人们的传统做法，而没去想这是周总理，总一生廉洁、生活简朴。韩宗琦最后说，你们做得对。我说，我与张树迎也向邓大姐说过你当时的话，她安慰我们说，以后他们会理解这一做法。

是邓大姐的思想境界高尚，她最了解周总理。我们要永远铭记这一教诲。

举国同哀送周总理

1976年1月9日凌晨4点12分，周总理去世的消息向全国广播。

很多人不相信自己的耳朵，相互打听着消息的准确性。经过多次听广播，人们才真的相信了。周总理病逝了，举国同哀。机关团体、工厂学校、大街小巷，人们怀着悲痛的心情，谈论着这不幸的消息。人们被这沉痛的消息压抑着，空气中似乎缺少了氧气。太阳被阴沉的云层所遮盖，天气似乎变得更寒冷了。走在街上的人，不管是老人还是孩子，不管是干部还是群众，不管是军人还是平民，他们都阴沉着脸，相对无语。怎么办？总理没了！谁来管理这已被"文化大革命"搞得到处是累累创伤的国家呢？人们为国家的前途、人民的命运担心。

怀念、悼念、寄托哀思的形式多样。人们走向天安门广场，抬着花圈，系上白花，自觉地形成悼念大军。不用组织，人们有条不紊地排成长队，缓缓地走向人民英雄纪念碑。可容纳几十万人的天安门广场，听不到平时的喧哗声，听到的只有哭声，只有宣誓声。白发苍苍的老人、系着红领巾的孩子、工人、近郊农村的农民、大专院校的学生、党政机关的干部、驻京部队的官兵，他们不分白天黑夜，冒着严寒，来到天安门广场，向着人民英雄纪念碑，向着周总理的遗像宣誓，表达自己的哀思。

就在全国各族人民怀着对周总理的崇敬心情表达自己的哀思时，当时的"中央"却下达了不准各单位搞纪念活动的禁令。时任中央政治局委员、北京市革命委员会主任的吴德回忆说，"四人帮"凭借他们手中的权力，无视人民群众的感情、人民的意志，要治丧委员会发出不准自设灵堂、不准送花圈、不准戴黑纱、不准上街、不准去天安门广场的通知。更令人气愤的是，谁去过天安门广场要向单位报告，要登记，要说明理由，这实际上是作检讨。这种压制，并没有吓倒人民群众。人们不理那一套，去天安门广场的人越来越多，戴黑纱的人也越来越多。仅北京而言，所有布店的黑布全被买光了。不能去天安门广场的单位和个人，把总理视作自己的亲人，就在单位或自己家里设灵堂，摆上周总理的遗像；买不到遗像的，就把报纸上刊登的周总理的像剪下来，供在屋内中央，表达对周总理的怀念之情。

据北京市公安局报告，自周总理去世的消息传出后，几天来没有违法案件发生。

1月10日、11日，全国开始了对周总理有组织的悼念活动。

周总理遗体告别仪式设在北京医院太平间。朱德、宋庆龄、王洪文、叶剑英、邓小平、张春桥、李先念、纪登奎、汪东兴、陈锡联、陈永贵、吴桂贤、倪志福、江青、姚文元等和驻京部队负责人都前来吊唁。党、政、军各单位要求去的人太多，只好选代表，有组织地向总理遗体告别。消息传开后，人们拥向北京医院，能进去告别的是少数，而进不去的就围在医院四周。两天的告别仪式，参加的不过两万多人，而等在外面的却有几万人、几十万人。人们站在马路边，向着北京医院的方向不停地呼唤，不住地流泪。一位曾在中南海工作过的同志事后对我说，她与上万群众在北京医院附近

设在北京医院的周恩来遗体告别仪式

叶剑英前来吊唁

1976年1月11日,向周恩来最后告别。前排左一为高振普。

周恩来遗体前,摆放着邓颖超敬献的花圈。

的台基厂，站了整整两天。

各单位能来与总理遗体告别的人数太少，要求来的人很多。外交部的同志对总理有很深的感情。建国后，周总理在担任总理一职的同时，兼任外交部部长，他为我国外交事业的发展作出了奠基性贡献。虽然从1958年起，总理不再担任外交部部长，但他一直主抓我国外交路线、方针、政策的制定和实施。为了能见上总理最后一面，外交部的同志通过王海容，报请治丧办公室批准，在10日晚上，派来300人，代表外交战线上的同志们来吊唁总理，表达对总理的怀念之情。事后，他们遭到了当时权威人物的严厉批评。当然，负责操办这件事的人也不买账，不作检查，并反问道："悼念总理有什么错？"

11日下午4时，遗体告别仪式结束后，由王洪文、汪东兴、邓颖超护送载有周总理遗体的灵车从北京医院出发，经台基厂、长安街去八宝山火化。张树迎和我在灵车内分别守在周总理遗体两侧。天还是阴沉沉的。灵车驶经台基厂，沿街的群众呼喊着"周总理，周总理……"十里长街，人山人海，悲痛的呼喊声、抽泣声连成了一片。灵车徐徐地前进，送灵的人们冒着严寒，一路护送着灵车到八宝山。人们站在那里，都想最后看看总理。虽然他们看到的只是灵车，但想到的却是周总理那熟悉的身影，慈祥的面容，亲切的声音。人们好像看到周总理仍然站在敞篷车上向他们招手，向他们微笑。

送别总理的百万群众，来自首都党、政、军和人民团体各条战线，他们不用组织，没人指挥，而是自觉地整齐地站在马路两边，没有拥挤，只有交通警察站在马路中央指挥车辆，维持秩序。由于群众非常遵守规定，路上已无其他车辆了，警察已成为礼兵。他们面对着灵车，用颤抖的手行着军礼，脸上挂满了泪痕，目送着周总理的灵车从他们面前驶过。

十里长街送总理的悲壮场景，是新闻界的同志冲破阻碍，私自奔向街头拍下来的。新闻电影制片厂的一位朋友告诉我，他们是冒着受处分的危险去拍摄的，才留下了这珍贵的现场资料。

灵车驶进八宝山，周总理躺在水晶棺里，安放在第二告别室。送行的王洪文、汪东兴等中央领导人和治丧委员会成员，最后向总理告别。邓大姐双手抚摸着棺木，沉痛地呼喊着"恩来"的名字。她失声痛哭，此时此刻谁也无法劝阻她。这是最后的一面。再过几分钟，她将永远看不到总理了，看不到与她生活、战斗了几十年的伴侣、同志、战友、知己了。在工作人员的多次劝说下，她才慢慢地离去……

自周总理去世后，八宝山的职工就把为总理火化的炉子修整一新，挑选出了最优秀的火化工。一位工人对我说，谁也不愿亲手把总理送进火炉，谁也不愿点燃这火，因为谁也不忍心将总理烧掉。最后，党支部作出决定，选定了优秀的火化工来完成这项历史性的使命。他们说："以往，我们曾多次见过总理，那是他来参加追悼会。见到总理，我们很光荣，很荣幸。现在，我们非常难过，怎么也想不到今天火化的竟是我们的总理。"

张树迎、乔金旺和我，始终守在火化炉旁。我们少有的相对无言，由于没有心思看表，我们谁也没记清楚几点开始火化、几点骨灰出炉。夜深了，火化结束，职工们用新做的取灰工具，一点不漏地把骨灰全部清扫出来，装进骨灰盒。我们三个人捧着骨灰盒和邓大姐的花圈，由治丧办的同志和周总理生前身边工作人员护送，乘车离开了八宝山。

周恩来灵车经过天安门，道路两侧站满了送别的群众。

　　灵车驶出八宝山，我被眼前的场景惊呆了。迎面看到的是站在沿路的黑压压的人群。天空中飘着雪花。人们还在那里等着，想再看一眼总理，以此来表达对总理的爱戴和深深的怀念。借着路灯的光亮，我看到道路两旁的人行道上挤满了人。一个小孩在妈妈的怀里举起小手向灵车呼喊。几年后，时任中央政治局委员、空军司令的张廷发同志告诉我，他和老伴熊培玉当时就站在空军大院前的马路边，一直等到灵车驶过，他们才回家。他记住了当时的时间，是深夜11点多钟。灵车到达天安门时，在劳动人民文化宫门前两旁站满身着白色衣服的人群，他们迎送着总理的骨灰进入文化宫。

　　12日上午9时，为时三天的吊唁活动在劳动人民文化宫太庙开始。8时，来吊唁的人群就从太庙门前排到文化宫的大门了。治丧办的同志决定提前开始，分四路并进，由国务院管理局的侯春怀同志在告别厅具体组织引导。过了没多长时间，有消息传来说，来吊唁的人很多，于是改为八路并进，每六十四人排成一方队，向总理遗像三鞠躬。就这样连续进行了三天，每天从上午8时到下午18时，人

各界人士冒着严寒前往 劳动人民文化宫悼念周恩来

群从没间断，连原准备午休的时间也取消了。据统计，来吊唁的总人数超过6万人。其中，各国驻华使馆官员及来访外宾2000多人。最后公开报道的吊唁人数为4万人，这是"四人帮"为压低对总理的悼念规格而故意减少报道人数。三天来，没能进太庙吊唁而被挡在劳动人民文化宫外、天安门广场的群众有几十万人。

三天的吊唁活动中，军乐团的同志们坚持现场演奏哀乐，治丧办的同志看到他们太累了，建议改放录音，被他们当场谢绝了。他们调来了全团所有演奏的同志，分班奏哀乐。他们一边吹奏，一边流泪，怀着对周总理的爱和敬，吹奏着这难忘的悲痛的乐章。

14日下午6时，吊唁结束，邓颖超走进灵堂，带领同志们向周总理的骨灰盒和遗像三鞠躬。然后，她双手捧着骨灰盒，向全体工作人员深深地鞠躬，满怀深情地说："我捧着恩来的骨灰，向在场的所有工作的同志们表示感谢。"话音刚落，全场又是一片哭声。邓大姐走向侯春怀，特意向他致意，感谢他三天来一直站在这里，带领人们吊唁总理。他究竟向总理鞠了多少次躬，谁也说不清。

1月14日晚，邓颖超手捧周恩来骨灰来到了人民大会堂。

邓颖超轻轻捧着周恩来骨灰盒，向大家表示感谢。顿时全场哭声四起。

周总理的骨灰，由邓大姐亲自捧着，安放到人民大会堂的台湾厅。

15日下午3时，有5000人参加的周恩来追悼大会在人民大会堂北大厅举行。王洪文主持，邓小平致悼词：

今天，我们怀着极其沉痛的心情，悼念中国共产党的优秀党员、伟大的无产阶级革命家、杰出的共产主义战士、中国人民久经考验的卓越的党和国家领导人周恩来同志。

周恩来同志自一九七二年患癌症以后，在伟大领袖毛主席、党中央经常的亲切关怀下，医护人员进行了多方面的精心治疗。他一直坚持工作，同疾病作了顽强的斗争。由于病情恶化，医治无效，一九七六年一月八日九时五十七分，周恩来同志的心脏停止了跳动。

1976年1月15日,邓小平在周恩来追悼会上致悼词。

邓小平哽咽了。全场一片哭声。

邓小平接着说:

全党全军全国人民都为失掉了我们的总理而感到深切的悲痛。

周恩来同志的逝世,对于我党我军和我国人民,对于我国的社会主义革命和建设事业,对于国际反帝、反殖、反霸的事业和国际共产主义运动的事业,都是巨大的损失。

周恩来同志从青年时代起就献身于中国人民的解放事业。一九一九年,他积极参加五四运动,从事反对帝国主义、封建主义的革命活动。一九二〇年到一九二四年,他先后到法国和德国勤工俭学,在旅欧的中国学生和工人群众中宣传马克思主义。一九二一年,他加入中国共产党,担任中国共产主义青年团旅欧总支部书记,并在中国共产党旅欧总支部工作。在第一次国内革命战争时期,他参加了北伐战争,对推翻北洋军阀的反动统治作出了重要贡献。从一九二四年到一九二六年,他先后担任中共两广区委员会委员长、黄埔军校政治部主任、国民革命军第一军政治部主任、中共两广区委员会常委兼军事部长。一九二六年冬,他到上海党中央工作,接着,担任中共江浙区军事委员会书记、中共中央军事委员会书记。他是一九二七年上海工人武装起义的主要领导人。蒋介石、汪精卫相继叛变革命以后,为了挽救革命,周恩来同志和其他同志一起,领导了"八一"南昌起义,在起义中他担任中共前敌委员会书记。在第二次国内革命战争时期,他还在上海坚持党的地下革命工作,担任过中共中央组织部部长、中央军事委员会书记等职务。一九三一年十二月他进入江西中央革命根据地后,担任中央苏区中央局书记、中国工农红军第一方面军政治委员、中央革命军事委员会副主席等职务。遵义会议以后,在毛主席的领导下,他继续担任中央革命军事委员会副主席,参与中国工农红军胜利完成二万五千里长征的组织领导工作。一九三六年十二月西安事变发生,周恩来同志作为我党的全权代表,同被逮捕的蒋介石进行了谈判。在谈判中,他坚决执行毛主席的方针,迫使蒋介石停止内战,实现了西安事变的和平解决,促成了抗日民族统一战线的形成和发展。在抗日战争时期,他任党中央的代表和南方局书记,在国民党统治区进行统一战线工作,并领导国民党统治区我党组织的工作。他长期驻在国民党政府所在地重庆,临危不惧,坚定地执行了毛主席的方针,对国民党消极抗战、积极反共的反革命政策,进行了英勇的斗争。在第三次国内革命战争初期,一九四五年八月,他跟随毛主席在重庆同国民党谈判。《双十协定》签订以后,他继续率领中国共产党代表团在重庆和南京同美蒋反动派进行针锋相对的斗争。一九四六年十一月，周恩来同志从南京回到延安。在一九四七年三月蒋介石军队大举进攻陕甘宁边区时，周恩来同志跟随毛主席留在陕北，参与人民解放战争的领导工作。在我国社会主义革命和无产阶级专政的新的历史阶段，周恩来同志从建国以来一直担任中华人民共和国政府的总理，兼任过外交部长，担任过中共中央军委副主席、中国人民政治协商会议第一届全国委员会副主席、政协第二届和第三届全国委员会主席。他还被选为历届全国人民代表大会的代表。

周恩来同志从党的五大以后，被选为历届中央委员会委员。在一九二七年"八七"中央会议上被选为政治局候补委员。从党的六大以后，被选为历届中央政治局委员。党的六届五中全会、七届一中全会被选为中央书记处书记。党的八届、九届和十届一中全会，被选为中央政治局常务委员会委员。党的八届、十届一中全会被选为中央委员会副主席。

周恩来同志忠于党，忠于人民，为贯彻执行毛主席的无产阶级革命路线，争取中国人民解放事业和共产主义事业的胜利，英勇斗争，鞠躬尽瘁，无私地贡献了自己毕生的精力。在毛主席的领导下，周恩来同志对建设和发展马克思主义的中国共产党，对建设和发展战无不胜的人民军队，对夺取新民主主义革命的胜利，创建社会主义的新中国，对巩固工人阶级领导的以工农联盟为基础的各族人民的大团结，发展革命统一战线，对争取社会主义革命和建设事业的胜利，争取无产阶级文化大革命和批林批孔运动的胜利，巩固我国的无产阶级专政，都作出了不可磨灭的贡献，建立了不朽的功绩。全党全军全国人民衷心地爱戴他，尊敬他。

周恩来同志在国际事务中，坚决贯彻执行毛主席的革命外交

邓颖超在追悼会现场

路线，坚持无产阶级国际主义。他对加强我党同各国马列主义政党和组织的团结，反对现代修正主义的斗争，促进国际共产主义运动的发展，对加强我国人民同各国人民特别是第三世界各国人民的团结，在和平共处五项原则的基础上争取同一切国家建立和发展关系，联合国际上一切可以联合的力量，进行反对帝国主义、社会帝国主义的斗争，同样作出了不可磨灭的卓越的贡献，赢得了世界人民的尊敬。

最后，邓小平高度评价周恩来同志的一生，是为共产主义事业光辉战斗的一生，是坚持继续革命的一生。周恩来是我们全党全军全国人民学习的榜样。

叶剑英、宋庆龄、李先念、徐向前、聂荣臻、谭震林、王震、乌兰夫、蔡畅以及江青、王洪文、张春桥、姚文元等参加了追悼会，并同邓颖超同志握手，表示慰问。

伴随着哀乐，参加追悼会的5000多人，徐徐走到总理灵堂前，

自发到天安门广场、人民英雄纪念碑悼念周恩来的人民群众

深深地三鞠躬，哭喊着总理，慢慢离去。我们这些在总理、邓颖超同志身边工作的全体同志参加了追悼会。追悼会的吊唁活动5点多钟结束。

没能直接参加追悼会的人们，他们同一时间围站在大会堂的戒严区外，几十万人站满了大会堂的东西两侧、天安门广场和长安街上，他们久久不愿离去。

后来有位与我相识多年的朋友告诉我，他们很多人一直等到天黑也不想离开，只想着追悼会结束了，总理的骨灰会经过长安街安放于八宝山，直到很晚也没看到运送总理骨灰的灵车驶过，人们才渐渐散去。第二天早晨，这位朋友又去了八宝山，明知道去了以后也不一定能看到总理的骨灰，但还是不由自主地要去，总觉得要多看总理一眼，离总理再近点，这种对总理的心情，不知怎么表达才好。他说，去八宝山的人不只他一个，而是有很多大人、小孩都等在那里。他们怎么也没想到，总理的骨灰那天晚上就撒掉了。

把周总理骨灰撒向江河大地

周总理去世的当天,邓大姐向党中央提出了总理生前的请求:骨灰不要保留,要撒掉。

早在1956年,总理即在火化倡议书上签字。《倡议实行火葬》的主要内容如下:

人们由生到死,这是自然规律。人死以后,应当给以妥善安置,并且采取适当的形式进行悼念,寄托哀思,这是人之常情。我国历史上和世界各民族中有各种安葬死者的办法,其中主要的办法是土葬和火葬,而土葬沿用最广。但是土葬占用耕地,浪费木材;加以我国历代封建统治阶级把厚葬久丧定作礼法,常使许多家庭因为安置死者而陷于破产的境地。实行火葬,不占用耕地,不需要棺木,可以节省装殓和埋葬的费用,也无碍于对死者的纪念。这种办法虽然在中国古代和现代还只有一些人采用,但是,应当承认,这是安置死者的一种最合理的办法,而且在有些国家已经普遍实行。因此,我们倡议,在少数人中,首先是在国家机关的领导工作人员中,根据自己的意愿,在自己死后实行火葬。……凡是赞成火葬办法的国家机关工作人员,请在后面签名。凡是签了名的,就是表示自己死后一定要实行火葬。后死者必须保证先死者实现其火葬的志愿。

总理和大姐早已约定死后火化,不保留骨灰,要求把他们的骨灰撒掉。总理说:"人死后为什么要保留骨灰?把它撒到地里可以作肥料,撒在水里可以喂鱼。这也是为人民服务。活着为人民服务,死后也要为人民服务。"他多次说,"死人不要与活人争地盘。"从土葬到火化是一场革命,从保留骨灰到不保留骨灰也是一场革命。

1976年1月12日上午,邓大姐把张树迎和我叫到她的办公室,对我们说:"恩来同志不保留骨灰的请求,毛主席、党中央已批准。今天叫你们二人来,赵炜也参加,就是要研究一下把骨灰撒在什么地方。""你们二人跟随恩来同志(周总理去世后,大姐就不称呼总理了)工作多年,已向中央请求并得到批准,由你们二人执行撒骨灰的任务。这是你俩为恩来同志办的最后一件事……"大姐的声音哽咽了。我强忍多时的泪水夺眶而出。大姐克制住她的悲痛,反而安慰我们:"接到中央批准的消息,我高兴。高兴的是,恩来同志说过,他担心我替他办不成这件事。今天可以办成,就要成为现实了。咱们要共同为实现他这一愿望而继续工作。我很想亲自去撒,但是,目前条件还不允许我去做。再说天气太冷了,我年岁也大了,出动目标大。恩来同志是党的人,我委托你们二人去办。你们二人是党支部委员会的成员,我们靠基层支部。我相信,你俩会很好地做好这一工作的。"

听了大姐的这一番话,我们更理解大姐此刻的心情。这是对我俩多大的信任啊!我们当即表示:"请大姐放心,一定完成好。"大姐问我们有什么话要说。我简单地说了一下,总理去世后的这几天，全党、全军、全国人民非常悲痛，人们冲破各种戒律，用各种方式悼念总理，以寄托自己的哀思。为了给人们以安慰，给广大群众更多的悼念机会，是否可以把总理的骨灰多保留几天，然后再撒。大姐摆了摆手说："我的请求，中央已批准，已有了安排，就不要再提了。我再向你俩重复说一遍过去多次说的话，你们要认清，撒骨灰也是一场革命。由土葬到火化是一场革命，从保留骨灰到不保留骨灰又是一场革命。我死后骨灰也不保留，也请党支部负责。这是我和恩来同志的一次革命啊！你们一定要清楚地认识这一点。"我们的邓大姐站得高，看得远。这是一场革命，这是向旧的传统势力的一次宣战。

　　邓大姐让赵炜和我们二人一起找一找，看哪个地方可以撒，最好撒在有水的地方。我们先后去了八一湖、玉泉山、京密引水渠等几个地方。1月的天气，很多地方都结了冰，没有选中一个合适的地方。最后还是邓颖超大姐报请中央安排，党中央与邓大姐共同选定了骨灰投放的地点，由中央决定派飞机去撒。汪东兴同志具体布置这次任务，由空军政委张廷发全权负责。他选了撒骨灰用的飞机和执行这次任务的机组人员，对飞行航线和投放地点也先行试飞，指定由周恩来治丧办公室的罗青长（长期担任周恩来办公室副主任）、郭玉峰（时任中央组织部部长）、张树迎和我去执行撒骨灰的任务。并对我们说：已经确定了投撒骨灰的地点。什么时间撒，听从机长的命令。

　　1月15日下午，追悼大会结束后，晚7时半左右，邓大姐带着我们走进大会堂西大厅内的中间小厅。总理的骨灰已暂时安放在这里。我们肃立在大姐身后，向总理遗像默哀，然后张树迎和我帮助大姐打开骨灰盒。邓大姐双手抚摸着骨灰，她的手在颤抖，双眼含满了泪水。她坚强地说："恩来呀！你的愿望就要实现了，你安息吧！我们要永远跟随毛主席战斗！"

在场的人都放声大哭。

"永远跟随毛主席战斗！"这是邓颖超在总理去世后，多次说出的一句话。这豪迈的语言，包含着多么深刻的意义。我们的邓大姐，几十年来就是这样做的，不论是在战火纷飞的年代，还是在白色恐怖的时期，她都置生死于度外。在社会主义革命和建设的岁月里，她仍不停地工作。今天，她又以坚强的革命信念，成为化悲痛为力量的表率。大姐的话，代表了我们的心愿，是代表我们向周总理发出的共同誓言。

追悼大会虽已结束，在人民大会堂东西两侧、天安门广场、长安街沿路，直至八宝山的道路两旁仍然站满了人。他们等待着运送总理骨灰的车从这里经过，最后向总理告别。

我俩从邓大姐手里接过已分装在四个塑料袋里的骨灰，放入总理日常装文件的黑色皮包里，穿过人民大会堂地下室，坐上总理生前乘坐过多年的苏制灰色吉姆车。今天再一次坐在总理的专车上，我不禁感慨万千。以前都是张树迎和我坐在这辆车上护送总理参加

周恩来生前乘坐过的吉姆车

会议、接见外宾，可从今以后我们再也见不到总理了。他的音容笑貌在我眼前一一掠过。我不会忘记，即使我们的周总理乘车时，还是为他人着想。由于他工作繁忙，珍惜分秒，乘汽车外出，时间卡得紧，司机开车技术高超，不会误时。就是这样，总理总是提醒司机：慢些，不要抢。在路口人多的地方，总理不准猛按喇叭，以免人们受到惊吓；遇上雨天，总理嘱咐司机不要把泥水溅到行人身上。总理想得多么周全啊！

邓大姐则由她的秘书赵炜、保健医生陈士葆、护士刘新莲陪同，乘另外一辆车紧随在后，空军政委张廷发同志亲自领队，离开人民大会堂，向东驶去。

晚8时许，我们到达坐落在北京东郊的通县机场。一架平时作为撒农药用的安—2型飞机已停在那里。因为天色很黑，我们分辨不出它的颜色。我们迈着沉重的脚步登上飞机，同先于我们登上飞机的罗青长、郭玉峰二人坐在唯一的一条长凳上。飞机起飞了，大姐挥手向总理作最后的告别。

北京的上空，天幕低垂，乌云笼罩，这既如人民怀念总理的心情，又如当时沉闷的政治氛围。可是人间自有公道，"四人帮"不能扭转人心的向背，十里长街送总理的悲壮之举，就是广大人民群众对"四人帮"无声的抗议、对总理默默的支持！

坐在飞机上，我的心总不能平静，脑海中闪过在周总理身边工作的一幕幕：总理的举止言谈，总理的亲切面容，总理健壮的身体，总理开会、总理办公、总理……我把总理的骨灰紧紧地抱在胸前，紧贴着我的心。周总理啊，回想起15年前，我刚到您身边工作，您握着我的手，几句问话，就驱散了我紧张的心情。多年来，您到各地视察，我跟随着您，同坐一架飞机；您出访亚非欧各国，

为周恩来撒骨灰的飞机，现珍藏在北京航空博物馆内。

我们也跟着您，同坐一架飞机。今晚，我们还是同在一架飞机里。我多么想再看您戴上眼镜批阅文件，再听到您谈话的声音。可是，已不可能了，您过早地离开了我们……机长"准备"的喊声打断了我的沉思。按照计划，在北京城区上空撒下了总理的第一包骨灰。

总理的第二包骨灰撒向密云水库。这是按照邓大姐原来设想的，把骨灰撒向有水的地方，选定密云水库，既有水，骨灰又可飘向长城内外。然后向天津飞去。天津，有总理中学时就读的南开学校。天津，也是总理参加革命的起点，更是他与邓大姐相识、相恋的地方。总理对天津有着深厚感情，常常把天津称作第二故乡。

此时，我高声喊着向机长提议，能否在投放骨灰时把飞行高度降低一点。机长回答说，飞行路线、投放地点、飞行高度都是中央决定的，我无权改变。

机舱内的温度不断下降。我们虽然穿上了机上备好的羊皮大衣、皮帽和皮靴，但也挡不住刺骨的寒气。随着飞机的抖动，我们全身发抖，四个人紧紧地依靠在一起，相互鼓励着。飞机临近天津，借着月光，把总理的第三包骨灰撒向海河。

总理，您安息吧！1月8日，人们把这一天看成是国丧的日子。从这一天开始，全国各地、各阶层的人们冲破左一个通知、右一个规定的限制，以各种方式悼念的活动没有停息。人们涌向天安门广场，花圈布满了人民英雄纪念碑周围。孩子们高举冻红的小手，高声宣誓：周爷爷，您安息吧！您的子孙、革命的后代，永远听您的话，把革命进行到底。儿子搀扶着老人，站在您的像前，捶胸顿足，仰面高喊：总理呀，我们不能没有您！天安门广场虽大，哪能容下悼念您的人群，从清晨到深夜，呼唤您的声音，响彻祖国大地。

我们的好总理，您的一生是革命的一生，战斗的一生，您忠于党，忠于人民，忠于共产主义事业。您那大无畏的无产阶级革命精神，您平易近人，光明磊落，全心全意为人民服务的高尚品德永远铭记在人民心里。您的骨灰撒向祖国的江河大地，您的光辉业绩将和祖国的江河大地一样永存，万古长青。您是真正地永远活在人们心中的人。

在黄河入海口，我们撒下了总理的最后一包骨灰，于16日零时45分返回机场。经过近四个半小时的飞行，中间没停留，按照选定的投放点，没有再惊动其他什么人，更没有再搞什么仪式，在罗青长同志的带领下，我们共同完成了总理生前的愿望和邓大姐的重托。当晚我们回到三〇五医院。我们几个人在治丧期间，都住在医院，总觉得仍在陪着总理。今晚怎么也睡不着，觉得医院真的空了。

1992年7月18日，高振普等将邓颖超骨灰撒入天津海河入海口。

1月16日上午9时，张树迎和我去西花厅向邓大姐汇报。大姐早已等候在客厅门口，我俩快步走向她。她张开双臂就像母亲迎接归来的孩子一样把我俩紧紧地抱住，不停地说："谢谢你们，谢谢你们，你俩为恩来同志服务，保卫恩来同志到最后。"我强忍着泪水，说不出一句话。我们三个人抱得更紧了。

邓大姐这几天，不，更准确地说，是几十年来，为使总理有更多的时间工作，承担着总理的全部家务；为总理的健康，费尽心思，妥善安排衣、食、住、行。50年代邓大姐就指导我们制定了保安全、保健康、保工作的"三保"措施。在总理患病期间，大姐日夜操劳，预感到总理病情的结果，又以革命唯物主义的观点对待疾病，全力组织治疗，想尽办法，贯彻邓小平同志提出的"减少痛苦，延长生命"的指示。在总理为人民的一生中凝结着邓大姐多少

为周恩来撒骨灰的任务完成后，邓颖超与张树迎、高振普在西花厅合影。

心血啊！大姐一直默默无闻地为总理服务，总理才能全身心地投入到为人民服务的工作中去。总理病情加重，卧床不起，大姐想得更细、更周到，每天守在病房。谁也不知道她度过了多少个不眠之夜，她的头上又增添了不少白发，明亮的双眼布满条条血丝。

我俩随大姐走进她的办公室，汇报昨晚撒骨灰的经过。大姐摆手止住了我们说话，她说，撒骨灰的过程，空军已经让赵炜跟我说过了。大姐接着说："你们的飞机起飞，我想的不仅是恩来，我是想你们和机组的安全。恩来已经是骨灰了。我回来为你们担心，一直睡不着，知道你们安全着地了，我又加服了安眠药才睡的。"我俩听了大姐的一番话，止不住地流泪。她接着说："我和恩来共同立下不保留骨灰的誓言，他说如果我死在前头，他可以替我做到，因为他是总理，如果他死在我前面，就把握不大了。我为恩来同志做了一件大事。今天完成了,他也应该得到安慰。我们也都为这件事高兴。我死后,骨灰也要撒掉,由我所在的党支部负责,能不能叫我革这场命,还要靠你们去完成。"

邓大姐说,总理治丧活动到今天结束了,我已摘掉了黑纱,你俩也摘掉吧,悼念死者不在形式,在这个问题上,咱们家先带个头。我俩当着邓大姐的面,摘下了戴在左臂的黑纱。我把它收藏至今,作为永远的怀念。

1992年7月邓大姐去世后,她的骨灰全部撒入天津海河入海口。

总理、大姐死后都把骨灰撒在了祖国的江河大地,他们这种终生为人民服务的精神,无产阶级唯物主义的伟大革命壮举,给全党、全国人民作出表率,受到全党、全国各族人民的敬仰,并成为学习的榜样。在以后的几十年里,有多少人学着他们,也把骨灰撒向江河大地。天津、青岛等一些城市,每年都举行公祭活动,把几百人的骨灰,由亲属撒放在大海里。这些举动,正如邓颖超大姐生前对我们说的,"这是一场革命,从土葬到火化是一场革命,从保留骨灰到不保留骨灰又是一场革命。""死人不要与活人争地盘,中国的土地就这么960万平方公里,每个死了的人占1平方米,多少代以后,还有多少土地留给子孙后代呢?""我们还有那么大片的海域,足够用了。"

周总理、邓大姐高瞻远瞩、深谋远虑,给我们后人留下了多么宽广的思考空间!

周总理、邓大姐共用一个骨灰盒

张树迎和我受邓大姐之托,与治丧办公室的同志一道,去八宝山选购骨灰盒。

八宝山的同志拿出他们已有的两种。我们选定了其中花纹较好的一种,而这种的价格不是最高的。经过仔细检查,发现有一处损伤。他们又拿来同样的一个,这一个盒盖不太好开。再要第三个,他们说没有了。经与治丧办的同志协商,选定了第二个骨灰盒。这是一个普普通通的骨灰盒,并不是为总理去世专门定做的。

回来向大姐报告,邓大姐说她不看了,全权委托我们去办。

邓大姐把骨灰盒的好与不好看得很轻,她说:"装一下骨灰,没必要那么讲究。"她还说:"恩来用完后,把盒子拿回家来,保存着,等我死后,也用这个骨灰盒。"

总理的骨灰被撒掉后,曾装过总理骨灰的这个骨灰盒,一直由邓大姐保存着,工作人员定期擦擦、晾晾。这期间,大姐几次讲,她死后就用这个骨灰盒,不要再买新的,不要浪费国家的钱。

有一次她对赵炜和我说,她用完以后,我们还可以用。我们说,等你那一天用完了,就会收藏起来,我们哪个人也没资格用。大姐风趣地说:"我死了,就管不着了。"

1992年7月11日,邓大姐也离开了我们。我们用装过总理的骨灰

周恩来、邓颖超先后使用过的骨灰盒

盒又送走了邓大姐。

今天这个曾装过周总理、邓大姐两人骨灰的骨灰盒，已由坐落于天津的周恩来邓颖超纪念馆收藏，并作为该馆的镇馆之宝向世人诉说着两位伟人的崇高精神和伟大情怀。

清理周总理的遗物

1976年1月15日下午，周总理的追悼大会结束，晚上把他的骨灰撒掉，整个治丧活动结束。

邓大姐要我们休息几天，再开始清理周总理的东西。我们原打算照大姐的指示休息几天，但17日那天，我们几个人不约而同地去了西花厅。由张树迎主持，我们考虑如何开展清理工作。

商量的结果，清理工作主要由周总理的秘书、警卫负责，有关同志参加。大体分工如下：钱嘉东、纪东负责清退文件；赵茂峰负责清理图书；张树迎、乔金旺、曾庆林和我清理周总理的衣服和使用过的物品。文件交中办秘书局；图书交国务院图书馆；对衣服等日用品，邓大姐明确指示："全部处理，穿过的内衣、床上用品全部烧掉。可以用的东西分送给有关人员。"

我们依邓大姐的指示精神，制定出处理总理遗物的三条意见：第一，总理穿过、用过的衣物留下部分作为纪念；第二，平时穿得次数不多或是早些年穿过的后几年没穿的衣服及使用频率比较少的物品，分给亲属和工作人员；第三，病中穿过或用过的衣物烧掉。

向邓大姐报告这一处理意见后，邓大姐原则同意，但对衣服，她主张全部烧掉，特别对我们提出部分留作纪念不同意，说是衣服有什么好纪念的。她和周恩来都不主张死后为自己搞什么纪念馆之类。后来在我们一再坚持下，才同意了我们的意见，但要少留。

我们按照商定的分工，开始清理。首先确定了周总理办公室的用品、书籍、陈设，全部保存，登记造册，加注说明。

总理经常穿的几套中山装外衣，全部留下。最好的一套已随总理火化了。还留下了部分内衣。我们把这些东西都装在一个大箱内，放进了防虫药。每件衣服都附一份说明，标明衣服名称、颜色和制作时间，总理穿着这套衣服出席过的重要活动等。

写得如此详细，我们几个人是有想法的：根据当时的政局，我们内心有些伤感，担心万一大权旁落，我们会因在周恩来身边工作过而遭遇非难。但又有一个信心，就是对周恩来迟早会有公论，到那时我们几个人可能不在人世了，后人得到周恩来的这批遗物，也会清楚地识别。这大概是对历史负责吧。今天回忆起来似乎可笑，但在当时那个环境下谁又不这样想、这样处理呢？我们给周恩来办公室的内部陈设也拍了照，把底片和样片一并存入大箱内。

账目的清理比较容易。因为平时我们都是月月清账，只要把多年的总收入、总支出算清楚交给邓大姐就可以了。总理从来不过问账目，我们都是每年分季度向邓大姐汇报。

此时邓大姐看到我们几个人天天在那里打算盘，清一年年的账，就对我们说："不要天天算了，只是算一下现在有多少钱就行了，我和恩来从不过问钱，相信你们。"

我们口头上接受了邓大姐的意见，但还是一笔笔地清理了总理和大姐的工资收入和支出账目。两人的收入只有单一的工资和工资节余部分存入银行所得的利息。此外，别无其他进账。而支出的项目比收入的项目要多一些，大体有这样几项：伙食费、党费、房租费、订阅报纸费、零用费（购买生活用品）；特支：补助亲属和工

周恩来、邓颖超与亲属合影

作人品、捐赠费。

周总理的月薪404.80元和邓大姐的月薪342.70元，合起来是747.50元，在领导人的收入中，算是不少的。五位常委的工资都是一个级别，而夫人们的收入就不等了。从有记载的1958年算起，截止到1976年，两人共收入161442.00元。其中用于补助亲属的36645.51元，补助工作人员和好友的共10218.67元，两者合计46864.18元，占两人总收入的四分之一。总理和大姐没有亲生子女，经常把剩余的钱拿出一部分来补助他人。两位老人对有困难的同志都给予补助，他们把同志们的困难看成自己的困难，对亲属，对同志体现了无微不至的关心和爱护。例如，给周总理开车多年的司机钟步云，因"克什米尔公主"号飞机失事遇难，多年来总理、大姐都关心着他的家人。得知他的女儿结婚，邓大姐给送去300元作

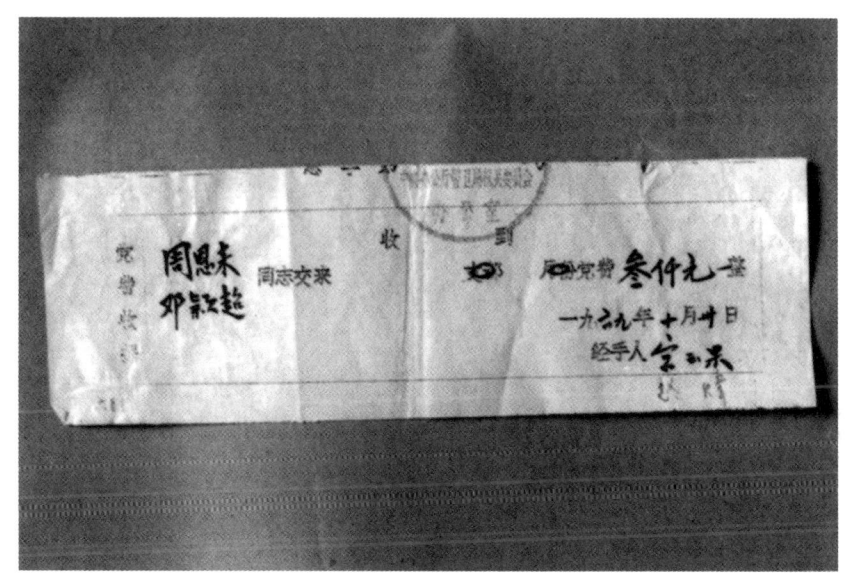

1969年，周恩来、邓颖超上缴3000元党费的收据。

为结婚的费用。在上个世纪60年代，这300元可不是小数了。邓大姐经常这样讲，拿自己的钱补助同志，也就节约了国家的钱，这些同志就不会再向国家申请补助了。

此外，总理和大姐除每月应缴纳的党费外再多余的钱，积蓄够5000元就交党费，在我到西花厅工作期间，他俩曾三次交党费共计13000元。

清算的结果，共结存5709.80元。这是总理逝世后，他和大姐的所有积蓄。我们把详细账目交给邓大姐，她指示把账目和现金交赵炜保管。后来，邓大姐把这些钱也全部交了党费。

最终，我们用了三个月的时间，把周总理的遗物清理完毕。有些东西分送给亲属、身边工作人员和医疗组的同志留作纪念。

周恩来真正做到了身后没留下一分钱财产。

避开"四人帮"追查

周总理去世后，我们只是忙于对他的遗物的清理，对北京乃至社会上发生的事情，有点"事不关己，高高挂起"的味道。当然说一点不问及也不可能，像派系之间的斗争，对"周恩来遗言"的追查，也略有所知，反正追不到自己头上，管他呢！

有一天，邓大姐找我和张树迎谈话，说："多年来你们在这里跟着恩来忙，顾不了家，家里还有老人，放你们两个月假，回去看看。"我俩听了很高兴，可一想，要休息两个月，大可不必。考虑到邓大姐的关心，就应允了。张树迎对我说："早点回去，在家住上两个月，看看亲戚朋友，补补课。"我同意了。

已答应回家休息，就不便呆在西花厅。这个家指的是老家，张树迎是河北人，我是山东人。此时我的两个儿子在身边，一个12岁，一个7岁，正是需要人照顾的时候。家中只留下爱人是忙不过来的。我虽说是答应回家看望老人，但不准备呆两个月，于是跟爱人商量，爱人很理解我，说："不回去不好，已多年没回去了。回去两个月你也不放心，我想了两全之计，那就是晚一点去，提前点回来，满两个月去西花厅。"

我还没回家，就有消息传来，说是追查谣言，即"周恩来遗言"。实际上，周恩来去世前，没有留下任何遗言。社会上流传的所谓"周恩来遗言",系杭州一位青年工人所写。

这份遗言是模拟周恩来的口吻写的,其内容也是正面的。此遗言于1976年2月传出后,很快便轰动全国。这一年4月,"四人帮"要求在全国范围内彻查"总理遗言"的制造者。查来查去,最终查到了张树迎和我的头上。此刻我领会大姐是叫我们躲躲这"风"。感到风声较紧,也就主动回避,既不回山东老家也不出门,与爱人来个明确分工,我在家做饭,她负责采购。说真的,我这个做饭是名义,我哪里知道煮饭放多少米?

这期间,我还是回山东老家住了一个星期。

两个月后,张树迎和我准时回到西花厅,向大姐谈了回家的情况。一个偶然的机会,邓大姐叫我给汪东兴送封信。我到汪东兴那里。他对我讲了当时的真实情况:在政治局会上,张春桥说:能够制造周总理遗言的,从内容上看是熟悉总理的,他的那两个警卫员也应该是追查的对象。汪东兴说,他俩回老家了,是邓大姐放他们假的,等回来再说吧。我听着汪东兴的话,想,如果不是邓大姐放我们的假,更主要的是如果不是有邓大姐健在,我俩恐怕也会和已被追查的二百多人一样进了监狱。也是在这关键时刻,汪东兴保护了我俩。

我把汪东兴说的话,如实地对邓大姐说了。邓大姐说:"当时的形势很紧张,追查得很紧。我只好中断你们的清理工作,放你们回家,'无意'中做了件有益的事。东兴同志做得不错,用这个理由去搪塞他们。"

我从内心谢谢邓大姐的保护,终身不忘这慈母般的关怀。

实际上,"周恩来遗言"的出现,反映了广大群众对"四人帮"的不满,在当时代表了社会上很多人的想法,所以"遗言"一

邓颖超与高振普及其夫人高秀英、儿子合影

出,就被人们热炒、热传,造成了一定的社会影响,触怒了"四人帮"。应该说,"遗言"作者发泄对"四人帮"的不满是对的,但假造"遗言"的这种做法是不可取的。

当今,社会上又出现了"邓颖超日记"一说,从内容上看,制造日记者怀有不可告人的目的,无非是想借邓颖超之口达到污蔑共产党、污蔑周恩来、挑拨是非、扰乱社会的企图。他们哪里晓得,邓颖超同志从不记日记,也没有大事记,这是多年在白区工作养成的保密习惯。我在周总理邓颖超同志身边前后工作30多年,没有看到过他们记日记。在二人先后去世后,我们清理他们的全部家产和遗物,也没有发现"邓颖超日记",可以肯定地说,"邓颖超日记"根本不存在,纯属编造骗人。

2014年，我和赵炜、中央文献研究室廖心文、天津周恩来邓颖超纪念馆李爱华同志应"人民网"之约，就"邓颖超日记"一事，在网上辟谣。今天，在我的书上，再就此事进一步说明，以示读者不要轻信谣言，不要传播谣言。

周总理逝世后，对他的悼念、纪念与传承

1976年1月8日，周恩来逝世的消息公布后，联合国秘书长瓦尔德海姆对中国总理周恩来的逝世表示"深切的悲痛"，并且赞扬"他致力于促进各国之间的谅解和世界和平"。瓦尔德海姆在致全国人大常委会委员长朱德的唁电中说："全世界将由于在当前的重要时刻再也得不到他的智慧和政治家的才干的好处而蒙受损失。"

瓦尔德海姆及其夫人曾于1972年8月13日访问中国，周总理会见了他们。瓦尔德海姆说，周恩来"对国际问题有深刻的了解"。

为了表示对周恩来的敬仰，1月9日，联合国总部院内的联合国旗下半旗志哀！联合国为一国政府首脑去世降半旗，这是自1945年联合国成立以来从未有过的举措，此前只是为一些国家的元首去世降过半旗。这足以反映出周恩来的才华和功绩为世界所公认。

周恩来的逝世，震惊世界。各国国家元首、政府首脑分别给毛泽东主席、朱德委员长、邓小平副总理致唁电，国际知名人士、社会团体致中国政府及邓颖超同志唁电，各国共产党、马列组织及进步团体致中国共产党中央委员会毛主席的唁电，共计250余件。另外，邓颖超还收到了日本、越南、柬埔寨、泰国、缅甸、美国等多位友好人士的信函，表示对周恩来的悼念、对邓颖超的慰问。

许多国家向中国政府提出，派团参加周恩来的悼念仪式或出

陪伴病中周恩来的日日夜夜   331

联合国下半旗志哀　　　联合国安理会开会时，全体起立默哀。

各国驻联合国代表团和当地侨胞前往中国常驻联合国代表团驻地灵堂吊唁

法国进步组织和友好人士将周恩来遗像安放在巴黎公社社员墙前，并敬献花圈。

日本各界友好人士前往中国驻日本大使馆灵堂吊唁

席追悼大会，我方以中国的治丧活动没有邀请外国人参加的先例为由，拒绝了他们的要求。这些国家的元首或政府首脑，就分别到我驻外使领馆布设的悼念大厅，表达他们对周恩来的怀念。

朝鲜民主主义共和国主席金日成派专机送来由他亲选的大花圈，委托朝鲜驻华大使馆献给周恩来，以表达他对周恩来的敬意和思念。

1月9日，中共中央、全国人大常委会、国务院发布周恩来同志逝世讣告，成立由毛主席为首的由党、政、军及各党派、各民主团体领导人参加的共91人的治丧委员会名单，决定在北京医院举行两天的遗体告别。党和国家领导人及各界代表两万多人前往告别。

1月11日，百万群众十里长街送总理的悲壮场面让人永记心间。

1月12日至14日的三天悼唁，六万多人去劳动人民文化宫的太庙，向灵堂上高悬的周恩来像和摆放的骨灰盒三鞠躬，以示对周恩来总理的怀念。外国友人和各国驻华使馆的官员也敬献花圈。不能到太庙悼念周总理的人民群众，就云集在天安门广场、纪念碑前，手持白花，表达对周总理的思念。他们冲破来自"四人帮"的各种限制、打压，4月5日悼念周总理的活动达到高潮。

粉碎"四人帮"后的1977年，在纪念周总理逝世一周年的日子里，人们用各种形式表达对周总理深深的怀念：部队、机关、团体等单位的各界人士写回忆文章；著名作家、学者写诗词，以表心愿；文艺家们在纪念演出会上用歌声表达对周总理的情感，其中著名歌唱家郭兰英含泪演唱的《绣金匾》，把纪念晚会推向高潮。这首歌曲，至今仍被国内群众和国际友人传唱不衰。

人民对总理的怀念从未停止。每年的1月8日，我们这些先后在总理身边工作过的同志和一些北京市民不顾天气严寒，自发地汇

曾在周恩来和邓颖超身边工作的同志和周恩来的亲属,向人民英雄纪念碑敬献鲜花。

聚在天安门广场、纪念碑前,献上一束花,深深地鞠躬,向周总理表达思念的心情。自天安门广场上的毛主席纪念堂落成后,纪念堂内布设了周恩来纪念室,我们这些原在周总理身边工作过的工作人员、周总理的亲属和研究周总理的专家学者,就在1月8日这一天自发地去纪念室开展纪念活动,至今已40年,从未间断过。我们不仅自己去,子孙们也踊跃参加,这样的纪念活动会一代代传下去,周恩来精神也会一代代传承下去。

十世班禅——班禅额尔德尼·确吉坚赞大师,在他圆寂前的十多年的每年1月8日,先后到天安门广场的人民英雄纪念碑和周恩来纪念室,带领几位资深的活佛,向周总理雕像献上洁白的哈达,表达对周总理深深的怀念。

周总理逝世后,官方、半官方的民间团体加强了对其生平思想

十世班禅大师在周恩来像前留影。右五为十世班禅大师。

和精神的研究，全国先后成立了多个机构。

1978年党的十一届三中全会后，我党确立了这样一个基本观点：毛泽东思想是中国共产党集体智慧的结晶，毛泽东是杰出的代表，周恩来、刘少奇、朱德等同志对毛泽东思想的形成和发展都作出了重要贡献。在这一思想指导下，1980年5月，将"毛泽东著作编辑委员会办公室"改组为"中央文献研究室"。中央文献研究室的主要任务是编辑出版党和国家领导人的著作，研究他们的思想、生平；编辑研究党、国家、军队的当代文献和历史文献，这样对周恩来的研究就有了官方的机构。三十多年来，中央文献研究室先后出版了《周恩来选集》《周恩来统一战线文选》《周恩来经济文选》《周恩来军事文选》《周恩来外交文选》《周恩来文化文选》《周恩来教育文选》《周恩来早期文集》；《周恩来书信选集》《周恩来邓颖超通信选集》；《周恩来年谱》《周恩来传》；《周恩来》画册、《周恩来画传》；《周恩来诗集》以及《周恩来》文献纪录片、《周恩来》电影、电视剧等多种形式的出版物、影视资料等，讲述和宣传周恩来的生平、思想和风范。

周恩来邓颖超研究中心，是在原周恩来总理办公室副主任、时任中央文献研究室主任李琦同志倡议下，由天津市委同意、天津市文化局指导协助，由中央文献研究室二部、周恩来邓颖超纪念馆和周恩来、邓颖超生前身边工作人员、亲属为主体成员，于1998年5月21日在天津成立。该机构没设办公室，也没有专职人员，只是由周恩来邓颖超纪念馆作为兼职办事机构。十多年来，为纪念周恩来和邓颖超，先后举办较大型的活动50多项。

与此同时，全国纪念周恩来的纪念馆遍地开花，共计30多处，这些机构常年开展纪念活动。

江苏淮安的周恩来纪念馆自1992年1月16日落成对群众开放以来，共接待参观、瞻仰的群众1500万人次，举办各种纪念周恩来活动220多场。作为教育基地，与150多个单位开展共建活动。

周恩来故居自1979年3月5日对外开放以来，积极宣传、弘扬周恩来精神，发挥了较大的社会教育功能：共接待国内外瞻仰观众1600多万人次，接待各类集体教育活动近2000场次；组织周恩来精神宣讲团开展对外宣讲360多场次；为观众提供优质讲解11万多场次。

江苏南京的中共代表团梅园新村纪念馆自1978年对外开放以来，共接待观众1500万人次，先后与30多个单位共建为教育基地。

浙江绍兴的周恩来纪念馆，自1998年开放以来，已接待参观群

南京中共代表团梅园新村纪念馆　　江苏淮安周恩来纪念馆

天津周恩来邓颖超纪念馆

绍兴周恩来纪念馆

众150多万人次，组织纪念周恩来的大型活动30多次。与全国百支大学生未成年人思想建设服务团，浙江省委组织部、宣传部，浙江省廉政文化教育基地等20多个共建单位开展对青少年的教育活动。

天津的周恩来邓颖超纪念馆，在周恩来百年诞辰前夕，于1998年2月28日开馆以来，共接待观众1400多万人次，举办或与相关单位合作举办各种形式的纪念周恩来、邓颖超的活动共80多项。像"共产党员的楷模——周恩来"的展出宣讲活动，由馆内展出推向馆外，在机关、中小学、厂矿企业、大学及中央直属单位和江西、山东等地共宣讲1000多场，参展和听讲群众达20多万人次；作为教育基地，周邓馆与近100个单位成立共建单位，逐渐形成了十二大教育基地，涵盖了党政机关、部队官兵、公安干警、大专院校、工矿企业、爱国侨胞、中小学生、社区居民等单位。自免费参观以来，平均每天有六七千人来参观，他们都会手捧一束花，敬献在周总理和邓颖超大姐的汉白玉雕像前。

全国各省市的大、中、小学学习周恩来的活动蓬勃开展。二十几个省、市的学校开展了争创"周恩来班"的活动，已建成近300个"周恩来班"，他们研究、宣传周恩来思想，学习周恩来为人、处事的思想风范，坚定信念，明确学习目的，树立正确的人生观、价值观。学习老一代革命家的光荣传统，对于这些青少年成长起到了重大作用。

在周恩来、邓颖超身边工作过的同志，周恩来、邓颖超的亲属以及研究周恩来的专家、学者，不顾年事已高，积极投入到这项造福子孙的活动中去。他们深入学校、机关、团体、军队、街道、工矿企业，结合党的各时期的方针、政策和中心任务，向他们讲述周恩来生前为人民服务的光辉业绩，用所见所闻的亲身经历向人们介绍周恩来，使广大的人民群众更多地了解周恩来、认识周恩来、走近周恩来，以更好地学习周恩来。30多年来，他们深入到西藏、云南等边疆地区和内地各省市，参加座谈会、研讨会、报告会等，多者几百场，少者也有几十场，对宣传周恩来精神起到了重要作用。

1998年、2008年，党中央在纪念周恩来诞辰100周年和110周年时分别举行了隆重的座谈会，中央领导人和各界代表出席会议。时任党的总书记的江泽民和胡锦涛先后在座谈会上代表党中央发表重要讲话，肯定了周恩来一生对党、对国家、对人民作出的重要贡献，号召全党、全国各族人民向周恩来学习，学习他始终信仰坚定、理想崇高，对党对人民无限忠诚、勤政为民的精神；始终热爱人民，甘当人民公仆的精神；始终顾全大局、光明磊落，高度珍视和自觉维护党的团结统一的精神；始终实事求是、严谨细致，求真务实的精神；始终虚怀若谷、戒骄戒躁、谦虚谨慎的精神；始终严于律己，廉洁奉公，无私奉献的精神。

党中央的举措，把新时期纪念周恩来的活动推向高潮，把学习周恩来精神推向了全党、推向了全国各阶层，对于凝聚党心、民心起到了不可估量的作用。

2009年7月17日，中国中共文献研究会周恩来思想生平研究分会在周总理的家乡——江苏淮安成立。该分会更好地凝聚和组织了全国有关研究周恩来的力量，对周恩来开展经常性、长期性的研究和宣传，这样就有了更为官方的机构。它将继续深入地研究周恩来在重大历史关头、重大决策中的作用，从更广阔的社会背景和领域深入探讨他的历史地位和作用以及他的影响力，并从中得到有益的启示和经验，以服务于当今党和国家工作的大局。研究会的成立，将会使群众的纪念活动和研究内容推向高潮和深入。

可以说，总理逝世后的40年，人们对他的怀念始终没有停止，并将一直延续下去。

周总理从未离我们远去，他一直活在人民心中！

记录下邓大姐的思念

周恩来和邓颖超既是举世景仰的伟人，又是令人羡慕的一对恩爱伴侣。

周恩来和邓颖超相识于五四运动时的天津。五四运动中，周恩来逐渐成长为学生运动领袖，是天津学生界一颗耀眼的明星。而年仅15岁、就读于直隶女子师范学校的邓颖超也巾帼不让须眉，担任天津女界爱国同志会讲演队的队长，她带领女师同学冲破封建思想的束缚，走上天津街头，在公共场合演讲，号召妇女同胞起来救国。随着运动的不断高涨，周恩来与邓颖超相识了。

周恩来曾对他的侄女周秉德说，我要找的另一半，是能一辈子从事革命工作，能经受得住革命的艰难险阻和惊涛骇浪的伴侣。

在周恩来眼中，邓颖超无疑是最佳人选。

1925年8月8日，周恩来、邓颖超在广州结为终身伴侣。在此后长达半个世纪的风风雨雨中，两人相濡以沫、携手共进，成为令世人敬仰的模范夫妻。

1976年1月8日总理逝世，邓大姐一边痛哭，一边喊着"恩来"亲吻着总理的额头。从这一天起，邓颖超永远失去了她深爱的丈夫，而她对丈夫周恩来的思念从未停止。

1988年3月5日是周恩来90诞辰，时隔40天后的4月11日，正逢西

1920年，周恩来（后排右一）、邓颖超（前排右三）等觉悟社部分成员合影。

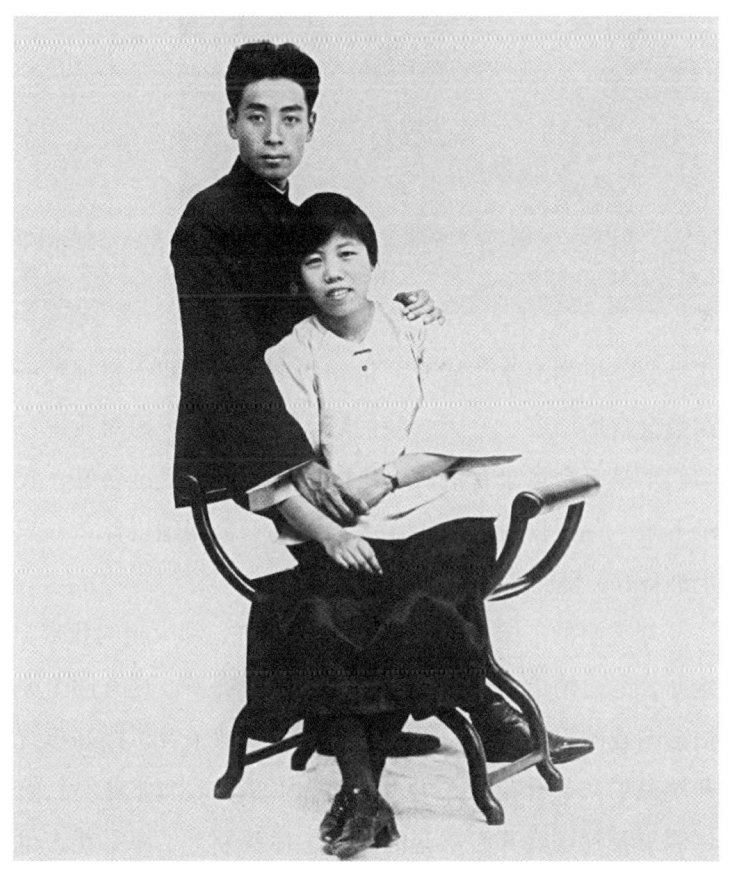

1925年，周恩来、邓颖超的结婚照。

1950年8月，周恩来、邓颖超结婚25周年（银婚）纪念。

花厅庭院里的海棠花盛开。每到这个季节，邓大姐到院子里散步的次数会自然增多。一天，我们陪大姐散步，大姐对我说："小高，咱们不是有台可录音的收音机吗？你把录音机准备好，我有话请你录下来。"根据我们的工作习惯，我不会问她讲什么，只是需要马上准备好，随时听候。

邓大姐的午休是定点的，下午4时许，邓大姐约我带上录音机到她办公室，请护士通知其他人，没事别进来。这有两个原因，一是怕影响她的思路；二是录音需要静。我把录音机摆好位置，邓大姐开始说了："看花的人不再来，你不是喜欢海棠花吗？解放初期，你偶尔看到这盛开海棠花的院落，你就爱上了海棠花，也就爱上了这个庭院，你就选上了这个房舍……"说到这里，她停下来，问我："录上了吗？"我回答说："录上了。"此刻我理解大姐的意思，马上说："大姐，请你等等，我试一下。"于是我把录好的带子重放了一遍。大姐听后满意地点头说："挺好，咱们接着说。"大姐吐字很清晰，慢慢地继续说。我观察大姐的表情，看她一边说，一边目不斜视地看着前方，陷入了深思。我在想，周总理去世12年了，这12年邓大姐每时都在想着他，特别到了这满院鲜花盛开的春天，大姐独自一人散步，她怎么样个心情，别人是难以体会的。她讲到"12年是短暂的"，这是指历史的长河。她接着又说："但是，偶尔我又感到是非常漫长的。"可以想象得出，邓大姐这12年是在悲痛的思念中度过的。今天，她要把埋在心底的话讲出来，以告诉她的老战友、老伴，也是对老伴90诞辰的纪念。

录音机不停地转动，邓大姐在继续说："……海棠花盛开的时候，它是叫人那么喜爱，但它落的时候，它又是那么静悄悄的……，落得满地都铺着海棠花，人家说，落花比开花好看。"周总理何尝不是这样，他为祖国，为人民作出了贡献，世人目睹，像春天的花在祖国、在世界开放，他的离开又何尝不是静悄悄的。他的骨灰已在深夜，不叫人们送别，静静地撒向祖国大地。

约半小时，大姐的讲话停下来，说了声："今天就讲到这里，你回去从头放一下，听听怎么样，下次再录。"

第二天、第三天的同样时间，邓大姐继续两次把她的话讲完，我重复地听完她的三次录音，录得还清楚；经她同意，我把它整理成文字，存下来。

我是把录音讲话一字字记下的，没有怎么加工就是一篇非常好的文章，可见邓大姐的语言功底。

海棠花盛开的西花厅

我把邓大姐这篇遗作原原本本地抄录下来,供读者阅读——

春天到了,百花竞放,西花厅的海棠花又盛开了,看花的主人已经走了,走了12年了,离开了我们,他不再回来了。

你不是喜爱海棠花吗?解放初期你偶然看到这个海棠花盛开的院落,你就选定了这个院落,就到这个盛开海棠花的院落来居住,你住了整整的26年,我比你住得还长,到现在已经是38年了。

海棠花现在依旧是开得鲜艳,开得漂亮,惹人喜爱,它结的果实在美味,又甜又酸,开白花的结红海棠,开红花的结黄海棠,果实累累,挂满枝头,真像花果山。秋后在海棠成熟的时候,大家就把它摘下来吃,有的把它做成果子酱,吃起来非常美味可口。你在的时候，海棠花开，你常常白天在繁忙的工作之中，抽几分钟散步观赏，在夜间你工作劳累了，有时散步站在甬路旁的海棠树前，你总是抬着头看了又看地欣赏它，可以从它那里得到一些花的美色和花的芬芳，得以稍稍的休息，然后又去继续工作。你散步的时候，有时候约我一起，有时候和你身边工作的同志们一起，你留下的看花背影，仿佛就在昨天，就在我的眼前，我们并肩在欣赏我们共同喜爱的海棠花啊，不是昨天，是12年以前。12年已经过去了，本来这12年是短暂的，但是，偶尔我感到是漫长漫长的。

海棠花开的时候，它是叫人那么喜爱，但是花落的时候，它又是那么静悄悄的，花瓣落满地，人家说，落花比开花更好看。你喜欢海棠花，我也喜欢海棠花。你在日内瓦会议的时候，我们家里的海棠花正在盛开，因为你不能看到那年盛开的海棠花美好的花朵，我就特意地剪了一枝，把它压在书本里头，经过鸿雁带到日内瓦给你，我想你在那样工作繁忙的中间，看一眼海棠花，可能对你有些回味和得以休息，这样也是一个享受。

你不在了，可是每到海棠花开放的时候，常常有爱花的人来看花，我们在花下树前，大家一边在赏花，一边在缅怀你，想念你，仿佛你仍在我们中间。你离开了这个院落，离开它们，离开我们，你不会再来。你到哪里去了啊？我认为你一定随着春天温暖的春风，又踏着严寒冬天的雪地，经过春风的吹送和踏雪的足迹，你已经深入到祖国的高山、大地，也飘进了黄河、长江，经过黄河、长江的运移，把你送入了无边无际的海洋。你，不仅是为了我们的国家，为我们国家的人民服务，而且为全人类的进步事业，为世界的和平，一直在那里跟他们永远并肩战斗，生长壮大。

当你告别人间的时候，我了解你，你是忧党、忧国、忧民，把满腹忧恨埋藏在你的心里，跟你一起走了。但是，你没有想到，人民的力量，人民的觉醒，我们党的中坚优秀领导人，很快就一举粉碎了"四人帮"。"四人帮"粉碎之后，祖国的今天，正在开着改革开放之花，越开越好、越大、越茁壮，正在结着丰硕的果实，使我们的国家繁荣昌盛，给我们的人民带来幸福。

我们中央领导集体，他们朝气蓬勃，精力充沛，他们掌握着马克思列宁主义、毛泽东思想，和中国的实际密切结合，实事求是地制定我们国家的建设宏图，克服着前进中的困难，完善着我们的法制，这使我无限地振奋。

曾记否？遥想当年，我们之间经过鸿雁传书，鸿雁飞过欧亚大陆，越过了海洋，从巴黎名城，到渤海之滨的天津，感谢绿衣使者把书信送到我们的手里。有一次，我突然接到你寄给我的李卜克内西和卢森堡像的明信片，你在明信片上写着"希望我们两个人，将来也像他们两个人那样，一同上断头台"这样英勇的、革命的誓言。那时我们都加入了无产阶级先锋队的行列，宣誓的时候，我们都下定决心，为革命而死，洒热血，抛头颅，在所不惜。我们的情书、来信，可以说是情书，也可以说不是情书，我们信里谈的是革命，是相互的共勉。我们的爱情总是和革命交织在一起。因此，我们革命几十年，出生入死，艰险困苦，患难与共，悲喜分担，有时战斗在一起，有时分散两地，无畏无私，我们的革命生涯，总是坚定地、泰然地、沉着地奋斗下去。我们的爱情，几十年也没有任何的削减。

革命的前进，建设的发展，将是无限光明的、美好的。近一百多年来，特别是中国共产党成立之后，我们无数的英雄儿女和爱国革命志士，他们为挽救中国，建设新中国，被敌人的屠刀、枪弹杀害。他们的忠骨埋在祖国处处青山下，他们的鲜血染红了祖国的大地山河，在我们镰刀斧头党的鲜艳红旗上，在我们五星国旗上，有他们血染的风采。无数的战士倒下去了，我们幸存者，为继承他们没有完成的事业，落在我们双肩上的任务很重很重。有外宾问你，你哪里来的这么充沛的精力去工作？你说，一想到我们死去的那些烈士，我们亲密的战友们，我就有使不完的劲，要加倍地努力工作，全心全意地为人民服务。这也激励着我，使我无限地振奋，我要老骥伏枥，志在千里，烈士暮年，壮心未已，把我有生的余力和余热，更好地为人民多服一点务。

你和我原不相识，姓名不知。1919年，在我国掀起了爱国五四运动，反帝、反封建、反卖国贼，要救亡图存的以学生为中心的包括工农商的举国上下最广泛的一次伟大的运动，反对当时签订凡尔赛和约。就在这次运动高潮中，我们相见，彼此都有印象，是很淡淡的。

在运动中，我们这批比较进步的学生，组织了"觉悟社"。这时候，我们接触得比较多一点。但是，我们都要做带头人，我们"觉悟社"相约，在整个运动时期，不谈恋爱，更谈不到结婚了。那个时候，我听说你主张独身主义，我还有个天真的想法，觉得我们这批朋友，能帮助你实现你的愿望。所以我是站在这样一种立场上去对待你的。而我那时对婚姻是抱着一种悲观厌恶的思想，在那个年代，一个妇女结了婚，一生就完了，所以在我上学的时候，路上遇到结婚的花轿，觉得这个妇女完了，当时就没有考虑到结婚的问题。这样，我们彼此之间，都是非常自然的，没有任何别的目的，只是为着我们共同的斗争，发扬着我们的爱国主义，追求新思潮，追求进步。就是这样的，没有任何个人意思的，没有任何个人目的的交往，发生起来，建立起来的友情，是非常纯正的。我不曾想到，我们分别后，在欧亚两个大陆上，通信之间，增进了了解，增进了感情，特别是我们建立了共同的革命理想，为共产主义奋斗。三年过去，虽然我接到你的信比过去来得勤了，信里的语意，我满没有在心，一直到你在来信中，把你对我的要求明确地提出来，从友谊发展到相爱，这时我在意了，考虑了，经过考虑，于是我们就定约了。但是，我们定约后的通信，还是以革命的活动，彼此的学习，革命的道理，今后的事业为主要的内容，找不出我爱你，你爱我的字眼。你加入了党，我加入了共产主义青年团，我们遵守党的秘密，没有互相通报。我们的思想受了国际、国内新思潮的影响，我们彼此走上了共同的道路，这使我们的感情不是个人相爱，而是上升到革命，为革命、为理想共同奋斗，这是我们能够相爱的最可靠的基础。而且，我们一直是坚持把党的利益、革命的利益、国家的利益放在第一位，而把个人的事情、个人的利益放在第二位。我们在革命征途上是坚定的，不屈不挠的，不管艰难险阻，都是勇往直前去奋斗。不计个人的得失，不计个人的流血牺牲，不计夫妇的分离。

　　我们是经过这三年时间，有选择地确定了我们相爱关系，又经历了三年考验。一直等到党中央调你回国，这样我们才在我们两地党的组织同意下，我从天津到广州，于1925年的初秋或者是夏末结婚了（1925年8月8日）。当时我们是要求民主，要求革新，要求革命，对旧社会一切的封建束缚，一切旧风俗，我们都彻底消除。我们那时没有可以登记的地方，我们也不需要什么证婚人、介绍人，我们更没有什么仪式，住在一起。这就是我们在革命之花开放的时候，同时爱情之花并开了。

1970年5月,周恩来、邓颖超在西花厅合影。这是两人的最后一张合影。

你的侄辈让你讲你我的恋爱故事，你曾说就是看到我能坚持革命，我也看到你这一点。所以我们之间谁也没有计较谁的相貌，谁的性格有什么差异，为共产主义的理想奋斗，这是最可靠的长期的相爱的基石和保证。我与你是萍水相逢，不是一见钟情，更不是恋爱至上思想，我们是经过无意的发展，两地相互通信的了解，到有意的，经过考验的结婚，又经过几十年的战斗，结下了这样一种战友的、伴侣的、相爱始终的、共同生活的夫妇。把我们的相爱融化在人民中间，融化在同志之间，融化在朋友之间，融化在青年儿童一代。因此，我们的爱情生活不是简单的，不是为爱情而爱情，我们的爱情是深长的，是永恒的，我们从来没有感觉彼此有什么隔阂，我们是根据我们的革命事业，我们的共同理想相爱的，之后又发现我们有许多相同的爱好，这也是我们生活协调，内容活跃的一个条件。

恩来，每当我遥想过去，浮想联翩，好像又回到我们的青年时代，并肩战斗的生活中去，心潮澎湃，久久不能平静。然而我现在老了，但是我要人老心红，志更坚，生命不息，战斗不止，努力为人民服务。

同志、战友、伴侣，听了这些你会含笑于九泉的。

我写的这篇，既不是诗，又不是散文，作为纪念战友、伴侣的一篇偶作、随想吧。

附录：
周总理住院587天的活动日程

1974年6月1日，住进三〇五医院。

1974年7月5日上午，在医院会见美国民主党参议员亨利·杰克逊和夫人。外交部副部长乔冠华、部长助理王海容，以及唐闻生和赵稷华陪同会见。

1974年7月17日，去中南海游泳池出席毛泽东主席召开的中共中央政治局会议。会上，毛主席首次批评了"四人帮"。

1974年7月20日下午，在医院会见尼日尔共和国政府代表团团长萨尼·苏纳·西多少校等一行。国务院副总理邓小平，外交部部长姬鹏飞以及高建中、罗旭参加会见。

1974年7月31日，在中央军委办公地和在京的其他中央政治局委员会见了原铁道部长吕正操、代理总参谋长杨成武、空军政委余立金、北京卫戍区司令员傅崇碧等，代表中央宣布为他们平反。

1974年7月31日晚，出席国防部举行的庆祝"八一"建军节47周年招待会。

1974年8月3日，在医院会见越南政府副总理黎清毅。李先念副总理陪同会见。

1974年8月10日下午，进行住院后的第二次膀胱局部切除手术。

1974年8月16日，约王海容、唐闻生两位同志来医院谈话，了解王洪文借"批林批孔"煽动打倒军内一批老干部的讲话。谈话时间为1小时30分钟。

1974年8月19日，约李先念副总理来医院谈话30分钟。

1974年9月11日，约李先念副总理来医院谈话30分钟。

1974年9月14日，约华国锋、纪登奎两位副总理来医院谈话。谈话时间为1小时10分钟。

1974年9月20日下午4时至4时45分，在医院会见菲律宾总统马科斯的特别代表、马科斯总统夫人伊梅尔达·马科斯，商谈两国建交问题。

1974年9月26日晚6时至6时40分，在医院会见毛里塔尼亚伊斯兰共和国总统莫克塔·乌尔德·达达赫和夫人。

1974年9月27日，李先念副总理来医院谈话1小时。

1974年9月30日晚7时30分，最后一次出席国庆招待会，8点30分结束。

1974年10月6日，会见外宾前，邓小平来医院谈话30分钟。

1974年10月6日下午5时45分，在医院会见加蓬共和国总统、政府首脑哈吉·奥马尔·邦戈和夫人及随行人员。

1974年10月6日晚8时，江青来医院谈话2小时。

1974年10月7日，王洪文来医院谈话约1小时30分钟。

1974年10月9日，邓小平来医院谈话约1小时。

1974年10月10日，李先念来医院谈话约1小时。

1974年10月12日，王海容、唐闻生来医院谈话1小时45分钟。

1974年10月14日下午4时，汪东兴来医院谈话2小时。

1974年10月14日晚7时15分，叶剑英副主席来医院谈话2小时。

1974年10月19日，周恩来会见丹麦首相保罗·哈特林。

1974年10月16日下午4时30分，王洪文、张春桥来医院谈话2小时。

1974年10月19日下午3时，李先念、华国锋、纪登奎来医院谈话。

1974年10月19日下午，会见外宾前，邓小平来医院谈话30分钟。

1974年10月19日下午，在医院会见丹麦王国首相保罗·哈特林和夫人埃尔赛贝特·哈特林。

1974年10月19日晚10时30分，王海容、唐闻生来医院谈话40分钟。

1974年10月20日晚11时，王洪文来医院谈话2小时。

1974年10月22日下午1时30分，王海容、唐闻生来医院谈话1小时。

1974年10月23日凌晨1时30分，王洪文来医院谈话1小时。

1974年10月23日中午12时45分，王海容、唐闻生来医院谈话至下午2时20分，为时1小时35分。

1974年10月23日下午5时至5时55分，邓小平来医院谈话，为时

55分钟。

1974年10月23日晚8时30分至9点，江青来医院谈话30分钟。

1974年10月25日下午6时至晚8时，约叶剑英来医院谈话2小时。

1974年10月27日下午5时10分至5时30分，在医院会见越南民主共和国政府经济代表团团长、政府副总理黎清毅一行。会见后继续与李先念谈话至晚7时30分。

1974年10月28日下午6时至7时30分，王洪文来医院谈话1小时30分钟。

1974年11月1日晚8时30分，在医院召开有王洪文、叶剑英、邓小平、张春桥、江青、姚文元、李先念、纪登奎参加的部分政治局委员会议。

1974年11月2日零时，约王海容、唐闻生来医院谈话。

1974年11月2日上午11时30分至下午2时05分，李先念、纪登奎来医院谈话2小时35分钟。

1974年11月3日上午9时30分至11时，约王洪文、邓小平、华国锋、吴德、陈锡联、陈永贵、倪志福、吴桂贤等部分政治局同志开会。

1974年11月5日下午5时至5时50分，在医院会见特立尼达和多巴哥总理兼外交部长埃里克·尤斯塔斯·威廉斯博士。李先念副总理陪见。会见后留李先念谈话30分钟。

1974年11月7日零时30分，约王海容、唐闻生来医院谈话2小时。

1974年11月7日下午4时30分，约李先念来医院谈话2小时15分钟。

1974年11月7日晚8时30分，再约王海容、唐闻生来医院谈话1小时。

1974年11月9日凌晨1时至2时30分，约李先念、纪登奎来医院谈话1小时30分钟。

1974年11月9日晚11时至次日（10日）零时30分，约王洪文来医院谈话1小时30分钟。

1974年11月10日下午4时至5时，约王洪文、叶剑英、张春桥来医院谈话1小时。

1974年11月10日下午6时至6时45分，在医院会见也门民主人民共和国总统委员会主席萨勒姆·鲁巴伊·阿里。会见后留邓小平谈话15分钟。

1974年11月12日下午5时10分至9时10分，做部分膀胱切除手术。王洪文、叶剑英、张春桥在医院守候。

1974年11月18日下午3时30分至4时15分，邓小平、叶剑英来医院谈话45分钟。

1974年11月18日晚6时20分至6时40分，许世友来医院看望。

1974年11月22日下午4时10分至6时10分，李先念、纪登奎来医院谈话2小时。

1974年11月22日下午6时50分至7时25分 邓小平同志来医院谈话35分钟。

1974年11月22日晚10时35分至次日（23日）零时，江青来医院谈话1小时25分钟。

1974年11月23日下午4时50分至6时25分，叶剑英来医院谈话1小时35分钟。

1974年11月24日下午5时30分至5时50分，在医院会见了柬埔寨王国民族团结政府副首相府特别顾问英·萨利率领的代表团。

1974年11月25日晚6时，邓小平副总理来医院谈话30分钟。

1974年11月25日晚6时40分至7时40分，在医院会见美国国务卿

1974年11月25日，周恩来会见基辛格。

兼总统国家安全事务助理亨利·基辛格一家。

1974年11月26日晚11时25分至次日（27日）零时20分，李先念、纪登奎来医院谈话55分钟。

1974年11月27日下午1时40分至3时，王海容、唐闻生来医院谈话1小时20分。

1974年11月29日晚6时40分至9时40分，约王洪文来医院长时间谈话3小时。

1974年11月30日，在医院治疗。

1974年12月2日下午4时45分，乘车去钓鱼台看康生。下午6时25分，回到医院。

1974年12月3日下午5时10分至6时20分，邓小平副总理来医院谈话1小时10分钟。

1974年12月4日下午5时5分至8时15分，王洪文来医院谈话3小时10分钟。

1974年12月5日下午5时35分至5时55分，在医院会见越南劳动党中央政治局委员黎德寿一行。会见结束后，与纪登奎同志谈话至晚7时30分。为时1小时35分钟。

1974年12月5日晚9时55分至10时10分，在医院会见日本创价学会会长池田大作率领的日本创价学会第二次访华团全体团员。

1974年12月7日晚9时50分至10时10分，在医院会见阿富汗共和国达乌德总统的特使穆罕默德·纳伊姆及随同来访人员。会见结束后，继续与李先念、乔冠华谈话至晚11时15分，为时1小时5分钟。

1974年12月9日晚7时至9时20分，王洪文、纪登奎来医院谈话。为时2小时20分钟。

1974年12月11日晚11时30分至次日（12日）凌晨1点50分，王洪文、纪登奎来医院谈话2小时20分钟。

1974年12月12日晚6点45分至7点25分，在医院会见美国参议院民主党领袖迈克·曼斯菲尔德和夫人。会见后留王海容、唐闻生谈话至晚9时30分。为时2小时5分钟。

1974年12月12日晚10时至10时30分，在医院会见巴基斯坦国防和国务部长阿齐兹·艾哈迈德。

1974年12月12日晚11时15分，邓小平、李先念来医院谈话至零时。为时45分钟。

1974年12月14日晚10点55分至次日（15日），约王洪文、纪登奎来医院谈话。为时2小时。

1974年12月15日晚8时30分至11时30分，在医院召开会议。王洪文、叶剑英、张春桥、纪登奎参加。

1974年12月16日晚6时至6时25分，在医院会见扎伊尔共和国总统蒙博托·塞塞·塞科和夫人及随行来访人员。

1974年12月16日晚9时至次日（17日）零时05分，在医院召集开会，王洪文、叶剑英、邓小平、李先念、张春桥、纪登奎参加。

1974年12月18日下午4时35分至5时40分，约邓小平来医院谈话1小时5分钟。

1974年12月18日晚，在医院召开政治局会议，讨论和修改第四届人大《政府工作报告》草稿。

1974年12月20日全天修改由邓小平主持起草的《政府工作报告》。

1974年12月20日晚9时30分至次日（21日）零时15分，在医院召开会议，王洪文、叶剑英、张春桥、纪登奎参加。

1974年12月21日晚9时至11时45分，在医院召开政治局会议，王洪文、叶剑英、邓小平、张春桥、李先念、江青、姚文元、纪登奎、吴德参加会议。会议结束留李先念、纪登奎继续谈话至12时30分钟。

1974年12月22日下午4时30分至7时，在医院召开政治局会议，王洪文、叶剑英、张春桥、纪登奎、华国锋、陈永贵、陈锡联、倪志福、吴桂贤等参加。

1974年12月22日晚8时35分至11时35分，王海容、唐闻生来医院谈话3小时。

1974年12月23日，飞赴长沙。晚7时，与王洪文一起向毛主席汇报，大约两个小时。

1974年12月27日凌晨2时，与毛主席单独谈话长达两个多小时。

1974年12月27日晚7时30分飞回北京，入住三〇五医院。

1974年12月28日晚7时至9时25分，在医院召开中共中央政治局常委会。王洪文、叶剑英、邓小平、张春桥参加。

1974年12月29日下午3时至6时，王海容、唐闻生来医院谈话3小时。

1974年12月29日晚8时15分至10时10分，在人民大会堂东大厅主持召开中共中央政治局会议。

1974年12月31日下午4时30分至7时25分，约乔冠华、黄镇同志来医院谈话2小时55分钟。

1975年1月1日下午4时25分至6时25分，李先念来医院谈话2小时。

1975年1月1日晚6时40分至7时15分，邓小平来医院谈话35分钟。

1975年1月1日晚7时25分至11时20分，在人民大会堂东大厅主持召开中央政治局会议。

1975年1月3日下午3时15分至5时，王海容、唐闻生来医院谈话1小时45分钟。

1975年1月3日晚8时30分至9时40分，在医院召开中央政治局常委会，王洪文、叶剑英、邓小平、张春桥参加。

1975年1月3日晚9时40分至10时45分，同叶剑英同志继续谈话1小时5分钟。

1975年1月4日晚8时30分至10时15分，王海容、唐闻生来医院谈话1小时45分钟。

1975年1月4日晚10时50分至11时15分，在医院会见荷兰外交大臣范德斯图尔和随同来访人员。

1975年1月6日晚7时至9时，在医院召开中央政治局常委会。王洪文、叶剑英、邓小平、张春桥参加。

1975年1月7日下午5时55分至6时30分，在医院会见马耳他总理多米尼克·明托夫和随同来访人员。

1975年1月8日早6时30分，去钓鱼台看望康生，后去京西宾馆开会。

1975年1月8日上午8时，主持中国共产党十届二中全会开幕。

上午9时30分，回到医院。

1975年1月8日晚10点20分至10点50分在医院会见泰国访华代表团团长、泰国外交部副部长差提猜·春哈旺率领的代表团。会见后留韩念龙谈话至12时，为时70分钟。

1975年1月9日下午4时25分至6时40分，李先念、王海容、唐闻生、章含之来医院谈话2小时15分钟。

1975年1月9日晚9时至11时，在京西宾馆主持中共十届二中全会。晚11时15分，回到医院。

1975年1月10日晚8时，在京西宾馆召开中央政治局会议。

1975年1月10日晚8时40分至9时15分，中共中央十届二中全会闭幕。

1975年1月10日晚9时20分至9点30分，在京西宾馆约郭沫若同志谈话。晚10时，回到医院。

1975年1月12日下午5时至7时，在人民大会堂东大厅，召开中央政治局会议。晚7时30分，回到医院。

1975年1月13日晚8时至10时，去人民大会堂出席第四届全国人民代表大会一次会议，作《政府工作报告》。

1975年1月14日晚10时至11时30分，在医院召开政治局常委会，王洪文、叶剑英、邓小平、张春桥和李先念同志参加。

1975年1月15日下午4时至4时30分，在人民大会堂西大厅主持李富春同志追悼会，邓小平致悼词。下午5时，回到医院。

1975年1月16日晚9时25至10时10分，同对外贸易部副部长姚依林、部长助理刘希文谈话。

1975年1月16日晚10时10分至10点40分，在医院会见日中经济协会会长稻山嘉宽等日本客人。

1975年1月16日晚10时,周恩来会见访华的日本日中经济协会会长稻山嘉宽。

1975年1月16日深夜,周恩来会见访华的德意志联邦共和国基督教社会联盟主席施特劳斯和夫人。

  1975年1月16日晚10时45分至11时30分,王洪文来医院谈话45分钟。

  1975年1月16日零时10分至零时55分,在医院会见德意志联邦共和国基督教社会联盟主席弗兰茨—约瑟夫·施特劳斯一行。

  1975年1月17日晚8时,去人民大会堂出席四届人大一次会议闭幕式。

1975年1月18日晚7时至8时5分，同邓小平谈话1小时5分钟。

1975年1月18日晚11时15分至次日（19日）凌晨1时45分，纪登奎来医院谈话2小时30分钟。

1975年1月19日下午5时45分至6时25分，李先念来医院谈话40分钟。

1975年1月19日晚7时至8时45分，在医院召开中央政治局常委会。王洪文、叶剑英、邓小平、张春桥和吴德参加。

1975年1月20日晚9时30分至10时30分，与参加会见客人先到的中日友好协会会长廖承志以及王晓云、孙平化、林丽韫谈话1小时。

1975年1月20日晚10时35分至11时40分，在医院会见日本自由民主党众议员、前国务大臣保利茂及随同来访人员。为时1小时5分钟。

1975年1月22日上午11时5分至下午2时45分，王海容、唐闻生二位同志来医院谈话，为时3小时40分钟。

1975年1月22日下午3时30分至4时40分，江青来医院谈话，为时1小时10分钟。

1975年1月22日下午5时20分至6时45分，纪登奎来医院谈话，为时1小时25分钟。

1975年1月23日下午5时，在医院召开中央政治局常委会，王洪文、叶剑英、邓小平、张春桥和纪登奎参加。会议于晚7时30分结束。晚9时，回到医院。

1975年1月24日晚6时，去人民大会堂福建厅会见香港大公报社社长费彝民，8时45分结束。晚9时，回到医院。

1975年1月26日下午4时55分至6时30分，吴德来医院谈话1小时35分钟。

1975年2月1日,周恩来会见特立尼达和多巴哥总理威廉斯博士。

1975年1月27日下午4时45分至5时45分,邓小平来医院谈话1小时。

1975年1月28日下午5时45分至6时10分,与先到的教育部部长周荣鑫同志谈话25分钟。

1975年1月28日下午6时10分,在医院会见联合国教科文组织总干事阿马杜·穆赫塔尔·恩布。教育部部长周荣鑫陪同会见。会见于6时40分结束,为时30分钟。

1975年1月30日下午4时,在医院召开有王洪文、叶剑英、邓小平、张春桥参加的中央政治局常委会。会议于6时5分结束。为时2小时5分钟。

1975年1月30日晚11时55分至次日(31日)凌晨2时5分,纪登奎来医院谈话。为时3小时10分钟。

1975年1月31日下午6时至6时30分,在医院会见冈比亚共和国外交部长阿巴·恩吉和总统府秘书长埃里克·克里斯坦森。

1975年2月1日下午3时至6时,在人民大会堂东大厅召开国务院常务会议。为时3个小时。

1975年2月1日下午6时20分至7时,在医院会见特立尼达和多巴哥总理埃里克·尤斯塔斯·威廉斯博士一行。为时40分钟。

1975年2月2日，毛主席看了周总理病情和治疗报告，让秘书转达对总理的问候。

1975年2月4日下午5时10分，被推进手术室，作膀胱镜检查并做了尿道膀胱肿瘤电切术。9时20分结束，为时4小时10分钟。

1975年2月5日至7日，叶剑英、李光念、纪登奎、陈锡联每天电话问候。

1975年2月7日晚8时至9时10分，江青来医院看望并谈话。为时1小时10分钟。

1975年2月9日晚6时45分至7时30分，王洪文来医院看望并谈话。为时45分钟。

1975年2月10日晚6时45分至9时15分，纪登奎、吴德来医院看望并谈话。为时2个半小时。

1975年2月13日晚7时40分至11时25分，王海容、唐闻生来医院谈话。为时3小时45分钟。

1975年2月14日晚11时45分至次日（15日）凌晨3时，纪登奎来医院谈话。为时3小时15分钟。

1975年2月15日晚9时至11时30分，在人民大会堂福建厅召开中央政治局常委会议。王洪文、叶剑英、邓小平、张春桥参见会议。为时2小时30分钟。

1975年2月16日下午5时45分至晚8时30分，李先念来医院谈话。为时2小时45分钟。

1975年2月16日晚9时30分至11时，约邓小平来医院谈话。为时1小时30分钟。

1975年2月17日晚7时至8时30分，纪登奎来医院谈话。为时1小时30分钟。

1975年2月17日晚8时45分至9时50分，康生来医院谈话。为时1小时5分钟。

1975年2月18日晚10时30分至11时，康生的秘书黄宗汉来医院谈话。为时30分钟。

1975年2月19日晚8时30分，在人民大会堂东大厅召开政治局会议。晚11时25分会议结束。为时2小时55分钟。晚12时，回到医院。

1975年2月20日下午4时至6时55分，在医院召开中央政治局常委会，王洪文、邓小平、叶剑英、张春桥和汪东兴参加。

1975年2月20日晚9时40分至10时08分，在医院会见莫桑比克解放阵线主席萨莫拉。邓小平等陪见，为时28分钟。会见结束后留邓小平谈话至10时50分。

1975年2月21日上午11时至下午2时10分，王海容、唐闻生来医院谈话。为时3小时10分钟。

1975年2月21日晚8时30分至次日（22日）零时15分，在人民大会堂东大厅召开政治局会议。为时3小时45分钟。

1975年2月22日零时35分至凌晨3时，约李志绥等医生来谈关于毛主席的治疗问题。为时2小时25分钟。

1975年2月22日晚8时15分至10时15分，约毛主席医疗组李志绥等六位医生开会，继续谈毛主席的治疗问题。为时2小时。

1975年2月24日晚8时30分至11时23分，在医院会见了柬埔寨国家元首、柬埔寨民族统一阵线主席诺罗敦·西哈努克亲王。为时57分钟。会见之后留乔冠华谈话至11时50分结束。为时27分钟。

1975年2月26日晚10时20分至次日（27日）零时10分，约邓小平、乔冠华、王海容、唐闻生同志来医院谈话。为时1小时50分钟。

1975年2月27日晚9时10分至11时15分，纪登奎、华国锋、吴德来医院谈话。为时2小时5分钟。

1975年2月28日下午5时45分至6时45分，在医院会见刚果人民共和国总理亨利·洛佩斯率领的政府代表团。为时1小时。

1975年3月1日晚11时5分至次日（2日）凌晨1时55分，纪登奎、华国锋、吴德同志来医院谈话。为时2小时50分钟。

1975年3月2日下午4时30分至6时45分，王海容、唐闻生来医院谈话。为时2小时15分钟。

1975年3月4日下午4时至7时10分，在人民大会堂福建厅召开中共中央政治局常委会。王洪文、叶剑英、邓小平、张春桥参加。为时3小时。晚7时20分，回到医院。

1975年3月4日晚8时20分至9时30分，在医院会见柬埔寨王国民族团结政府副首相府特别顾问英·萨利。为时1小时10分钟。会见后留纪登奎副总理谈话至10时35分。为时1小时5分钟。

1975年3月5日晚9时至10时5分，吴桂贤副总理来医院谈话。为时1小时5分钟。

1975年3月6日下午4时30分，做肠镜检查。

1975年3月10日晚9时至10时07分，在医院会见赞比亚外长姆旺加等人。为时1小时7分钟。会见结束后，留乔冠华谈话至11时05分。为时58分钟。

1975年3月12日晚6时至6时40分，在医院会见圭亚那总理伯纳姆及随同来访人员。为时40分钟。

1975年3月15日晚7时30分至10时15分，在医院召开中央政治局常务委员会。王洪文、叶剑英、邓小平、张春桥到会，纪登奎列席会议。为时2小时45分钟。会后留叶剑英继续谈话至11时25分。为

1975年3月12日,周恩来会见圭亚那总理伯纳姆。

时1小时10分钟。

1975年3月16日晚9时40分至10时45分,在医院会见新加坡共和国外交部长斯·拉贾拉南和外交部高级政务部长李炯才。为时1小时05分钟。

1975年3月17日下午5时30分至6时05分,在医院会见摩洛哥王国外交国务大臣艾哈迈德·拉腊基博士和随同来访人员。为时35分钟。

1975年3月17日晚9时40分至10时10分,在医院会见斯里兰卡总理西丽玛沃·班达拉奈克夫人的儿子、斯里兰卡代表团团长阿努拉·班达拉奈克。为时30分钟。

1975年3月18日下午4时30分,作第二次肠镜检查。

1975年3月19日上午8时30分至9时40分,李先念、纪登奎来医院谈话。为时1小时10分钟。

1975年3月25日晚9时至11时,王海容、唐闻生来医院谈话。为时2小时。

1975年3月25日晚11时5分至次日（26日）凌晨1时，李先念、纪登奎、华国锋来医院谈话。为时1小时55分钟。

1975年3月26日晚9时50分，进手术室，实施结肠肿瘤切除手术。27日凌晨6时，手术顺利结束。

1975年4月2日上午11时，王洪文来医院看望，15分钟后离开。

1975年4月2日晚8时，邓小平来医院看望，15分钟后离开。

1975年4月3日下午6时10分至6时25分，在医院会见突尼斯共和国总理赫迪·努伊拉。为时15分钟。

1975年4月3日晚7时至7时10分，李先念来医院看望。为时10分钟。

1975年4月7日，因做完结肠手术后，还不能下床，没能去参加董必武的追悼会，亲嘱送了花圈，以示哀悼。

1975年4月11日下午5时30分至6时20分，邓小平来医院谈话。为时50分钟。

1975年4月12日晚11时15分至次日（13日）零时35分，江青来医院谈话。为时1小时20分钟。

1975年4月13日凌晨1点30分至3时，纪登奎来医院谈话。为时1小时30分钟。

1975年4月13日下午1时至3时40分，王洪文来医院谈话。为时2小时40分钟。

1975年4月14日晚8时35分至10时15分，邓小平来医院谈话。为时1小时45分钟。

1975年4月15日下午1时20分至5时30分，王海容、唐闻生来医院谈话。为时4小时10分钟。

1975年4月17日零时40分至凌晨2时15分，纪登奎来医院谈话。

为时1小时35分钟。

1975年4月19日下午5时，在医院会见朝鲜劳动党中央委员会总书记、朝鲜民主主义人民共和国主席金日成同志和由他率领的朝鲜民主主义人民共和国党政代表团。

1975年4月20日下午5时30分至6时30分，在医院会见比利时王国政府首相莱奥·廷德曼斯等比利时贵宾。为时1小时。

1975年4月20日晚7时45分至8时30分，康生夫人曹轶欧来谈话。为时45分钟。

1975年4月23日下午5时30分至6时55分，在医院会见柬埔寨王国民族团结政府副首相府特别顾问英·萨利。为时1小时25分钟。会见后约叶剑英、纪登奎谈话，至7时30分结束。为时35分钟。

1975年4月27日上午8时15分至10时05分，约李先念副总理来医院谈话。为时1小时50分钟。

1975年4月29日下午5时30分至6时45分，约邓小平副总理来医院谈话。为时1小时15分钟。

1975年4月29日晚10时45分至次日（30日）凌晨1时30分，约华国锋、吴德来医院谈话。为时2小时45分钟。

1975年4月30日下午5时15分至6时，约陈锡联、王海容来医院谈话。为时45分钟。

1975年4月30日下午6时至6时30分，在医院会见阿拉伯也门共和国指挥委员会兼武装部队副总司令穆贾希德·阿布·沙瓦里希率领的代表团。为时30分钟。

1975年4月30日晚7时至8时50分，约王洪文来医院谈话。为时1小时50分钟。

1975年5月1日下午4时30分至7时30分，王海容、唐闻生来医院谈话。为时3小时。

1975年5月3日晚10时30分，离医院去中南海游泳池出席毛主席召集的中共中央政治局会议。会上，毛主席再次严厉批评"四人帮"。会议于5月4日凌晨1时结束。凌晨1时10分，回到医院。

1975年5月4日上午8时40分至9时30分，邓小平来医院谈话。为时50分钟。

1975年5月4日上午10时15分至12时30分，王海容、唐闻生来谈话。为时2小时15分钟。

1975年5月4日晚9时，去人民大会堂福建厅主持召开中共中央政治局常委会。王洪文、叶剑英、邓小平、张春桥参加。会议于晚12时结束。为时3小时。12时10分，回到医院。

1975年5月7日下午2时30分，去北京医院看望谭震林。

1975年5月7日下午2时50分，在北京医院看望正因病住院的汪东兴。30分钟后，在北京医院约见原保健医生周尚珏、保健护士郑淑芸和原总理卫士长成元功夫人焦纪壬（医院药剂师）。向他们讲述自己的病情。下午4时，回到医院。

1975年5月8日中午12时，去北京饭店理发。理发师朱殿华一边理发一边与总理聊天。朱师傅给总理做头部按摩，总理入睡了，不时发出鼾声。下午1时30分总理醒来，2时回到医院。

1975年5月8日下午5时30分至6时20分，在医院会见欧洲经济共同体委员会副主席克里斯托弗·索姆斯及其随行人员。为时50分钟。

1975年5月8日晚9时，去人民大会堂福建厅主持召开中共中央政治局常委会，王洪文、叶剑英、邓小平、张春桥参加。会议于次日（9日）零时10分结束，为时3小时10分钟。零时20分，回到医院。

1975年5月9日晚8时，去人民大会堂开会。晚10时35分，回到

1975年5月8日，周恩来会见欧洲经济共同体委员会副主席克里斯托弗·索姆斯。

医院。

1975年5月10日上午9时45分，去北京医院看望因病马上手术的汪东兴。

1975年5月10日晚10时40分至次日（11日）凌晨2时10分，王海容、唐闻生来医院谈话。为时3小时30分钟。

1975年5月11日下午4时至5时35分，纪登奎来医院谈话。为时1小时35分钟。

1975年5月12日晚9时，去人民大会堂福建厅，9时30分会见缅甸共产党主席柯生。会见于10时20分结束，为时50分钟。

1975年5月12日晚10时30分至11时30分，同海军第一政委苏振华谈话。为时1小时。11时50分，回到医院。

1975年5月14日中午12时45分，去已闭园很久的北海公园散步。于1时15分回到病房。

1975年5月14日晚7时40分至9时40分，李先念来医院谈话。为时2小时。

1975年5月17日中午12时30分，与邓大姐一同去北京饭店，总理洗头、刮脸后，与邓大姐共进午餐，休息后于4时45分回到医院。

1975年5月18日晚9时30分至10时30分，与出访法国刚刚回来的邓小平谈话。为时1小时。

1975年5月19日下午1时55分至3时40分，吴德同志来医院谈话。为时1小时45分钟。

1975年5月19日下午5时30分，在医院会见伊朗国王穆罕默德·礼萨·巴列维陛下的妹妹阿什拉芙·巴列维公主。会见为时1小时20分钟。会见后与王海容继续谈话50分钟。

1975年5月20日晚8时30分至10时55分，叶剑英副主席来医院谈话。为时2小时25分钟。

1975年5月21日下午5时30分至6时40分，在医院会见莱索托王国外交大臣约瑟夫·科措科阿内和夫人。外交部部长乔冠华、副司长周明基、章含之和傅顺和会见时在座。为时1小时10分钟。

1975年5月22日下午2时，去西花厅。这是他自1974年6月1日住进三〇五医院后，第一次回西花厅。和邓大姐一块儿坐在客厅，钱嘉东、纪东、赵茂峰、赵炜都赶过来看望。与应约到西花厅的侄女周秉德和谢富治的女儿谢小沁互致问候，谢小沁还高兴地唱歌跳舞。相处1小时40分钟，于下午3时40分回到医院。

1975年5月22日晚6时45分至8时45分，约阜外医院大夫胡旭东来谈话。胡旭东曾经是总理的保健医生，与张佐良倒班，现已参加毛主席的医疗小组。谈话2小时。

1975年5月22日晚9时至11时，李先念来医院谈话。为时2小时。

1975年5月23日下午2时，去北海公园散步。

1975年5月24日下午5时45分至6时30分，纪登奎来医院谈话。

为时45分钟。

1975年5月24日晚7时15分，第二次回西花厅，没约其他人，只是与邓大姐两人聊天。晚8时，回到医院。

1975年5月25日中午11时30分，去北京饭店理发、刮脸，中午1点到人民大会堂西藏厅吃饭。席间与大会堂的刘剑局长以及服务人员谈及大会堂的一些活动和使用情况，嘱刘剑同志多注意检查大会堂的建筑使用安全。

1975年5月25日下午5时30分至5时45分结束，在医院会见罗马尼亚社会主义共和国政府代表团团长、罗共中央政治局执行委员会委员、政府副总理兼教育部长保罗·尼古列斯库以及代表团其他成员。为时15分钟。会见后与李先念谈话至6时40分。谈话55分钟。

1975年5月26日下午4时，去北海公园散步。5时25分，回到三〇五医院。

1975年5月28日，同已受命主持中共中央政治局会议并主持中央日常工作的邓小平谈话，从下午4时一直谈到6时50分，两人这么长时间的谈话，是总理住院后的第一次。

1975年5月30日中午12时40分，去北海公园散步。下午2时45分回到医院。

1975年5月31日中午12时35分，去北京饭店刮脸、休息。下午2时15分，回到医院。

1975年5月31下午5时30分，在医院会见圭亚那政府副总理里德等7人。会见后留陈锡联、王海容、唐闻生谈话35分钟。

1975年6月1日下午1时40分去北海公园散步。下午3时，回到医院。

1975年6月1日下午5时至6时45分，王洪文来医院谈话。为时1

小时45分钟。

1975年6月2日下午2时，去北海公园散步。下午3时，回到医院。

1975年6月2日晚11时20分至次日（3日）凌晨2时45分，王海容、唐闻生来医院谈话。为时3小时25分钟。

1975年6月3日中午12时55分至1时55分，纪登奎来医院谈话。为时1小时。

1975年6月4日下午2时，去北海公园散步。下午3时35分，回到医院。

1975年6月4日晚11时45分至次日（5日）凌晨2时，王海容、唐闻生来医院谈话。为时2小时15分钟。

1975年6月5日下午5时30分至6时30分，海军第一政委苏振华来医院谈话。为时1小时。

1975年6月6日下午2时10分，去北京饭店理发、休息。下午5时15分，回到医院。

1975年6月6日晚9时40分，乔冠华、章含之在会见外宾前先来医院汇报20分钟。

1975年6月6日晚10时至10时35分，在医院会见澳大利亚外交部长唐纳德·威尔西和夫人。为时35分钟。会见后同乔冠华、章含之谈话1小时。

1975年6月7日晚11时5分至11时45分，在医院会见了菲律宾总统马科斯和夫人以及女儿伊梅·马科斯和伊雷妮·马科斯等菲律宾贵宾。为时45分钟。会见后与邓小平、王海容、唐闻生继续谈话至次日（8日）凌晨1时。

1975年6月9日下午4时至5时，出席在八宝山革命公墓礼堂举行的贺龙骨灰安放仪式。

1975年6月9日，周恩来与菲律宾总统马科斯签署两国政府联合公报。

1975年6月9日晚7时，和菲律宾共和国总统马科斯在医院共同签署中华人民共和国政府和菲律宾共和国政府联合公报。

1975年6月10日凌晨1时至3时20分，约李先念、华国锋来医院谈话。为时2小时20分。

1975年6月11日下午6时至6时45分，在医院会见冈比亚共和国总统达乌达·凯拉巴·贾瓦拉及其随行人员。为时45分钟。会见后与王海容、唐闻生继续谈话至7时15分，为时30分钟。

1975年6月12日下午3时45分，去北海公园散步。4时45分，去北京饭店洗头刮脸。下午6时，回到医院。

1975年6月12日晚8时40分至9时55分，在医院会见日中友好议员联盟会长、日本国际贸易促进协会会长藤山爱一郎等日本友人。为时1小时15分钟。

1975年6月13日下午3时05分，去北海公园散步。下午4时45分，回到医院。

1975年6月14日下午1时，去北海公园散步。下午2时30分，回到医院。

1975年6月12日，周恩来会见访华的藤山爱一郎（中）、川濑一贯（右一）等日本朋友。

1975年6月14日晚9时至10时10分，王海容、唐闻生来医院谈话。为时1小时10分钟。

1975年6月15日上午10时15分，去北京饭店理发。中午12时50分，离开北京饭店到西花厅约见周氏兄妹，因临时通知，又是星期日，只约到周秉华一人。3时10分离开西花厅，回到医院。

1975年6月15日晚6时15分至6时30分，在医院会见了阿尔巴尼亚劳动党中央政治局委员、部长会议第一副主席阿迪尔·查尔查尼一行。为时30分钟。

1975年6月15日晚7时40分至8时20分，邓小平副总理来医院谈话。为时40分钟。

1975年6月15日晚9时40分至12时20分，李先念、纪登奎、华国锋来医院谈话。为时2小时40分钟。

1975年6月16日晚11时45分，进手术室做膀胱肿瘤电切术，至次日（17日）凌晨3点45分出手术室回病房，王洪文、邓小平、张春桥在医院守护。

1975年6月23日下午4时20分至5时30分，王海容、唐闻生来医院谈话。为时1小时10分钟。

1975年6月23日下午5时30分至6时，邓小平副总理和纪登奎副总理来医院谈话。为时30分钟。

1975年6月23日下午6时至6时35分，在医院会见柬埔寨共产党总书记波尔布特和英·萨利等一行。邓小平、纪登奎、方毅、耿飚、乔冠华陪同会见。

1975年6月24日下午1时10分，去北海公园散步，在仿膳餐厅内休息、看报纸等。下午3时55分，回到医院。

1975年6月25日下午5时50分，去北京医院看望手术后的汪东兴，晚7时，回到医院。

1975年6月26日上午11时，去北京饭店理发室洗头刮脸。中午12时45分，回到医院。下午4时35分，去北海公园散步。

1975年6月26日下午5时05分至5时35分，在北海公园仿膳会见了来华探亲和参观访问的美籍教授李振翩。为时30分钟。

1975年6月27日晚8时至8时45分，再次会见柬共总书记波尔布特和英·萨利。邓小平陪见。会见后同邓小平谈话40分钟。

1975年6月28日下午1时15分，去北海公园散步。下午2时55分，回到医院。

1975年6月28日下午6时40分至7时10分，在医院会见加蓬共和国总统、政府首脑哈吉·奥马尔·邦戈一行。为时30分钟。

1975年6月30日下午6时至6时40分，在医院会见泰王国总理蒙拉差翁·克立·巴莫及其主要随行人员。为时40分钟。

1975年6月28日，周恩来会见访华的加蓬总统邦戈。

1975年6月30日，周恩来会见泰国总理克立·巴莫。

1975年7月1日，周恩来抱病签署中泰两国建交公报。

1975年6月30日晚9时05分至9时40分，李先念副总理来医院谈话。为时35分钟。

1975年7月1日下午4时30分至6时，王海容、唐闻生来谈话。为时1小时30分钟。

1975年7月1日晚6时45分，在医院与泰国总理蒙拉差翁·克立签署中华人民共和国政府和泰王国政府联合公报，中泰两国政府决定自即日起建立大使级的外交关系。

1975年7月2日下午4时，去北京饭店理发。下午5时50分，回到医院。

1975年7月3日下午2时15分，去北海公园散步。下午3时55分，回到医院。

1975年7月4日上午9时40分，去北海公园散步。上午11时，回到医院。

1975年7月4日下午6时至6时30分，在医院会见伊拉克共和国副总统塔哈·毛希丁·马鲁夫和由他率领的伊拉克政府代表团团员。会见后同邓小平谈话30分钟。

1975年7月4日，周恩来会见伊拉克副总统马鲁夫。

　　1975年7月6日中午12时45分，去北海公园散步，在仿膳休息至2时返回医院。

　　1975年7月6日晚6时35分至7时15分，在医院会见几内亚（比绍）外交部长维克多·萨乌德·马里亚和由他率领的几内亚（比绍）政府代表团团员。为时40分钟。

　　1975年7月6日晚10时15分至12时20分，在医院召开中共中央政治局常委扩大会议，研究毛主席眼病的治疗方案。叶剑英、邓小平、张春桥、汪东兴、王海容、唐闻生参加。

　　1975年7月7日下午4时30分至6时30分，约汪东兴和李志绥等4位医生开会，听取医生们对毛主席眼病的治疗意见。

1975年7月8日中午12时30分，去北海公园散步。休息至2时，回到医院。

1975年7月8日下午4时40分至6时30分，约汪东兴和4位医生再次研究毛主席眼睛治疗一事。

1975年7月9日下午2时5分，去北海公园散步。休息至3时20分，回到医院。

1975年7月9日晚7时30分至10时，约汪东兴和李志绥等4位医生第三次听取他们对毛主席眼病的治疗方案。

1975年7月10日下午2时35分，去北京饭店洗头。下午4时35分，回到医院。

1975年7月10日晚6时10分，去北海公园散步。晚7时20分，回到医院。

1975年7月11日下午1时40分，去北海公园散步。休息至3时20分，回到医院。

1975年7月11日下午4时30分至5时35分，汪东兴来医院谈话。为时1小时5分钟。

1975年7月11日下午5时50分至6时15分，约谈朱德。

1975年7月15日下午1时45分，去北海公园散步。下午3时20分，回到医院。

1975年7月15日下午4时30分至5时35分，汪东兴来医院谈话。为时1小时5分钟。

1975年7月15日晚6时30分至7时25分，纪登奎来医院谈话。为时55分钟。

1975年7月16日下午1时30分，去北海公园散步。下午2时20分，回到医院。

1975年7月16日下午5时至7时30分，邓小平来医院谈话。为时2小时30分钟。

1975年7月17日下午1时10分，去北京饭店洗头。下午2时45分，回到医院。

1975年7月18日下午5时10分至6时30分，王洪文来医院谈话。为时1小时20分钟。

1975年7月18日晚7时50分至8时30分，广州军区司令员许世友和第一政委韦国清来医院看望并谈话。为时40分钟。

1975年7月19日中午12时45分，去人民大会堂散步、休息，与大会堂的部分工作人员聊天，询问家常，关心着他们的生活、工作、成长。下午3时20分离开大会堂，回到医院。

1975年7月20日下午1时30分，去人民大会堂与大会堂的同志共同回顾在大会堂的往事，下午4时10分，回到医院。

1975年7月20日晚8时，在医院主持召开了有叶剑英、邓小平、张春桥以及汪东兴参加的中央政治局常委会扩大会议，确定了毛主席眼睛治疗的实施方案。

1975年7月21日下午2时25分，去北京饭店理发、休息。吃晚饭。下午6时15分，回到医院。

1975年7月21日晚6时40分至8时35分，李先念来医院谈话。为时1小时55分钟。

1975年7月22日下午1时30分，去大会堂散步，同大会堂的同志交谈，下午4时离开大会堂，回到医院。

1975年7月23日下午1时30分，去大会堂散步，于下午3时30分离开大会堂，回到医院。

1975年7月23日晚7时20分，去中南海游泳池。一直守候到毛主席做白内障手术顺利结束，于晚10时20分离开，回到医院。

1975年7月24日晚7时40分，去北海公园散步，遇到解放军副总参谋长彭绍辉，相互问候。晚8时10分离开公园，回到医院。

1975年7月25日凌晨零时20分至1时10分，华国锋来医院谈话。为时50分钟。

1975年7月25日晚6时10分至7时，新疆自治区党委第一书记赛福鼎·艾则孜前来看望并谈话。为时50分钟。

1975年7月26日下午4时30分，去北京饭店洗头、刮脸、休息。下午6时25分，回到医院。

1975年7月27日，总理在一份内参上看到关于电影《创业》的争论，后调来影片分两次观看。

1975年8月1日下午5时20分至6时20分，邓小平来医院谈话。为时1小时。

1975年8月2日晚7时30分至8时45分，江青来医院谈话。为时1小时15分钟。

1975年8月4日上午10时至11时，约时任联合国副秘书长的唐明照来医院谈话，王海容、唐闻生参加。为时1小时。

1975年8月4日晚8时30分至10时，叶剑英来医院谈话。为时1小时30分钟。

1975年8月6日下午5时25分至6时，邓小平来医院谈话。为时35分钟。

1975年8月6日晚9时至10时25分，李先念来医院谈话。为时1小时25分钟。

1975年8月7日下午5时10分，手术室做治疗，8时05分手术顺利结束，回到病房。邓小平和张春桥在外守候至手术后离开。

1975年8月15日晚9时至9时30分，邓小平来医院谈话。为时30分钟。

1975年8月16日下午5时45分至7时05分，在医院会见柬埔寨王国民族团结政府副首相、柬埔寨民族解放人民武装力量总司令乔森潘等率领的代表团。会见后同邓小平谈话30分钟。

1975年8月16日晚9时30分至9时50分，在医院会见越南民主共和国政府代表团团长、越南劳动党中央政治局委员、越南民主共和国政府副总理黎清毅和代表团副团长、外贸部副部长李班。会见后与李先念谈话10分钟。

1975年8月19日晚10时至次日（20日）凌晨1时15分，王海容、唐闻生来医院谈话。为时3小时15分钟。

1975年8月24日下午4时50分，去北海公园散步。晚7时，回到医院。

1975年8月26日晚8时至9时15分，在医院会见柬埔寨国家元首、柬埔寨民族统一阵线主席诺罗敦·西哈努克夫妇等一行。

1975年8月27日，给毛主席写信举荐邓小平。

1975年8月28日下午2时25分至4时45分，纪登奎来医院谈话。为时2小时20分钟。

1975年8月29日晚11时至次日（30日）零时30分，华国锋来医院谈话。为时1小时30分钟。

1975年8月30日下午4时55分至5时55分，邓小平来医院谈话。为时1小时。

1975年9月1日下午1时5分，去北京饭店洗头、休息。下午3时25分，回到医院。

1975年9月1日晚8时30分至10时30分，李先念、纪登奎、吴德

1975年8月26日，周恩来与柬埔寨国家元首西哈努克亲王（前排左四）一行合影。

来医院谈话。为时2小时。

1975年9月7日下午1时至1点15分，在医院会见罗马尼亚党政代表团团长伊利耶·维尔德茨一行。会见后与纪登奎、耿飚谈话45分钟。

1975年9月8日下午5时50分，进放射室体检，晚8时离开放射室，回病房。

1975年9月10日下午5时至7时20分，李先念、纪登奎、吴德等来医院看望并谈话。为时2小时20分钟。

1975年9月12日晚10时至次日（13日）凌晨1时，王海容、唐闻生来医院谈话。为时3个小时。

1975年9月15日早6时至7时20分，康生的秘书黄宗汉等来医院谈话。为时1小时20分钟。

1975年9月15日晚8时至9时55分，乔冠华来医院看望并谈话。

为时1小时55分钟。

1975年9月17日晚9时40分至10时20分，邓小平来医院谈话。为时40分钟。

1975年9月18日晚6时30分至7时50分，纪登奎来，7时李先念来医院共同谈话。为时1小时20分钟。

1975年9月20日下午2时，进手术室进行膀胱部分切除手术，晚7时05分回到病房。手术进行时，邓小平、张春桥、李先念、汪东兴守候。

1975年9月23日晚9时05分至9时45分，王海容、唐闻生来医院看望并谈话。为时40分钟。

1975年10月2日晚8时35分，叶剑英来看望，站在病床前约1分钟后，与一直守候在病房的邓颖超谈话至9时45分离去。

1975年10月11日晚8时30分，汪东兴来医院看望，与邓颖超谈话至9时05分离开。

1975年10月12日零时至零时40分，李先念、纪登奎、吴德等来医院看望，与总理短暂交谈。为时40分钟。

1975年10月17日下午4时20分，邓小平来医院看望，于4时35分离开。

1975年10月24日上午10时30分，汪东兴再次来医院看望，于11时离开。

1975年10月24日晚8时35分，因病情继续恶化，进手术室治疗，于次日（25日）凌晨5点20分手术结束，推回病房。邓小平、张春桥、李先念、汪东兴在外守候。

1975年10月29日晚10时48分，李先念、纪登奎来医院看望，于11时离开。

1975年11月2日下午5时49分至6时20分，邓小平来医院看望并谈话。为时31分钟。

1975年11月3日晚10时25分，王海容、唐闻生来医院看望并谈话1小时，于11时25分离开。其间两人几次想离去，总理留她俩等一下，这样断断续续地谈了1小时。

1975年11月15日晚10点45分至11时15分，王海容、唐闻生再来医院看望并谈话。为时30分钟。

1975年11月16日晚11时30分，汪东兴来看望30分钟，至次日（17日）零时离去，两人作了简短的交谈。

1975年11月17日上午9时20分，李先念来医院看望10分钟后离去。

1975年11月19日下午4时50分至5时，邓小平来医院看望并交谈。为时10分钟。

1975年11月20日晚8时，李先念、陈锡联来医院看望，15分钟简短交谈，于8时20分离去。

1975年11月22日晚7时45分，汪东兴来医院看望，交谈10分钟，于8时离去。

1975年11月27日下午5时05分，李先念来医院看望，20分钟后于5时25分离去。

1975年12月1日，向工作人员提出要看报纸。

1975年12月7日晚8时，汪东兴来看望，床前见5分钟后离开病房，对大夫建议，让领导同志来看望，提醒他们不要讲话。第二天即1975年12月8日晚6时，邓小平来医院看望，床前站5分钟，于6时5分精神沉闷地离开病房。

1975年12月7日晚8时15分，王洪文来医院看望，2分钟后离开病房，没说话。

1975年12月10日晚7时35分，王海容、唐闻生来医院看望，没说话，于7时45分离去。

1975年12月19日6时15分，陈永贵来医院看望，见面10分钟。

1975年12月20日晨5时，约见罗青长。8点55分，与罗青长谈话20分钟。

1975年12月21日晚7时30分，李先念、汪东兴来医院看望，总理已睡着，没说上话，10分钟后离开。

1975年12月23日晚6时20分，王洪文、邓小平、李先念、汪东兴来医院看望，10分钟后离开。

1975年12月27日晚10时50分，王海容、唐闻生来医院看望，10分钟后离去。

1975年12月27日午夜12时30分，王洪文、邓小平、张春桥、李先念、汪东兴来医院看望，短暂交谈，于28日凌晨1时15分离开。

1975年12月29日午夜12时40分，陈锡联、纪登奎、华国锋到总理床前，与总理说了几句话。

1975年12月30日晚7时30分，叶剑英、汪东兴来医院看望，总理处于昏迷状态，没说话。叶、汪站在病床前6分钟离开。

1976年1月5日凌晨2时30分，突然休克，医生们进行抢救，没进手术室，在病房内就地治疗。凌晨4时醒来。

1976年1月5日下午5时30分，纪登奎、华国锋、陈锡联来医院看望，6分钟后离开。

1976年1月5日晚11时20分，江青、姚文元来医院看望，6分钟后离开。

1976年1月5日晚11时40分，吴德、陈永贵、吴桂贤、倪志福来医院看望，6分钟后离开。

1976年1月6日凌晨零时20分，王海容、唐闻生来医院看望，5分钟后离开。

1976年1月6日中午11点15分，叶剑英来看望，看后与医务人员和工作人员谈话，要求精心治疗，精心护理。

1976年1月6日下午3时，李先念、汪东兴来医院看望，与医护人员交谈，至6时15分离去。

1976年1月7日下午5时30分，王震来医院看望，10分钟后离开。

1976年1月7日晚7时10分，谷牧来医院看望，10分钟后离开。

1976年1月8日上午9时57分，逝世。

总理住院587天，手术治疗13次（其中大手术6次）；会见外宾65批次（其中香港知名人士1人，美籍华人1人），合计时间42小时38分钟；开会40次；约人谈话254人次，合计时间298小时43分钟。

周总理住院的587天谈话人次和时间

序号	谈话人	谈话次数	谈话时间
1	朱德	1	25分钟
2	邓小平	37	34小时53分钟
3	叶剑英	10	13小时50分钟
4	李先念	37	49小时55分钟
5	王洪文	19	32小时25分钟
6	张春桥	3	3小时20分钟
7	王海容	40	69小时35分钟
8	唐闻生	38	（与王海容一起）
9	华国锋	10	11小时10分钟
10	纪登奎	37	29小时35分钟
11	汪东兴	9	11小时10分钟
12	陈锡联	3	1小时10分钟
13	江青	7	8小时50分钟
14	乔冠华	8	7小时35分钟
15	黄镇	1	55分钟
16	韩念龙	1	1小时10分钟
17	章含之	3	（与乔冠华一起）
18	郭沫若	1	10分钟
19	姚依林、刘希文	1	45分钟
20	廖承志、王晓云、孙平化、林丽蕴	1	1小时
21	吴德	9	4小时5分钟
22	周荣鑫	1	25分钟
23	康生	1	1小时5分钟
24	康生秘书黄宗汉	2	1小时50分钟

25	李志绥等医生	4	4小时25分钟
26	吴桂贤	1	1小时5分钟
27	康生夫人曹轶欧	1	45分钟
28	苏振华	2	2小时
29	胡旭东	1	2小时
30	许世友、韦国清	1	40分钟
31	赛福鼎·艾则孜	1	50分钟
32	唐明照	1	1小时
33	耿飚	1	20分钟
34	陈永贵	1	10分钟
35	罗青长	1	20分钟
总计	谈话总人数 40人	谈话总次数 254次	谈话总时间 298小时43分钟

后记

  2000年11月，我将自己在周恩来总理身边工作15年中经历的往事集辑成册，以《周恩来卫士回忆录》为书名出版。15年来共计发行近10万册，对人们了解周恩来作为一位伟大的革命家、一代伟人的平凡生活和其中蕴含着的精神风范，起到了一定的作用。此书也被广大读者肯定。为此，我感到欣慰。

  今年1月8日，是周总理逝世40周年的日子。转眼间，总理离开我们已经40年了，但他的音容笑貌时常浮现在我的脑海中。多年来，社会各界朋友怀着对周恩来总理的深厚情感，向我提出一个问题：周总理身体那么好，怎么得了膀胱癌呢？按照总理的地位和医疗条件，应该可以治愈的，为什么没能挽回他的生命？这也是我多年思考的问题。

  "冰冻三尺，非一日之寒"。自1961年调到周总理身边工作，我亲眼目睹了总理不分昼夜为国为民操劳，特别是1966年"文化大革命"爆发后，为了维系党和国家的正常运转，他的生活规律被全部打乱。周总理曾深有感触地说，"文革"至少要让我少活10年。1972年5月12日，周总理在例行体检中被发现尿检异常，1973年1月5日，开始尿血，被告知患了膀胱癌。在生命的最后日子里，周总理不仅与癌魔抗争，为了国家的最高利益和政治命运，他还不得不一次次忍受"四人帮"射来的暗箭，直至耗尽最后一滴心血。

今天，我觉得自己有责任把相关的事情写出来，供广大读者去思考。为了说明问题，也引用了《周恩来卫士回忆录》中的部分章节，并对其内容作了补充和修正。

此书在写作过程中，中央文献研究室二部、周恩来思想生平研究会廖心文、安建设、费虹寰、李清平同志提供了宝贵资料和指导；中国人民解放军第三〇五医院、周恩来邓颖超纪念馆、淮安周恩来纪念馆、淮安周恩来故居、南京中共代表团梅园新村纪念馆、绍兴周恩来纪念馆给予了帮助；杜修贤、吕厚民、吕相友、崔宝林、周描坤、周铁男、刘文辉、顾保孜、王飞宁等为本书提供了照片，在本书撰写过程中还得到了马新艳、高薇、高凝的协助，在此一并感谢。对所用照片的作者，能联系到的都得到他们的同意；由于种种原因，未能联系上的请予谅解。

天津周恩来邓颖超纪念馆刘文欣同志为本书的撰写查找和核实史料作了大量工作，充实了本书的内容，有些篇章如《批判"极左"思潮》等为其所写。在此表示特别感谢。

由于水平和工作的局限性，撰写的内容难免会出现差错，欢迎批评指正。

高振普

2016年1月